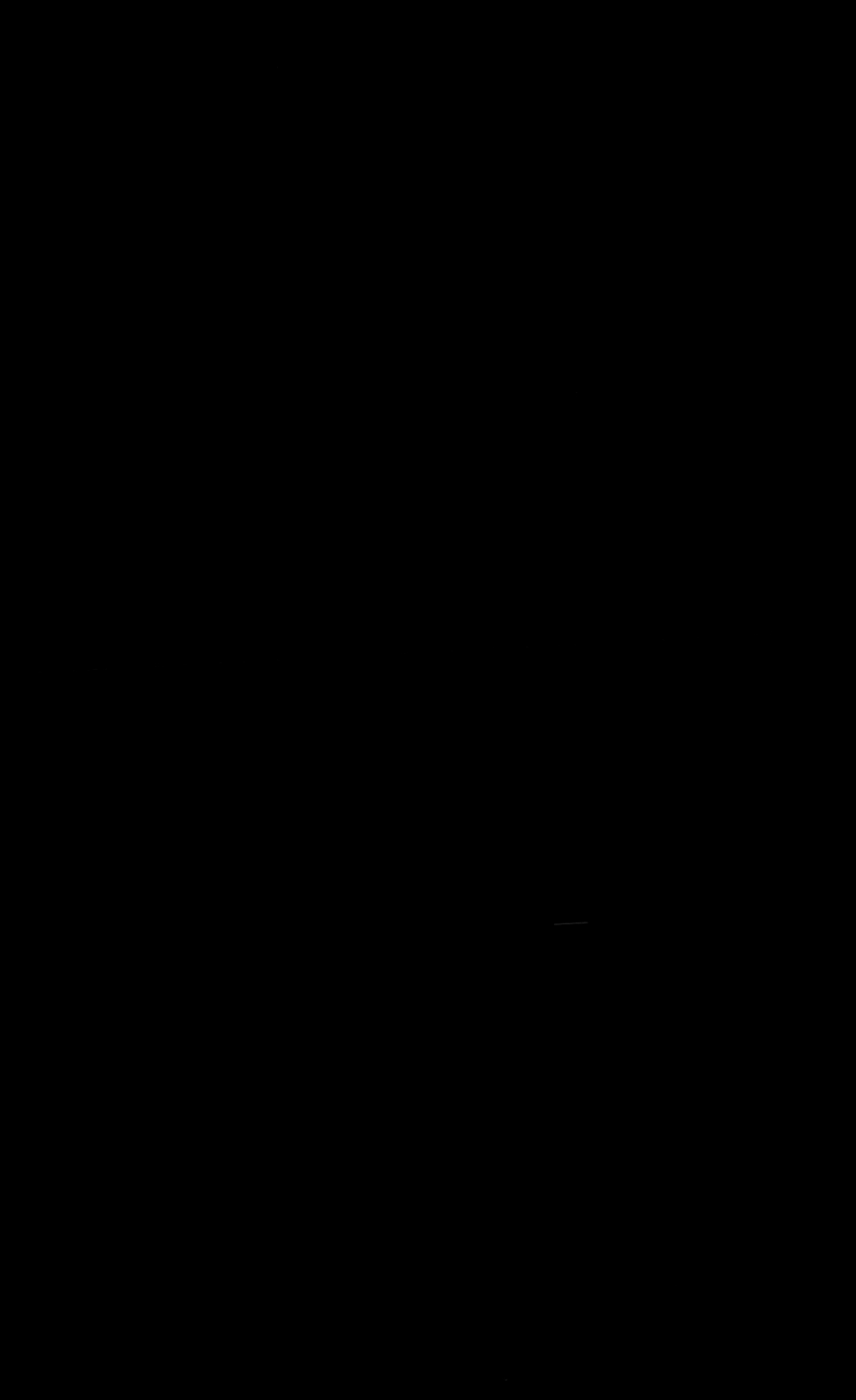

자유에로 초대하는 진리

개혁교회 신앙고백의 특징

Bevrydende Waarheid

Die karakter van die gereformeerde belydenis

Prof. Dr. Willem D. Jonker

개혁교회는 교회의 보편성의 교리를 매우 강조하고, 타교단과의 형제애를 이루려는 진지한 태도를 가지고 있다. 또한 자신의 몫이 무엇인지 선명하게 드러내는데도 두려움이 없다. 이 책을 읽으면서 개혁교회의 이런 태도가 신앙고백서에 분명하게 드러나 있다는 사실을 발견하게 될 것이다.

Bevrydende Waarheid

자유에로 초대하는 진리

Willem D. Jonker 저
유태화 역

도서출판 **대서**

자유에로 초대하는 진리

2008년 9월 10일 초판 1쇄 인쇄
2008년 9월 15일 초판 1쇄 발행

지은이 : Willem D. Jonker
옮긴이 : 유태화
펴낸이 : 장대윤

펴낸곳 : 도서출판 대서
서울 서초구 방배동 981-56
Tel 583-0612
Fax 583-0543
daiseo1216@hanmail.net

등록 제22-2411호
ISBN 978-89-92619-09-7   03230

Copyright ⓒ 2008 by Willem D. Jonker
Korean Translation Copyright ⓒ 2008 by Daiseo Press
책값은 뒤표지에 있습니다.

저작권법에 의하여 무단전재와 복제를 금합니다.
잘못된 책은 바꿔드립니다.

번역에의 변(辯)

 신학을 하는 사람으로서 갖게 되는 여러 질문 가운데 하나는, 왜 한국의 교회는 다양한 교파로 나뉘어서 선교하고 교회를 형성해왔음에도 불구하고 교파적 특성, 조금 자세히 말하면, 교파가 지향하는 신학적인 특성이 목회와 예배와 교육과 봉사와 선교에 고유하게 드러나지 않을까 하는 것이다.

 21세기에 무슨 교파타령이냐고 누군가 곁눈질할 수도 있다는 사실을 감으로 알고 있다. 세계가 지금 "global village"를 경험하고 있는 마당에 덜 떨어진 소리라고 책할 사람도 없지 않을 것이다. 하지만 나름 변이 없지는 않다.

 역자는 모태로부터 지금까지 줄곧 장로교회의 지체였다. 목사가 되는 과정을 지나면서도 전통적인 장로교회의 일원으로서 신학 훈련을 받았고, 그 신학적 사고를 창조적으로 받아들였다. 그리곤 유학길에 올랐다. 처음 유학지가 남아공화국이었다. 그곳에서 개혁교회를 접하면서 개혁교회가 추구하는 신학의 맛을 보게 되었다. 다음으로 신학 유학을 한 곳이 네덜란드 자유대학교 신학부였다. 남아공화국에서 만난 선생님도 역자가 학위를 취득했던 바로 그곳에서 학위를 마친 분이었다. 지리적인 차이만 있을 뿐 신학적 경향은 거의 동일한 분위기 속에서 신학을 하게 된 셈이다. 다행히, 그곳에서 개혁신학(Reformed theology)을 만날 수 있었다.

사실 개혁신학의 정확한 의미는 "개혁교회의 신학"(theology of the Reformed Church)이다. 한국에서는 "개혁 '주의' 신학"이라는 표현을 선호하는 것 같다. 그런데 어떻게 "개혁교회의 신학"에서 개혁주의신학이라는 번역이 나올 수 있는지 잘 모르겠다. 사정이 어찌 되었건 간에 개혁주의신학이라는 말을 "애써" 긍정적으로 해석한다면, 대륙의 개혁교회의 신학과 영국과 북미를 중심으로 한 장로교회의 신학, 혹은 조금 더 관대하게 칼뱅주의적인 사고를 공유하고, 그 경향을 표방하는 침례교회의 신학을 포괄하는 신학이라는 의미로 해석될 수 있을까? 그러나 부정적인 면에서 보면, 개혁주의신학이라는 표현은 개혁교회의 신학이라는 핵심을 흐리게 만드는 역할을 하게 한다. 개혁교회의 신학이 너무 좋으니까 이것을 교파적인 편견에 희생당하지 않도록 보호하면서 신학적인 핵심을 초교파적으로 공유하도록 하려는데 목적이 있는지는 모르겠으나, 핵심을 흩트리는 경향이 있다는 사실은 꼭 지적하고 싶다. 용어는 가능하면 역사적인 맥락을 존중하면서 이해할 필요가 있다. 개혁주의신학이라는 표현을 대신하여 개혁신학이라는 표현을 사용하는 것이 옳다.

그러나 이 말이 교파적이고 배타적인 신학을 추구한다는 것을 의미하지는 않는다. 사실, 개혁교회는 교회의 보편성의 교리를 매우 강조하고, 이런 맥락에서 성경 해석의 다양성을 존중하고, 타교단과의 형제애를 이루려는 진지한 태도를 갖고 있다. 그러나 자신의 몫이 무엇인지 선명하게 드러내는데도 두려움이 없다. 이런 태도가 개혁교회의 신앙고백서에 분명하게 드러나 있다는 사실을 이 책을 읽으면서 발견하게 될 것이다. 저자인 Willem D. Jonker는 개혁교회의 신학이 초대교회의 신앙고백적인 전통으로부터 얼마나 깊은 영감을 얻어 형성되었는지를 뚜렷하게 보여주며, 이런 신앙고백적인 전통을 받아들인 것은 비단 개혁교회만은 아니라는 사실을 또한 강조하여, 지구상에 존재하는 다양한 교회를 여기에 포함시키며, 이점에서 진정한 교회의 교리적 보편성을 본다. 개혁교회가 보편적인 기독교 안에 있는 한 지체임을 적극적으로 받아들이는 것이다. 그러나 개혁교회는 항상 성경적인 기독교를 철저하게 추구하였고, 성경적인 것이면 무엇이나 취하는 급진성을 보여주며, 이런 전제하에 여러 다양한 교회와도 적극적인 사귐을 형성하였다. 이런 점에서 개혁교회야 말로 진정으로 교회의 보편성을 추구하는 열린 교회이다.

사실 우리가 개혁교회의 일원이라면, 그 신앙고백적인 특징이 무엇인지 어느 정도 알 필요가 있다. 이 번역서는 그런 목적에 부응하는 책이 될 것이다. 저자는 이 책에서 개혁교회가 소중하게 여기는 네덜란드신앙고백서, 하이델베르크신앙교육서, 도르트레히트 정경과 같은 신앙고백문서를 간략하지만 핵심을 드러내는 방식으로 소개하고 있다. 역자가 보기에 내용 소개가 친숙하고 평이하게 이루어짐으로써 독자들이 쉽게 접근할 수 있을 것으로 판단되며, 아울러 개혁교회의 신학적 사고의 중심을 확고하게 움켜쥐고 집중력 있는 안목으로 2000년의 기독교 신앙고백의 역사를 해석해내는 솜씨가 예사롭지 않다는 사실을 확인하면서 아마도 개혁교회의 경건의 심장과 맞닥뜨리게 되지 않을까 싶다. 동시에 이 책의 마지막 장(章)에서는 현대 개혁교회가 신앙고백과 관련하여 어떤 움직임을 보이고 있는지 확인하면서, 한국의 교회가 어떤 일을 해야 되는지도 생각하게 되는 계기가 될 것으로 기대한다.

책을 가능한 한 쉽게 번역하려고 노력했으나 독자들이 어떻게 느낄지 모르겠다. 사실, 이 책은 영어로 번역되지 않은 것으로 알고 있다. 남아공화국에 유학할 당시, 지도교수님이었던 C. J. Wethmar가 "excellent"라는 표현을 사용하면서 소개했던 책으로, 17세기 케이프타운(Kaapstad)에 거주하던 사람들이 쓰던 네덜란드어에서 발전된 남아공화국의 공식 언어

중 하나인 아프리칸스어(afrikaansetaal)로 된 것을 우리말로 옮긴 것이다. 책을 읽는 것과 우리말로 옮기는 것이 전혀 다른 차원의 일이라는 것을 번역하면서 경험하였으나, 즐거운 일이기도 하였다. 신뢰해도 좋은 번역이라고 생각하지만, 혹, 내용 전달에 미흡한 부분이 있다면 이 언어 때문이 아니라 이 언어에 대한 번역자의 이해 부족 때문임을 밝히며, 이해를 구한다.

때때로 컴퓨터 사용의 불편함을 미소로 참아준 사랑하는 두 딸과 기도로 후원해준 아내에게 고마운 마음을 전하며, 즐거운 마음으로 신학할 수 있도록 응원해주는 백석대학교 학생들과 장종현 총장님께도 감사를 표현한다.

어쨌거나 이 작은 책을 통하여, 하나님 나라를 향한 순례의 길을 걷는 많은 동료 교회들 속에서 개혁교회는 어떤 비전을 가지고 이 길을 걸어가고 있는지 확인할 수 있으면 더 바랄 것이 없겠다.

2008년 8월 6일
방배동 연구실에서
유태화

서언

    기독교회들은 세기마다 거룩한 진리와 자유에로 초대하는 표지를 마련하기 위해서 그들의 신앙고백서를 형성하곤 하였다. 절망의 시기에서조차 이 신앙고백서를 형성하려는 열정은 고무되었으며, 바로 그 신앙고백서를 작성하는데 꼭 필요한 언표를 찾기 위하여 노력하곤 하였다. 그러나 성령께서는, 무엇인가를 결정하려고 할 때마다 회중이 하나님의 은혜로운 복음의 위로와 자유를 성숙한 언어로 표현할 수 있도록 교회를 감동하셨다. 이로써 회중은 베드로가 언젠가 한 번 했던 그 고백 "하나님의 말씀을 듣는 것보다 당신들의 말을 듣는 것이, 하나님 보시기에 옳은 일인가를 판단해 보십시오. 우리로서는 보고 들은 것을 말하시 않을 수 없습니다"(행 4:19-20)라는 사건을 경험하였다.

    개혁교회 신앙고백서는 그것이 결정될 때에 성령께서 교회를 감동(aanraking)하신 것의 결과물이다. 이것은 종교개혁 때에 회중의 입술에 두었던 바로 그 사실에 대한 성숙한 증언이다. 인간의 연약성에서 기록된 신앙고백서는 복음의 자유에로 초대하는 진리인 것이다. 오류에 봉착하지 않도록, 자력구원에로 경도되지 않도록, 모든 거짓된 종교성에 이르지 않도록, 이 신앙고백서는 하나의 진리, 즉 이전과 이후의 구원은 하나님의 사랑과 은혜로부터 흘러나오며 예수 그리스도 안에서만 주어진다는 진리를 고백한다. 이로써 이 증언은 그리스도께서 말씀하신 "진리가 너희를 자유롭게 할 것이다"(요 8:32)라는 사실에로 인도한다.

네덜란드에 기원을 두고 널리 알려진 세 신앙고백서의 이 핵심적인 증언은 개혁교회 신앙고백서의 특징 가운데 어떤 면을 이 시대 정황 속에 드러내는데 공헌하게 될 것이다. 마지막 장에서 신앙고백서의 현실적인 적용의 한 측면을 눈으로 확인하게 될 것이다. 신앙고백서는 교회가 새로운 삶의 정황과 교류하면서, 또한 자유에로 초대하는 하나님의 말씀의 진리가 혼동과 거짓과 이데올로기적인 오용에 대항하면서 오랫동안 인내함으로 소명에 응답해온 것에 대한 증언이기도 하다. 성령 하나님께서 교회를 감동하심으로 이 시대정황 속에서 이 일을 하도록 기름 부으시기를 소망한다.

1993년 5월
스텔렌보쉬에서

목차

번역에의 변 · 5
서언 · 10

제1장 프로테스탄트의 형성으로서 신앙고백문서 · 13
제2장 개혁교회 신앙고백의 고유한 특성 · 33
제3장 네덜란드신앙고백서 · 83
제4장 하이델베르크신앙교육서 · 149
제5장 도르트레히트 정경 · 197
제6장 오늘날의 개혁교회 신앙고백서 · 241

＊＊＊ 참고문헌 · 289

개혁교회는 교회의 보편성의 교리를 매우 강조하고, 타교단과의 형제애를 이루려는 진지한 태도를 가지고 있다. 또한 자신의 몫이 무엇인지 선명하게 드러내는데도 두려움이 없다. 이 책을 읽으면서 개혁교회의 이런 태도가 신앙고백서에 분명하게 드러나 있다는 사실을 발견하게 될 것이다.

제1장
프로테스탄트의 형성으로서 신앙고백문서

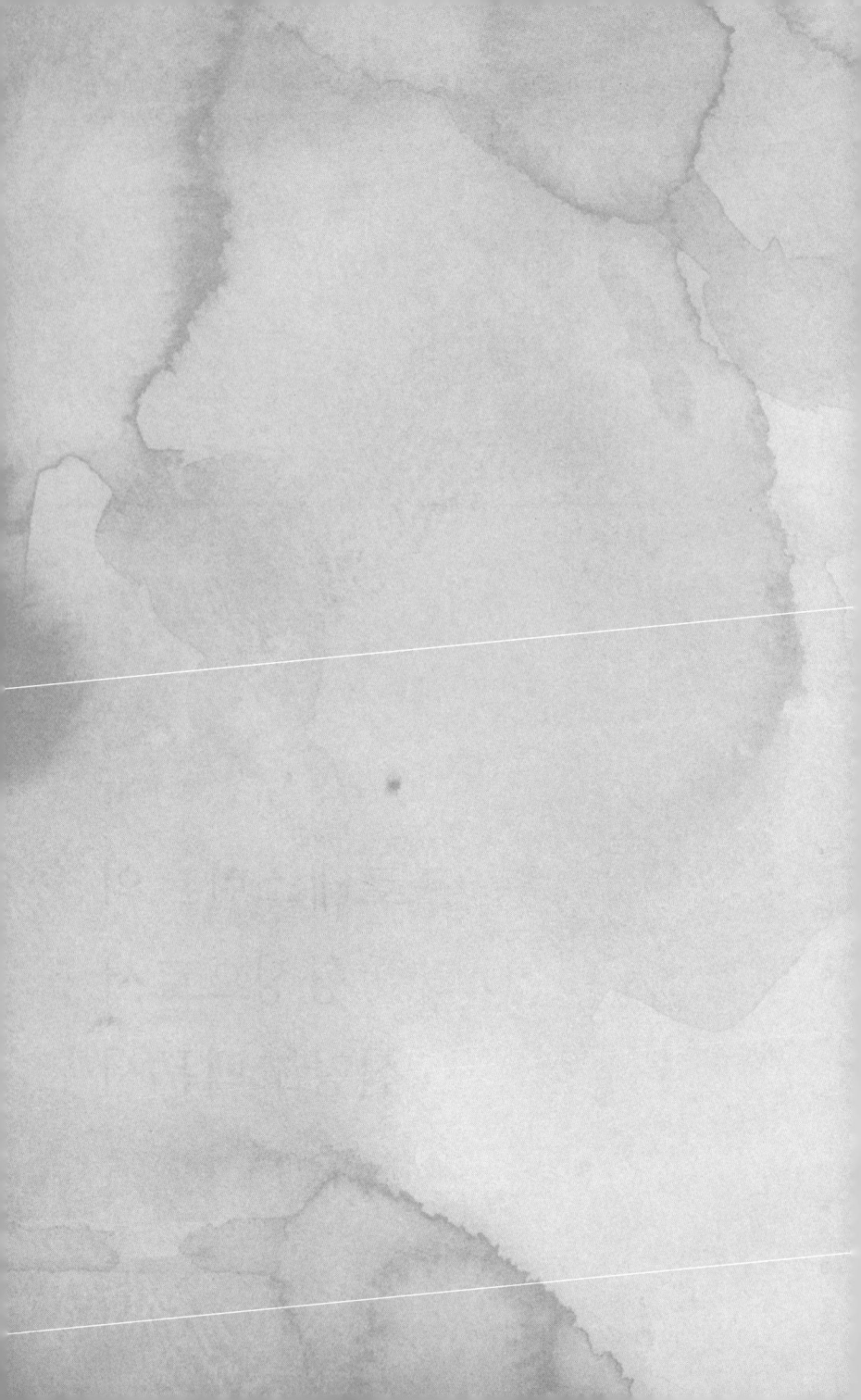

프로테스탄트의 형성으로서 신앙고백문서

신앙은 고백되어야만 한다. 이것은 개인의 신앙에 있어서나(롬 10:9-10), 고백의 통일성과 상호교통을 요청하는 신자들의 공동체의 경우에서도(행 2:42-47) 마찬가지이다.

교회는 그가 존재한 이후로 줄곧 고백하는 공동체였다. 이 공동체적 신앙의 내용은 그리스도 안에서 알려지고, 성경에서 선포되며, 회중을 통하여 고백되어지는 하나님의 은혜의 복음이다. 이 복음의 내용이 무엇인지를 분명하게 선언하기 위해서, 교회의 역사 가운데 복음의 내용이 무엇인지, 이에 대한 정당한 이해가 무엇인지를 결정하려는 움직임이 있었다. 이 결정이 교회의 신앙고백문서에 표현되었다.

1. 삼위일체적 신앙고백

초대교회 그리스도인들도 자신들의 신앙을 그들의 삶의 정황에서 고백하였다. 이것은 회중들의 예배와 찬양과 기도에서 자연스럽게 형성되었다.

우리는 또한 신약성경에서 이미 설교와 교육의 근본적인 내용을 표현하는 초대교회 신앙고백서의 근원적인 형태를 발견하게 된다. 이에 대한 예를 우리는 로마서 4장 24절, 로마서 10장 9절에서 10절, 고린도전서 8장 6절, 고린도전서 15장 3절에서 4절, 빌립보서 2장 6절에서 11절, 데살로니가전서 1장 9절에서 10절, 디모데전서 2장 5절에서 6절, 디모데전서 3장 16절과 같은 곳에서 발견한다.

위 구절은 그리스도께서 부활하신 주로서 그리고 중보자로서 이 고백에서 현저한 위치를 차지하지만, 항상 성부와 성령과의 관계 안에 계신다는 사실을 특징적으로 보여준다. 삼위일체저 형식이 신약성경의 여러 곳에서 나타나고, 그 관계의 광범위한 표현을 제공해준다(마 28:19, 고후 13:13 등등).

2. 신앙고백의 형성

삼위일체적 형식으로부터 2세기에는 이미 교회에서 가장

널리 알려진 신앙고백서(Credo)로 발전하였는데, 그것이 바로 사도신경이다. 이것이 근간이 되어 로마신경(Symbolum Romanum)이 150여년 경에 이미 로마에 알려졌다. 여러 가지 오류와의 투쟁을 통하여 이 근본형식은 이후에 니케아와 콘스탄티노플신경으로(325, 381), 5세기에 접어들어 아따나시우스신경으로 형성되기에 이른다. 451년에 있었던 칼세돈공의회의 결정과 함께 고교회신조(oud-kerklike simbole), 최소한 전 서방교회를 아우를 수 있는 근본신조가 확립되었다.

동방정통교회는 사도신경이나 아따나시우스신경을 몰랐지만, 후에 필리오꾸베(en van die seun), 즉 성령께서 성부뿐만 아니라 성자로부터 나오신다는 사실을 삽입하였던 니케아신경은 잘 알고 있었다.[1]

3. 에큐메니칼신경

이 세 고교회의 신조들은 에큐메니칼신경으로 불리게 된다. 심부올(Symbool)이라는 용어는 대개 다른 것으로부터 자기

---

1) O. S. Barr, From the Apostle's Faith to the Apostle's Creed, (Oxford: Oxford University Press, 1964); L. Doekes, Credo. Handboek voor de gereformeerde Symboliek, (Amsterdam: Ton Bolland, 1975), 7-32; A. Hahn en G. L. Hahn, Bibliothek der Symbole und Glaubensregeln der Alten Kirche, (Hildesheim, 1962); J. N. D. Kelly, Early Christian Doctrines, (San Francisco: Harper and Row, 1978); A. Richardson, Creeds on the Making, (London: SCM Press, 1979), 49-73; K. Runia, I believe in God, (London: Tyndale, 1963).

를 구별해낼 수 있는 "신분표지"를 의미한다.[2] 동방정통기독교가 니케아신경을 정확히 알고 있었다는 사실은 다른 두 신경이 고백하고자 하는 모든 것을 파악하고 있었다는 것을 의미한다. 필리오꾸베에 대한 견해차는 동방과 서방 기독교 사이의 영성과 신앙이해에 있어서 제한된 점에서 심오한 차이가 있다는 사실을 지시하지만, 내가 보기에는 그들이 서로를 동료 그리스도인으로 인정하지 않을 정도는 아니었다. 이로 보건대, 전 기독교는 삼위 하나님 신앙고백에 있어서 연결되어 있으며, 따라서 삼위 하나님 신앙고백이 기독교의 근본 도그마(gronddogma)이다.[3]

4. 종교개혁의 산물로서 신앙고백문서

우리가 신앙고백문서라고 부르는 양식은 고교회의 신경들과는 분명하게 구별되어야 한다. 신앙고백문서는 종교개혁의 산물이다.

교회는 고교회의 결정에 대한 중세기의 오류를 충분히 경험하였다. 동방의 교회는 신앙고백문서를 더 이상 작성하지 않았다. 이 시기에 서방교회는 덴징거(Denzinger)의 Enchri-

---

[2] L. Doekes, Credo. Handboek voor de gereformeerde Symboliek, (Amsterdam: Ton Bolland, 1975), 7-32.
[3] O. Noordmans, Herschepping, in: Verzamelde Werken III, (Kampen: Kok, 1979), 222-224.

dion Symbolorum이나, 라너(Rahner) 혹은 베텐슨(Bettenson)과 라이스(Leith)의 저술에서 보는 것처럼, 매우 중요한 교리적인 결정을 표현하였다. 그러나 신앙고백서의 형식을 취한 것은 아니었다. 이것은 교황의 결정 혹은 공의회의 결정과 같은 형식으로 이루어졌다. 교회는 로마에 있는 핵심적인 교좌단의 지도 아래 존립하였으며, 이것 이상의 권위가 존재하지 않았다.

종교개혁과 함께, 이전과는 전혀 다른 상황이 일어났다. 이것은 신앙으로 말미암는 칭의라는 바울선포를 루터(M. Luther)가 발견함으로써 시작되었다. 이로 인하여 전 성경이 새로운 빛에서 읽혀지는 위상을 갖게 되었고, 교회의 전 삶이 이에 동반되는 필연적인 이해에로 새롭게 방향을 설정하기에 이르렀다. 그 하나의 결과가 다양한 신앙고백문서의 형성이었다. 종교개혁교회는 성경이 말하는 것에 응답해야만 할 뿐만 아니라 교황과 교좌단의 결정과 분명한 거리를 유지해야만 했다. 이러한 그들의 필요는 기독교 신앙의 본질적인 요소를 형성하도록 그들을 개방시켰다. 다양한 신앙고백문서의 작성은 교회의 역사에서 볼 때 소위 새로운 현상이었다. 이런 의미에서 우리는 신앙고백문서를 프로테스탄트교회의 형성이라는 관점에서 파악하는 것이다.

5. 신앙내용의 요약

 신앙고백문서는 기독교 신앙의 본질적인 내용의 요약을 제시하는 고교회의 신조와 자신을 차별한다. 이것은 고교회의 신조의 목적과 의도는 아니었다. 고교회의 신조 작성의 고유한 목적은 예배에서 사용하기 위함이었다. 특히 삼위일체적인 세례형식으로 발전된 것으로서 인격적인 신앙고백의 성격을 따라 형성된 것이다.[4] 이에 반하여 신앙고백문서는 유치하고 오류투성이인 증언에 대항하여 기독교 신앙의 진리를 이해시키려는데 있었다. 따라서 그들의 반명제는 오류에 대항하고 그러한 오류를 변호하는 신학들에 대항하여 책임 있게 항거하는 방향을 견지한다. 동시에, 성경에 따라 진정한 기독교 신앙의 내용이 적절하게 반영되었음에도 불구하고 그것을 무시하는 교회의 태도를 직시하는 형식을 갖추고 있다. 이렇게 함으로써 회중이 새롭게 되어 재형성될 수 있었다.

 그리하여 지극히 실천적인 관심에서 비롯된 다양한 신앙고백문서는 부패한 교회의 삶을 말씀을 따라, 봉사와 훈육에 있어서 새롭게 하도록 자극했다. 처음부터 이 내적인 목적이 종교개혁의 주된 관심사로 시야에 잡혀 들어왔다. 이미 1523년에 쮜리히(Zurich)에서 츠빙글리(Zwingli)는 "요약 기독교 개론"

---

4) J. Meyendorff, The Nicene Creed, (Grand Rapids: Eerdmans, 1991), 16.

혹은 일종의 신앙교육서와 같은 형식을 갖춤으로써 교회에서 논쟁이 되는 문제나 잘못된 행위를 바로 잡는데 소용되는 책자를 만들었다. 또한 베른(Bern)에서는 1528년에 두 명의 설교자가 교회의 개혁과 관련한 10개의 교리를 저술하기도 하였다.[5] 루터는 1528년에 요약 신앙고백서를 선보였고, 1529년에 대·소요리문답을 출간했다. 이런 모든 문서의 목적은 종교개혁의 근본적인 신앙증언의 흐름과 젊은이의 교육과 모든 회중이 진정한 신앙에 머물도록 하는데 있었다.

동시에 제네바(Geneve)에서의 칼뱅의 첫 과업중의 하나가 젊은이의 교육을 위한 신앙교육서(1538)를 작성하는 것이었다. 스트라츠부르크(Straatsburg)에서 되돌아온 후로 그는 새로운 신앙교육서와 또한 제네바 회중들을 위한 신앙고백문서(1545)를 저술하였다. 이 책의 서문에서 그는 그 필요성을 개개의 그리스도인과 교회가 변화하고 요동하는 세대에 하나의 진정한 신앙의 통일성에로 결합되어 그 신앙을 공적으로 증언하는데 있다고 말하였다. 이 신앙교육서는 나중에, 그러니까 1563년에 하이델베르크신앙교육서를 작성하는데 근간이 되는 작품이기도 하다. 올바른 신앙교육서가 종교개혁 첫 시기에 현저한 역할을 했다는 사실은 신앙고백서의 주된 목적이 회중을 내적으로 강건하게 세운다는 사실을 강화하는 것인 셈이다. 동시에, 첫 시기에 큰 주목을 끌었던 이 신앙고

---

5) C. Augustijn, Kerk en Belijdenis, (Kampen: Kok, 1969), 9-16.

백서는 교통하는 신앙을 통하여 그 통일성을 더욱 강화하고 또한 새롭게 견지하도록 하였다.

6. 변증학

그러나 이것이 전부는 아니었다. 종교개혁이 직면했던 정치적인 상황 또한 신앙고백서의 실존과 깊은 관계를 맺고 있는 것이 분명하다. 기독교국가에서 교회와 국가의 긴밀한 관계는 교회에서 일어나고 있는 불편한 일이 즉각적으로 정부에 직접적인 영향을 미치지 않을 수 없다. 기독교 정부는 중세기의 삶의 정황 내에서 이단들이 성장하는 것을 막고 진정한 종교를 보호하는 의무를 수행하였다. 이것은 종교개혁시대에도 마찬가지여서 로마가톨릭교회를 차별하는 것은 지극히 위험스러운 담론을 형성하는 것이었다. 이 때문에, 그들의 의무를 분명하게 표현하고, 그들이 믿는 바를 공개적으로 알림으로써 정치적인 합법화를 천명하지 않을 수 없었다.

이것이 바로 Confessio Augustana나 혹은 멜란히돈(Melanchton)이 중요한 역할을 함으로써 1530년의 아우구스부르크 신앙고백서가 작성되게 되는 배경이다. 이 목적은 루터파 정통 교회의 신앙이 무엇인지, 그리고 고대교회의 교리와 얼마나 일치되는지 여부를 명확하게 알림으로써 범세계적인 정부의 열린 이해를 형성해내기 위한 것이다. 또한 루터교회의 잘 알려진 신앙고백서의 중요한 기능중의 하나인 변증(Apologie) 역시 로마의 주장에 반하여 자기를 형성해가는 프로테스탄트가 처한 이 상황에 대한 합리적인 해명이 필요했기 때문이기도 하다. 이 요소는 네덜란드(Belgic)신앙고백서에서 그런 것처럼, 종교개혁시대의 몇몇 다른 신앙고백서에서도 중요한 역할을 수행하였다.

그 결과는 대단히 합리적이고 포괄적인 몇몇 문서가 종교개혁이 지향하는 성경적 이해를 반영하려는 목적으로 나타났다는 사실이다. 종교개혁은 고교회의 신앙고백과 연속성을 유지하면서 동시에 그것에 분명하게 호소하였지만, 그 안에 내포되어 있는 핵심적인 진리를 찾아 그 정황을 드러내고, 그것을 더욱 자세하게 묘사하는 일도 게을리 하지 않았다. 경우에 따라서는 갈등의 국면을 빚기도 하였는데, 예를 들어, 은혜론, 신앙과 칭의, 교회와 성례를 거론할 수 있다. 그러나 실천적인 경건과 관련된 여러 가지 일은 보다 상세하게 검토하여 받아들이기도 하였다. 이로 보건대, 종교개혁자들은 그들에게 필요할 경우, 로마와 일방적인 대결만을 고수한 것이 아니라 받아들일 것은 받아들임으로써, 신령주의자들이나 재세례파와 달리 마땅하다고 판단되는 중립적인 노선을 지향하는 모습을 보이기도 하였다. 더 나아가서, 루터교회와 개혁교회도 서로의 강조점을 존중하는 방식으로 그들의 고유한 입장을 일관성을 가지고 다양하게 발전시키는 책임 있는 모습을 보여주었다. 이 모든 것이 포괄적인 문서들에 필연적으로 반영되었다.

7. 선포를 위한 담론의 원칙

이것은 또한 말씀 선포를 위한 명쾌한 원칙을 선명하게 보여주는 역할을 하기도 한다.[6] 종교개혁의 발견은 교회가 회중들에게 하나님의 말씀을 생생하게 설교함으로써 하나님의 장엄하심을 드러내는 공동체가 되어야 한다는 사실이다. 종교개혁 자체가 말씀에서 비롯된 것이며, 하나님의 교회는 말씀 아래서 생존하는 것과 다른 어떤 것이 아니다. 그러므로 설교는 처음부터 교회의 삶에서 중심적인 위치를 점유해야 하는 것이다. 성례를 통해서가 아니라 하나님 말씀의 설교를 통해서 회중이 참여하고 있는 신앙의 노정에 구원이 베풀어지는 것이다. 사실상, 말씀은 구원의 유일한 수단으로 이해되어야 한다. 성례 그 자체는 하나님 말씀의 은혜를 통하여 구원을 중재한다. 달리 말하여, 구원을 약속하고 또한 적용하는 하나님 말씀의 보이는 측면에 다르지 않은 것이 성례인 것이다.

그러므로 하나님 말씀의 건전한 선포를 위하여, 일정한 틀

---

[6] O. Noordmans, Herschepping, in Verzamelde Werken III, (Kampen: Kok, 1979), 219이하.

을 지닌 근본적인 원칙을 상정하는 것이 꼭 필요하며, 또한 교회의 교육을 위한 원칙도 제정되어야 한다. 교육은 공예배의 설교에서 발생하는 것이 아니라, 목양과 신앙교육과 관련한 말씀의 봉사에서 발생하는 것이다. 비록 고교회의 신경이 교회의 선포의 기능을 수행하는데 상당한 정도의 표준으로 작동할 수 있고, 또한 그런 역할을 해온 것이 사실이지만, 종교개혁시기에는 신앙의 진리를 위한 보다 분명한 방향설정이 필요하였고, 따라서 신앙고백문서와 신앙교육서가 형성되게 된 것이다.

8. 지침, 권위 그리고 찬양

왜 종교개혁교회의 삶에 있어서 신앙고백문서가 꼭 필요했는지와 관련한 다양한 논의는 노르트만스(O. Noordmans)의 주장, 즉 신앙고백이 지침뿐만 아니라 권위와 함께 가도록 추진하려는데 있었다는 사실을 판 룰러(A. A. Van Ruler)가 언급하는데서 찾을 수 있다. 이와 관련하여 그는 세 번째 측면도 거론하는데, 신앙고백은 또한 찬양을 부르는 근간이 된다는 것이다.[7] 이 세 용어와 관련하여, 판 룰러는 신앙고백문서의 논쟁적 기능(polemiese funksie), 즉 오류를 밝히 드러내는 기능과 건설적인 기능(opbouende funksie), 즉 설교와 교회가 세상에

---

7) A. A. Van Ruler, Plaats en functie der belijdenis in de kerk, in: Visie en Vaart, (Amsterdam: Holland, 1947), 65-66.

널리 드러내야 할 진리의 요약을 위한 원칙으로서 기능한다는 사실을 지적한다. 더 나아가서 이것은 구원의 왕국을 드러내기 위해서 회중이 불러야 할 찬송의 형태로 발전되어야 한다. 판 룰러는 신앙고백은 마음 깊은 곳에서 흘러나오는 지고한 감동을 전달하는 사랑의 언어라고 말한다.

"사랑을 나눌 때 콩닥콩닥하는 심장 뛰는 소리와 함께 남자가 여자에게 '너는 내 사랑이야!'라고 말하는 것처럼, 그렇게 교회는 자신의 영적인 삶의 모든 여정 가운데서 하나님을 향하여 '당신은 선하십니다!'라고 말해왔다. 그것이 바로 교회의 신앙고백이다"[8]

9. 다양한 형태로의 새로운 발전

아마도 다양한 신앙고백문서의 출현과 관련한 가장 중요한 이유는 전에 알려지지 않았던 구원의 복된 소식을 발견한 결과를 거론할 수 있을 것이다. 바로 이런 측면이 다양한 신앙교육서에 기쁨과 축하의 형태로 증언되어 있다. 종교개혁은 오류와 부패에 대항하는 것 그 이상의 사건이다. 이것은 또한 기독교 역사상 가장 푸르른 시대의 시작이기도 하였다. 사람들은 전에 결코 존재하지 않았던 교회적인 일과 전에 결코 생각하지 못했던 신학과 조우하였다. 루터의 저술이 전 유럽에

---

8) A. A. Van Ruler, Plaats en functie der belijdenis in de kerk, 66.

퍼져나갔으며, 영국에서도 각광을 받았다. 성경이 평민들이 읽을 수 있는 대중의 언어로 번역된 책이 되었다. 이런 일들은 새로운 발견을 근간으로 다양한 형태로 표현된 신앙고백서 형성이 빚어낸 지극히 자연스러운 결과였다.

시대적인 필요와 성경의 핵심적인 진리의 발견이라는 열매로부터 포괄적이고 심지어 상당한 분량을 갖춘 종교개혁시대의 신앙고백문서가 형성되었다. 1580년에 일치에 도달한 루터교회의 일치신조(Konkordienwerk)는 1930년에 공식적으로 재판된 자료에 근거하면 무려 1135쪽에 육박한다.9) 다양한 이유로 개혁교회 신앙고백서는 루터교회가 출판한 것보다 훨씬 그 수가 더 많았다. 1903년 라이프치히(Leipzig)에서 출판된 뮬러(E. F. K. Muller)의 Die Bekenntnisschriften der reformierten Kirche 『개혁교회의 신앙고백서』라는 책은 16-17세기에 발간된 개혁교회의 신앙고백서가 얼마나 많은지에 대한 좋은 안내서 역할을 할 것이다.

트렌트공의회(1545-1563)이후 로마가톨릭교회가 Professio Fidei Tridentina(트렌트신앙고백서)를 햇빛을 보게 한 것은 종교개혁에 대한 반동 때문이었다. 이로써 로마가톨릭교회는 프로테스탄트의 신앙고백에 대항하여 고백적 신앙공동체의 반대의지와 사상을 표명한 것이다. 제2차 바티칸공의회(1962-

---

9) H. Steubing (hrsg.), Bekenntnisse der Kirche, (Wuppertal: Brockhaus, 1970), 115.

1965)의 결정은 프로테스탄트의 신앙고백문서와는 다른 성격을 가진 것이기는 하나 그럼에도 불구하고 고유한 신앙고백문서적인 성격을 나타내고 있다. 그러므로 전 서방교회는 종교개혁이후로 신앙고백서 형성을 위한 시기를 거쳤다고 말할 수 있을 것이다.

10. 신앙고백문서의 신학적인 특징

프로테스탄트 신앙고백문서는 이미 널리 인지된 정확한 신학적 특징을 포괄적으로 담고 있는 문서이다. 이것은 송영의 형태, 즉 신학적인 의미와 함의를 특별한 방식으로 표현하는 측면을 배제하지 않으면서 기독교의 구원사신의 전체성을 제시하는 요약된 형태를 유지하는 것이 가능하다. 그래서 초대교회는 처음부터 기독교 신앙의 전체를 "예수는 주님이시다!"라는 말로 집약했던 것이다. 동방정통교회에서는 오늘날도 구원과 관련된 전반을 "주님께서 부활하셨습니다"라는 말로 집약한다. 그러나 종교개혁 신앙고백서에서 우리는 교회가 신앙하는 철저한 개혁교회의 신학적인 설명을 더욱 명료하게 표현할 필요성을 느낀다. 프로테스탄트신앙고백은 구원의 송영적인 축하뿐만 아니라 밖으로는 복음의 책임 있는 이해의 제공과 안으로는 목회와 젊은이의 교육과 관련한 말씀의 건전한 설교를 위한 원칙의 제시라는 목적을 갖는다.

그러므로 이것은 또한 신학적인 특징과 신앙고백문서의 상황에 대한 물음을 담지한다. 다음과 같이 말할 수 있을 것인바, 신앙고백은 신학을 표현하며, 전체 기독교의 신앙이해의 전체성 안으로 "섞여 들어가는" 의미를 갖는다는 것이다. 종교개혁은 기독교의 전부가 아니라, 전체 기독교 내의 한 제한된 발전이며 방향이다. 전체 기독교는 그가 신앙의 내용을 이해하고 규정하는 방식에 대한 신학적인 평가 기준을 제시한다. 따라서 신앙고백문서의 신학을 잘 이해하는 자는 전체 기독교의 신앙의 배경에서 이것을 파악해야 한다. 이를 위하여 하나의 독립된 신앙고백은 다른 종교개혁 신앙고백문서와 동일한 목적을 가지려는 노력을 하는 것이 필요하다. 이것은 하나의 독특한 신학적 표준을 잘 보여주려고 힘쓰는 것 그 이상의 측면을 담고 있다.

11. 신조학(simboliek)

이제 신조학이라는 분과의 영역으로 관심을 옮기려고 한다. 신조학은 자기나 혹은 다른 교회공동체가 강조하고자 하는 다양한 신앙고백문서나 신앙고백의 기준에 대한 사실적인 정보를 가능한 한 온전하게 전달하려는 목적을 갖는다. 무엇보다 특히 이 분과는 종교개혁이후 전면에 등장한 여러 가지 다양한 고백들 사이의 논쟁점을 취급한다. 약간의 시간이 지나면서 평화를 도모하는 사람들이 다양한 고백을 하는 단체 혹은 하르트펠트(Hartvelt)가 언급했던 "교파"(kerkblokke) 내의 공동의 요소를 추구하여 그것을 표현함으로써 다양한 색채를 띠기도 하였다. 후에 이 신조학은 신앙고백공동체들 사이의 차이를 신앙고백문서를 따라 그 기준을 증명하는 것뿐만 아니라, 그들의 자기이해, 예전, 교회법, 영성과 같은 다른 영역을 취급하는 "교파적 학문"(Kofessionskunde) 혹은 "비교 교파적 학문"(Vergleichende Konfessionskunde)이라는 위상을 갖게 되었다.10)

까이퍼(A. Kuyper)는 신조학의 논쟁적인 성격을 유지하기 위해서 이런 발전을 비판하였다. 그는 신조학을 고유한 신앙고백의 진리에서 비롯되는, 그리고 이러한 빛에서 다른 모든 고백적 입각점을 평가하는 신학훈련을 위한 학과목으로 파악하였다. 그에 따르면, 신조학은 자신의 고유한 신앙고백을 평가하기 위한 비판의 과제를 수행하는 것이 아니며, 그 이유는 이 과제가 교의학의 영역에 속하기 때문이다.11) 실천적인 면에서 볼 때, 까이퍼가 이해하는 신조학은 가장 건전한 개혁교회 신앙고백의 증언에서 비롯되는 다양한 고백적 특성을 사실적으로 분류하여 진술하는 과제를 수행하지만, 그 신앙고백의 내용과 특성을 신학적으로 비판하지 않는 것이다.12) 이

---

10) G. P. Hartvelt, Symboliek, (Kampen: Kok, 1991), 3-20; E. Fahlbusch, Kirchenkunde der Gegenwart, (Stuttgart, Berlin: Kohllammer, 1979), 13-19.
11) A. Kuyper, Encyclopaedie der Heilige Godgeleerheid III, (Kampen: Kok, 1909), 366-376.

렇게 이해될 때 신조학은 순수하고 핵심적인 정보는 성실하게 제공하지만, 교의학의 영역으로 넘어갈지도 모른다는 두려움에서 비롯되는 것으로서 핵심을 찌르는 신학적인 성찰에는 취약하게 된다.

12. 교의학을 위한 의미 있는 봉사

그러므로 신앙고백문서 연구가 신학적인 기준과 사실상 연결될 때, 신학적인 내용에 대한 논의에로 진행해야 한다. 이것은 본질상 교의학적인 노력에 도달하게 된다는 것을 의미한다. 신조학은 따라서 교의학을 돕는 학문에 해당하는 것으로서, 교의학이 스스로 할 수 없는 어떤 것을 특별히 비판적인 방식으로 연구함으로써 교의학이 신앙고백문서를 통하여 활력을 얻을 수 있도록 봉사하는데 그 가치가 있다고 할 것이다. 이 일을 하기 위해서, 일종의 비교 교파학으로서의 신조학이 아니라 비교 교파학으로부터 나온 정보를 사용하여 고백의 특성을 보다 잘 이해할 수 있도록 몇몇 핵심적인 사실에 빛을 비추어주는 신조학이 되어야 한다. 이 학문의 비평적인 성격을 통하여 신조학은 고백적인 관점의 순전한 진술을 널리 알리고, 진정한 신학훈련을 형성하게 된다.

---

12) 비교를 위하여, P. Biesterveld, Schets van de Symboliek, (Kampen: Kok, 1912); P. J. S. De Klerk, Gereformmerde Simboliek, (Pretoria: Van Schaik, 1954); L. Doekes, Credo. Handboek voor de gereformeerde symboliek, (Amsterdam: Ton Bolland, 1975).

이 작품은 신조학이라는 단어(simboliek)의 문자적 의미를 반영하는 것을 의도하지 않는다. 아울러 본서는 모든 개혁교회 가족이나 혹은 다른 신앙고백 단체의 신앙고백문서의 정보를 제공하려는 것이 아니라, 통일된 입장을 견지하는 세 신앙고백문서의 신학적인 특성과 기준의 자취를 가능한 한 더듬어 드러내고자 하는데 그 목적을 둔다. 달리 말하여, 개혁교회의 입장 그 자체의 특징을 드러내는 것으로 제한한다고 표현하는 것이 더 바람직한 말이 되겠다. 그러므로 다음 장에서 우리는 개혁교회 신앙고백이라는 특정한 주제에 대한 우주적인 관점을 살피도록 할 것이다.

개혁교회는 교회의 보편성의 교리를 매우 강조하고, 타교단과의 형제애를 이루려는 진지한 태도를 가지고 있다. 또한 자신의 몫이 무엇인지 선명하게 드러내는데도 두려움이 없다. 이 책을 읽으면서 개혁교회의 이런 태도가 신앙고백서에 분명하게 드러나 있다는 사실을 발견하게 될 것이다.

제2장
개혁교회 신앙고백의 고유한 특성

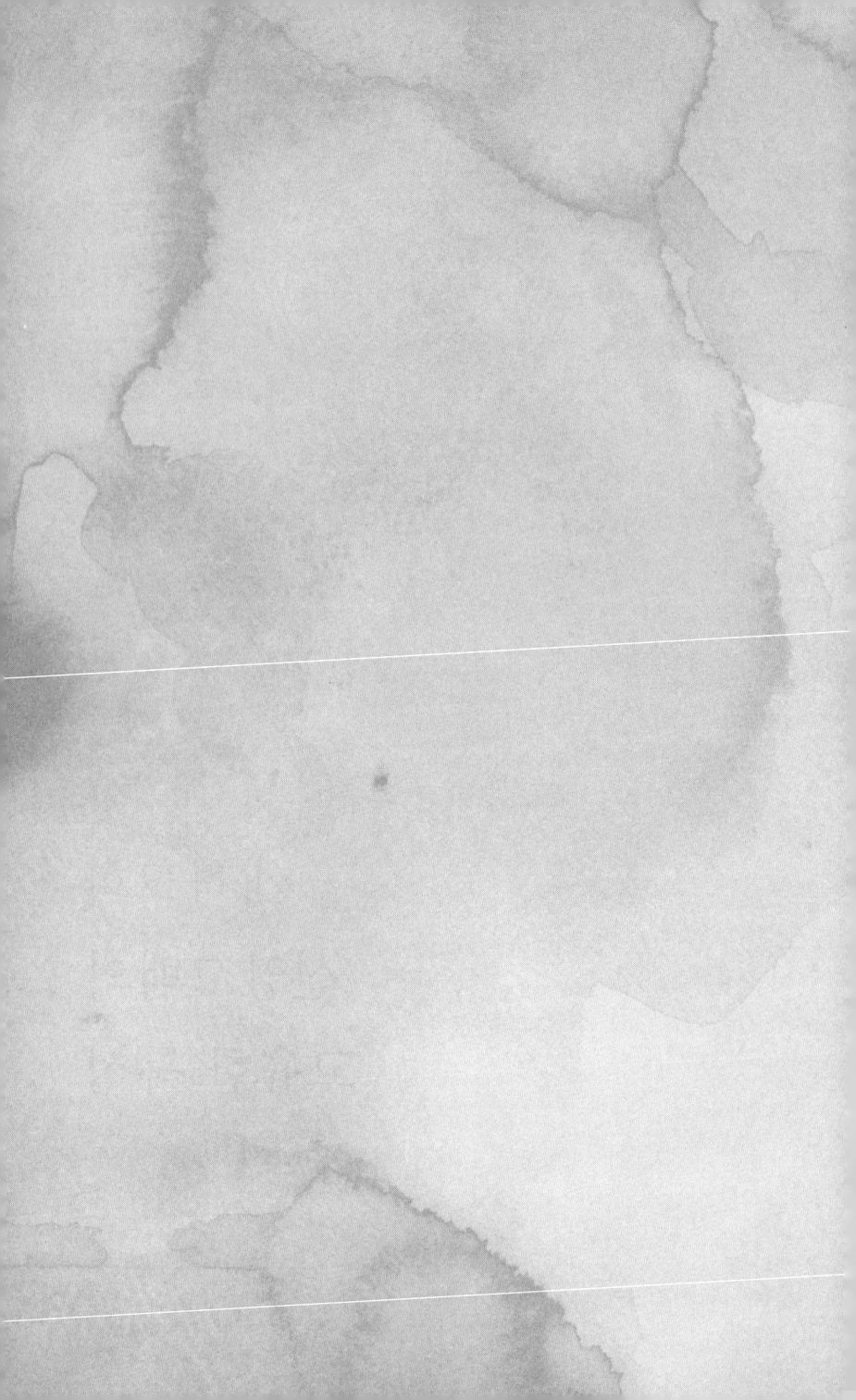

개혁교회 신앙고백의 고유한 특성

개혁교회 신앙고백은 하나의 보편적(katolieke)인 혹은 공통적(algemene)인 기독교 신앙의 본질적인 요소와 전혀 다르지 않다. 그럼에도 불구하고 어떤 점에 있어서는 다른 그리스도인들의 신앙고백과 구별되어지는 고유한 측면이 있는 것도 사실이다. 바로 이 점에서 개혁교회 신앙고백의 고유성을 우주적인 기독교 고백공동체들 혹은 교파들의 자기 정체성 기술에 비추어서 질문해야 하는 핵심적인 논점이 성립한다. 이런 물음으로부터 개혁교회 신앙고백과 영성의 신학적인 정체성이 분명하게 드러나는 것이다.

1. 분리된 기독교

기독교 내의 큰 분리는 동방과 서방 기독교 사이의 분리 바로 그것이다. 그 결과는 동방과 서방교회가 각각 자신의 고유한 범주를 설정하고 그 안에 존립한다는 것이다. 서방기독교 내에는 16세기에 종교개혁이 일어나면서 심각한 분리가 일어났고, 그 결과로 로마가톨릭교회와 프로테스탄트교회가 각각의 삶을 형성하게 된다. 이로써 기독교 안에 세 주류가 형성되는데, 동방정통교회, 로마가톨릭교회, 프로테스탄트교회가 그들이다. 신조학과 관련하여 1960년에 출간된 잘 알려진 책, Das Evangelium und die Kirchen에서 저자인 니젤(Niesel)은 실제로 이러한 세 흐름을 지목한 바가 있다.

그런데 프로테스탄트교회는 단지 하나의 형태만을 지닌 것이 아니라, 네 개의 주요한 그룹으로 분리되었는데, 루터교회, 개혁교회, 영국성공회, 재세례파가 이에 해당한다. 소수의 분파들을 뺀 전체 기독교 내에서 볼 때, 여섯 개의 그룹으로 구별할 수 있을 것이다.

① 동방정통교회,
② 로마가톨릭교회,
③ 루터교회,
④ 개혁교회,
⑤ 영국성공회,
⑥ 재세례파적 교회그룹.

이것은 하르트펠트(G. P. Hartvelt)가 최근의 그의 책,

Symboliek(신조학)에서 제시한 방향을 따른 것이다.[13]

2. 다양성을 넘어서는 사귐

이 모든 그룹들은 성경과 사도시대의 교회와의 연속성에 호소한다는 점에서 기독교 신앙의 사귐을 공유한다. 그들은 서로 관계를 형성함으로써 일치를 지향하는 것을 가장 중요하게 생각하며, 기독교 신앙의 통일성을 위하여 노력하는 것을 분명하게 전면에 내세우고 그것을 의미 있는 일로 받아들인다. 그럼에도 불구하고 신앙고백이나, 교회의 조직이나, 추구하는 정신이나 영성과 같은 문제와 관련될 때, 그들 사이에 큰 차이가 있다는 사실을 인정한다. 하르트펠트도 이러한 그룹들 사이의 정신 구조(frame of mind)의 차이를 기꺼이 언급한다. 이 차이를 형성하게 된 많은 요인, 즉 역사적 발전과 다양한 문화와 정황의 유입과 같은 것을 거론할 수 있을 것이다. 여기서 이런 요소들을 상세하게 논의할 수는 없다. 다만 우리가 관심을 가지는 것은 개혁교회 신앙고백을 지향하는 그룹의 개략적인 소개를 여러 다른 교회그룹들과 비교하면서 제공하려는 것이다.

모든 차이에도 불구하고, 개혁교회가 기독교의 다른 유형의 그룹들과 어떻게 그렇게 큰 사귐을 형성할 수 있는가 하는

---

[13] G. P. Hartvelt, Symboliek, (Kampen: Kok, 1991)

것은 사뭇 놀라운 일이다. 그들은 동방정통교회, 로마가톨릭교회, 루터교회, 영국성공회와 함께 고교회의 신경에 호소함으로써, 달리 말하여, 전체 보편교회에 호소함으로써 재세례파교회에 대항하였다. 그렇지만 동방정통교회가 서방교회로부터 분리되는 바로 그 문제와 연관될 때, 개혁교회는 로마가톨릭교회 및 전 서방기독교와 입장을 같이하였다. 로마가톨릭교회와의 차이와 관련하여서는 개혁교회가 모든 종교개혁적인 운동들 예컨대, 영국성공회나 재세례파와 입장을 같이 할 수 있었다. 영국성공회와의 차이와 관련될 때, 루터교회와의 연대를 모색하였다. 또한 개혁교회와 루터교회 사이의 차이가 상정되었을 때, 다른 동료관계, 즉 재세례파와 차별화된 사귐을 추구하였다. 이로 보건대, 개혁교회는 각각의 경우, 기독교 내의 모든 그룹들과 이웃관계를 유지하였다.[14]

---

14) 역자는 개혁교회의 이러한 태도가 기회주의적인 처신으로 오해되어서는 안 된다고 생각한다. 이것은 신학적인 선택과 관련된 개혁교회의 일관성 있는 삶을 요약하고 있기 때문이다. 오해를 미연에 방지하기 위해서 위 진술의 신학적인 배경을 다음과 같이 제시하고자 한다. "재세례파의 주장, 즉 객관적이고 외적인 은혜의 수단을 무시하는 주장을 만났을 때는 바로 이런 측면을 옹호하는 교회들과 나란히 서고, 성령의 사역이 기독론적인 측면을 견지하는지 여부가 논란이 되었을 때는, 필리오꾸베(Filoque)를 옹호하는 전 서방교회들과 함께 가고, 로마가톨릭교회의 부패한 진리주장과 관련될 때는 그것을 반대하는데 입장을 같이 하는 영국성공회나 재세례파 그룹들과도 함께 하고, 예전과 관련하여 로마가톨릭교회로 돌아가려는 흐름에 대항할 때는 그 문제점을 비교 우위적으로 잘 드러내는 루터교회의 입장을 견지하고, 성령이 은혜의 수단에 발목이 잡혀있다는 루터교회의 폐쇄적인 입장과 연관될 때는 이 문제점을 정면으로 공박하는 재세례파의 입장에 손을 들어주는 것과 같은 '진리를 향한 선택으로서 사귐'을 거론하고 있기 때문이다. 이것을 다르게 표현하면 성경이 가는 데까지 가고 성경이 멈추는데서 멈추는 오직 성경으로(sola scriptura)의 원리에 충실한 태도를 견지하였다고 할 수 있을 것이다."

3. 개혁교회 신앙고백의 보편적인 성격

이러한 일치와 차이로부터 개혁교회 신앙고백의 이런저런 고유한 특징이 도출될 수 있을 것이다. 이로써 우리가 제시할 수 있는 개혁교회 신앙고백의 가장 심오한 의도는 보편적인 기독교 신앙을 충분히 표현하고자 하는 것이다. 이런 일이 실제로 일어났으며, 그 결과로서 보편적인 신앙이 제한된 방식으로 강조된 것이다. 판 룰러(A. A. Van Ruler)는 종교개혁의 개혁교회적 측면을 "보편교회적인 형식이 분명하게 반영되었으며, 이로써 이단으로부터 자신을 방어하였다"라고 언급하였다.[15] 우리는 이 발언을 해석함으로써 그 구체적인 내용을 점차적으로 증명하게 될 것이다. 우리는 이미 언급한 개혁교회 신앙고백의 보편적인 성격을 강조함으로써 시작하려고 한다.

3.1. 고교회의 교리들이 길게 기술됨

개혁교회 신앙고백의 보편적인 성격은 첫 5세기 교회의 신앙고백적인 발전을 포함한다는 사실에서 드러난다. 루터교회 못지않게 개혁교회도 고교회의 교리적 결정을 받아들였으며, 또한 발전시켰다. 루터도 고교회의 교리적 결정을 넘겨받았으며 더욱 발전시켰다.[16] 이것은 루터교회가 이단이 아

---

15) A. A. Van Ruler, Plaats en functie der belijdenis in de kerk, 54.
16) E. Lohse, Epochen der Dogmengeschichte, (Stuttgart: Kreuz, 1963), 168.

니며, 고교회 때로부터 가르쳐온 보편적 신앙을 실제로 반영하였다는 사실을 분명히 하기 위해서 황제 카렐(Karel) 5세가 작성했던 아우크스부르크신앙고백서에 온전하게 반영되었다는 사실에서 힘을 받는다.

칼뱅과 개혁교회도 동일한 입장을 견지하였다. 그들은 망설임 없이 고교회의 교리들을 받아들였는데, 그것은 기독교의 근본 교리인 삼위일체론과 기독론과 관련한 결정이었다.17) 네덜란드(Belgic)신앙고백서 제9장에는 개혁교회가 고교회의 세 가지 신경18)을 받아들인다는 사실이 분명하게 기록되어 있다.

종교개혁은 자신을 중세의 왜곡된 성장과 절연하고 고교회 혹은 기독교의 황금기의 기본적인 증언에로 돌아간 것으로 이해했다.19) 종교개혁교회들은 자신들을 새로운 교회나 혹은 분리운동으로 본 것이 아니라, 모든 세대에 걸친 하나의 보편교회의 건전한 영속(永續)으로 파악하였다. 이런 의미에

---

17) J. Koopmans, Het oudkerkelijk dogma in de Reformatie, bepaaldelijk bij Calvijn. (Wageningen: Veenman en Zonen, 1938), 23v.
18) 네덜란드(Belgic)신앙고백서 제9장은 삼위일체와 관련한 것으로서, 그 내용의 일부를 인용하면 다음과 같다. "And so, in this matter we willingly accept the three ecumenical creeds - the Apostles', Nicene, and Athanasian - as well as what the ancient fathers decided in agreement with them." 이 인용문에 따르면, 사도신경, 니케아신경, 아따나시우스신경이 본문에서 언급하는 고교회의 세 가지 신경들인 것이다. 역자 주.
19) A. McGrath, Reformation Thought, (Oxford: Blackwell, 1998), 12v.

서 종교개혁교회는 고교회의 신앙과 실천에 가능한 한 지속적으로 머물려고 노력했던 운동의 산물이었다.[20]

특히 칼뱅은 보편적인 신앙과 신실하게 연결되어 있었다. 부스마(W. J. Bouwsma)는 "칼뱅주의는 한 독실한 16세기 불란서 가톨릭교도의 창조물이었다"라고 기록하였다.[21] 프로테스탄트는 분리주의자들이라는 비난에 대하여 그들은 고교회의 가르침에 호소함으로써 응답하려고 하였다. 이것이 그가 고교회의 관점에로 되돌아감으로써 쇠퇴와 부패를 일소하려고 했던 칼뱅의 『기독교강요』 네 번째 책의 의미인 것이다.

4. 서방의 보편성

종교개혁의 고교회에로의 회귀가 서방에 있는 고교회에로의 회귀를 의미하는 것인가 하는 문제를 조금 더 분명히 할 필요가 있다. 이 경우, 이것은 종교개혁이 동방정통교회와의 차이를 고려하면서 서방에 있는 로마가톨릭교회가 받아들인 그 관점에 부착한다는 것을 의미한다. 이 차이는 주로 동방정통교회가 서방교회와 다른 영적 태도(geestelijke instelling)를 가지고 있다는 사실에 근거한 것이다.

---

20) J. H. Gunning, Van Calvijn tot Rousseau, (Rotterdam: Otto Petri, 1881), 27.
21) W. J. Bouwsma, John Calvin. A Sixteenth Century Portrait, (Oxford: Oxford University Press, 1988), 11. 원문을 소개하면 이렇다. "Calvinism was the creation of a devout sixteenth-century French Catholic." 역자 주.

4.1 동방교회

동방교회와 그의 영성에서는 하나님과 그분의 영원성 및 불가시적 본질이 중심을 차지한다. 하나님은 신비적인 명상의 길에서만 알려진다. 동방교회 그리스도인들에게 있어서 구원은, 온 세상을 위하여 시작된 그리스도의 성육신에서와 회개 및 주의 만찬에 참여하는 것과 함께 개인 안에 내주하시는 성령을 통하여 하나님과 하나가 되는 것(theosis, 神化)에 달려 있다.

그러므로 동방교회는 두 가지 교리를 알고 있는데, 삼위일체론과 기독론이 그것이다. 죄책으로부터 구속되는 것이 아니라 죽음으로부터의 구속이며, 따라서 하나님과의 합일과 같은 것이 전면에 위치한다. 이것은 일종의 신령한 삶에로의 초월에 도달하게 된다. 구원은 인간과 성부 하나님 사이의 직접적인 관계를 형성하는 성령에 의해서 이루어진다. 이로써 동방교회는 성령이 성부와 성자로부터 출래하신다는 서방교회의 필리오꾸베(Filioque) 신앙고백을 강하게 반대한다. 그들은 성령이 성부와 직접적인 관계를 형성하는 것으로 믿음으로써 동방교회 특유의 신비적인 태도를 지향하게 되는 것이다. [22]

---

[22] K. Onasch, Einfuhrung in die Konfessionskunde der orthodoxen Kirchen, (Berlin, De Gruyter, 1962), 231-237; G. P. Hartvelt, Symboliek, 46-55; 68-70.

4.2 서방교회

서방교회의 경우, 그리스도를 통한 죄로부터의 인간의 구속이 핵심을 이룬다. 이것은 서방교회가 죄를 중심으로 생각을 전개한다는 것을 의미한다. 이에 반하여 동방교회는 성육신 중심적인 사고를 한다. 서방교회의 경우, 성육신은 중보자이신 그리스도께서 그의 십자가와 부활을 통하여 죄로부터 구속하는 사역을 전개하신다는 관점에서 매우 중요한 사건이다. 반면에 동방교회에서는 인간의 본성과 범사가 하나님과의 교제를 통하여 고양(verhef)되는 것 때문에, 성육신이 중요하게 간주된다. 이것이 부활의 때에 영광스러운 모습으로 알려진다. 동방교회에서는 부활절 축제가 교회력에서 가장 정점에 속하는데, 이는 성육신에서 사실상 이미 주어진 구원이 부활에서 현시되기 때문이다. 동방교회는 또한 그리스도께서 우리의 죄를 대신하여 죽었다고 가르치지만, 구원이 죄책으로부터의 해방으로서 일차적으로 이해되는 것이 아니라, 죽음과 연약성으로부터의 구원으로 이해되도록 하기 위해서 타락을 그렇게 많이 강조하지 않는다.

4.3 분리의 핵심으로서 구원론

동방과 서방교회의 이런 차이가 관심하는 것은 종교개혁이 서방의 편이 되지 않았다는데 있다. 종교개혁은 서방의 보편적 기독교의 산물이다. 삼위일체와 기독론과 관련한 고교회의 결정은 구원론적 의미 때문에 로마가톨릭교회보다 훨씬 더 종교개혁에 중요한 의미를 갖는다. 실제로 놀라운 것은 로마가톨릭교회와 종교개혁 사이의 차이는 이 사실을 정당하게 전면으로 끌어낸다는 사실이다. 16세기에 양자(兩者) 사이에 일어난 분리는 구원론에 대한 그들의 차이에서 비롯된 것이다.

5. 제3조의 신학

이것은 그들의 차이가 제3조의 신학이라고 불리는 문제와 만난다는 사실을 의미한다. 12조항들은 크게 삼위일체와 관련된 세 조항들로 배열되며, 그런 배경에서 볼 때, 성부 하나님과 성자 하나님과 성령 하나님에 대한 신앙을 다루고 있다. 이 때 제3조는 성령과 그의 사역에 대한 논의를 의미하는 것으로서, 교회, 성도의 교제, 죄의 용서, 육체의 부활, 영생이 여기에 속한다. 프로테스탄트의 구원 이해에 있어서, 성부 혹은 성자에 대한 신앙고백과 관련한 로마가톨릭교회의 반대보다 성령과 그의 사역과 관련한 신앙고백에 대한 로마가톨릭교회의 반대가 더 유쾌하지 않은 문제였다. 특히 구원의 주관적인 적용, 구속론, 그리고 교회론과 관련하여 이런 현상이 심화된다.

큰 견지에서 볼 때, 『기독교강요』 제3권과 제4권에서 칼뱅이 이 문제를 다루었던 것으로 말할 수 있을 것이다. 이것은

『기독교강요』의 삼분의 이에 해당하는 분량이다. 이로써 분명한 것은 이것이 종교개혁이 제기하는 전반적인 논의의 중심이라는 사실이다. 이런 이유로, 노르트만스(Noordmans)는 동방교회가 기독교 교리에 공헌한 것이 삼위일체론과 기독론이었다면, 서방교회 혹은 라틴교회는 교회론을 형성하는데 책임 있는 역할을 하였다는 사실을 지적하였다.[23] 그런데 문제는 라틴교회에서 발전된 교회의 관념이 하나님과 인간 사이의 신비적 위대성('n mistieke grootheid)이었으며, 그 인간에 대한 구원이 직분과 성례의 중재를 통하여 부여된다는데 있었다. 이것이 3세기이후 전면에 부상하는 소위 고교회적 관점(hoogkerklike opvatting)이며, 노바티안주의(Novatiane)나 도나티안주의(Donatiste)라는 이단적인 흐름과 투쟁의 과정을 거치면서 키프리아누스(Cyprianus)와 아우구스티누스(Augustinus)와 같은 사람들에 의해서 형성된 것이다.[24] 종교개혁은 특별히 이 관념과 단절하였다.

사도신경을 따라서 교회를 성도의 교제라고 파악한 것은, 그 배경에 조금 전 언급했던 그 교회 관념이 자리 잡고 있는 것이거나, 혹은 강력한 법적인 특성을 따라 잘 배열된 구원의 기관으로서 교회 개념에 영향을 끼치지 않은 방식으로 이해된 경우이다.[25] 교회에 대한 이 관점은 세기를 거치면서 로

---

23) O. Noordmans, Herschepping, 223-227.
24) D. McKim, Theoological Turningpoints, (Atlanta: John Knox, 1988), 50-59.

마가톨릭교회가 20세기에 심화시킨 것이기도 하다.[26] 제2차 바티칸공의회를 통한 자기갱신에도 불구하고, 교회는 여전히 이 관점의 영향 아래 있다.[27]

종교개혁에서 성령의 사역과 그 열매에 대하여 일련의 변화가 뒤따르는데, 곧 성령을 통하여 받게 되는 구원의 본질과 그 열매로서의 교회에 대한 이해가 그것이다. 이런 빛에서 볼 때, 칼뱅의 『기독교강요』 제3권과 제4권이 분명하게 파악되며, 교회와 관련된 교훈이 그 안에서 중요한 자리를 차지하는 이유가 설명된다. 프로테스탄트 신앙고백서를 피상적으로만 보더라도, 성례론을 포함하여 구원론과 교회론에 대한 조항들이 가장 많은 자리를 차지하는 것을 확인할 수 있다.

6. 구원의 확실성

그리하여 종교개혁은 보편교회적이며 또한 교회가 견지하였던 고교회적 교리들을 보호하였으며, 교회를 해석하는데 있어서 로마가톨릭교회와 다른 길을 택하게 되었다. 서방교회와 함께 종교개혁은 고교회의 교리 중 성육신론보다는 구

---

25) Th. L. Haitjema, Hoog-kerkelijk Protestantisme, (Wageningen: Veenman en Zonen, 1923), 59v.
26) W. D. Jonker, Mistieke Liggaam en Kerk in die nuwe Rooms-Katolieke teologie, (Kampen: Kok, 1955)
27) H. Berkhof, De Kerk, in: Protestantse Verkenningen na Vaticanum II. ('s Gravenhage: Boekencentrum, 1967), 89-116.

원론을 더 중요한 것으로 이해하였으나, 로마가톨릭교회와의 논쟁 가운데서 구원론을 최전면(最前面)에 내세웠다. 종교개혁은 복음을 자유에로 초대하는 진리로 재발견하였다. 이것은 성경의 구원사신의 단순성에로 돌아갈 것을 촉구한 것이다. 더욱 자세하게 살피는 자는 종교개혁이 고교회의 신조를 해석하는 과정에서 그 배경에 놓여 있는 신약성경의 신조 그 자체로 되돌아가서, 그 강조점을 찾아냈다는 사실을 보지 않을 수 없다. 종교개혁자들이 고교회의 보편적인 신앙과 연대하는 것이 고교회에 대한 그들의 의존이 의심할 것 없는 그런 정도로 규범적인 것이라는 사실을 의미하지는 않는다.[28] 그들의 출발점이 고교회 그 자체에 있는 것이 아니라, 성경과 그 성경의 핵심인 복음의 구원사신에 있다는 사실에 근거할 때, 이것은 비평적인 요소를 내포하고 있는 것이다.

고교회 못지않게, 종교개혁이 삼위일체론과 기독론이라는 고교회의 두 교리에 천착하여 확고하게 붙잡아야 할 중요한 내용은 "하나님 자신이 인간이 되어 우리에게 오셨다"라는 사실이었다. 그러나 종교개혁의 경우, 하나님 자신이 우리와 함께 하시기 위해서 우리에게 오셨다는 사실을 중요하게 생각하였으나, 그의 구속에서 마침내 궁극적으로 주어질 인간의 신화(vergoddeliking)의 과정에 참여하는 것으로 이해하지는

---

[28] 비교를 위하여, R. M. Brown, The Spirit of Protestantism, (New York: Oxford University Press, 1961), 53-156.

않았다. 오히려 하나님 자신이 육체 안에서 죄의 저주를 가져가심으로써 은혜로 말미암는 구속이 분명히 현실화된다는 사실을 강조하였다. 바로 이것이 구원의 확실성의 기초였다.[29] 바로 이 사실에서 종교개혁의 심장이 박동하였던 반면에, 로마가톨릭교회나 동방교회는 이 사실에 견고하게 부착하지 않았다. 사실상, 이것이 종교개혁과 로마가톨릭교회 사이의 긴장의 중심적 사실이다. 로마가톨릭교회는 인간이 이 생에서 특별계시 없이 자신의 구원의 확실성을 가질 수 없다는 가능성을 거절하였다.[30]

6.1. 이교적인 것들로부터 거리를 유지함

종교개혁에서 구원의 확실성이 그렇게 중요했던 이유는 회개와 관련한 서방교회 내의 역사적인 발전을 통하여 증명된다. 판 룰러(Van Ruler)가 말한 것처럼, 개혁교회는 교회의 형태를 새롭게 함으로써 이교적인 것들로부터 거리를 유지하였으며, 초기교회 때에 교회 안으로 뚫고 들어온 자연적 종교성의 형식과 그리스도 안에 있는 하나님의 은혜의 복음을 어둡게 하는 일련의 이교적인 혹은 이단적인 것을 명쾌하게 걷어냈다.

이교적 혹은 이단적인 종교의 본질은 신(God)을 만족시킨

---

29) G. P. Hartvelt, Symboliek, 62.
30) G. C. Berkouwer, Conflict met Rome, (Kampen: Kok, 1949), 143v.

다는 생각에 이끌림으로써 선행, 헌물, 제의적 행위에 몰두하며, 그 결과로 신이 인간의 가장 깊은 소원을 완전하게 이루어준다는 데서 성립한다. 이것은 "네가 한 만큼" 내가 보상한다는 출발점에서 비롯된 것으로서 결과적으로 네가 할 수 있다는 사상을 그 저변에 깔고 있다. 이것은 일종의 공로적이고 행위 의적인 종교가 근본적인 역할을 하고 있는 것으로서 그 뿌리에 자력구원이라는 욕구가 똬리를 틀고 있다. 구원의 획득이 자력구원의 요소와 연결됨으로써, 비록 이것이 세련되게 표현된다고 하더라도, 사실상 진정한 구원의 확실성은 있을 수 없게 되는 것이다. 왜냐하면 인간은 그가 구원에 이를 만큼 충분히 공적을 쌓았는지 여부를 결코 알 수 없기 때문이다. 진정으로 타락한 인간에 대한 이해가 없기에 특별계시를 수납하지 않음으로써 로마가톨릭교회는 지속적으로 개인의 구원의 확실성을 부인하고, 대신에 교회의 중재(hulpmiddels)를 사용함으로써 구원에 이를 수 있다고 확신하는 사람들의 도덕적 확실성만을 언급하였다.

7. 복음의 일식현상에 항거함

교회사의 가장 고통스러운 측면은 기독교가 그렇게 빨리 그리고 그렇게 깊게 자연적 종교성의 흐름에로 빨려 들어갔다는 점이다. 루터와 칼뱅이 드러낸 것처럼, 중세교회는 인간의 종교적인 필요를 충족시키기 위해서 자연적 종교성을 교회 안에 널리 퍼지도록 한 합법적인 기관이었다. 성례적인 구원관, 은혜의 불신, 고해성사, 성자와의 연합, 선행공적사상 같은 것이 교회의 회중으로부터 복음의 밝은 빛을 빼앗아 갔다.

물론 이교적인 것을 일깨우거나 자극하려는 것이 교회의 의도는 분명히 아니었다. 이것은 전 교회의 구조가 세련되고 합리적인 스콜라적인 신학에로 함몰됨으로써 기독교 신앙의 근본적 진리가 체계화되는 과정에서 비롯된 것이다. 그러나 이것이 형성되는 방법, 즉 이것이 형성되는 사고체계가 자연종교성을 위한 여지를 만들었던 것이다. 자연과 초자연, 혹은 자연과 은혜라는 두 계층구조의 도움으로 공로라는 생각이 싹틀 여지를 만들었고, 결과적으로 그리스도 안에 있는 하나님의 자유케 하는 은혜의 복음을 표현할 수 없게 된 것이다.

7.1. 로마가톨릭교회 신학의 근본동기

로마가톨릭교회 신학의 근본 동기는 구원은 인간을 성례를 통하여 초자연적인 완전에로 앙양함(verheffing)으로써 영원한 구원에 참여하게 된다는 데서 성립한다. 인간은 원래 하나님으로 말미암아 몸과 영혼을 가진 자연적인 존재로 창조되어, 합리성과 도덕성과 불사적(不死的) 영혼을 구비한 존재였다. 이와 함께 하나님은 인간에게 원의(oorspronklike geregtigheid)라는 초자연적인 은사, 소위 덧붙여진 은사(donum superadditum)를 선물하셨다. 이로써 인간은 하나님과 교제할 수 있게 되었다. 타락을 통하여 인간은 위에서 언급했던 것을 상실하였으며, 심지어 인간의 자연적인 은사도 약화되었다. 구원의 길 혹은 구속의 목적은 인간의 잃어버린 은사를 회복하는 것이며, 결과적으로 하나님과의 진정한 교제를 회복하는 것이다.

그 자신의 노력만으로는 자연인이 이것에 도달할 수 없으나, 현실적인 은혜(gratia actualis) 혹은 하나님께서 모든 인간에게 나눠주신 그 은혜를 받을 때, 그는 교회로 발걸음을 옮길 수 있으며, 교회가 시행하는 성례적인 은혜와 협력함으로써 칭의의 과정에 참여하고, 하나님과의 진정한 교제와 참된 구원에 이르게 된다. 성례적 구원의 기관으로서 교회는 구원을 중재하고, 성례를 통하여 분여된 은혜는 인간의 내면을 새롭게 함으로써 그 은혜의 수단을 사용하고 협력하게 된다. 여기에서 공로적 요소가 개입되는 것이다. 인간이 내적인 변화를 통하여 자신 안에 성화를 충분히 이루어 진정한 천상의 영광으로 나아간다는 사실에 근거하여 구원이 발생하는 것이다.[31]

8. 구원의 말씀 중심적인 특성

종교개혁적 구원, 즉 인간 편에서의 어떤 공로가 없음에도 불구하고 하나님께서 죄인에게 선물하시는 하나님의 주권적

---

31) A. von Harnack, History of Dogma, VI en VII, (New York: Dover, 1961), 275-317.

이고 자유로운 은혜의 선물로서 구원 이해가 등장한 이후로 인간은 전혀 다른 종교사상적 분위기에서 호흡한다. 이것은 구원의 말씀 중심적인 특성이 발견된 것과 깊은 관련이 있다. 이것은 종교개혁의 위대한 발견이었다. 하나님께서 칭의를 통하여 죄인과의 관계를 형성하는 것은 종교개혁의 특징적 국면인 말씀을 통하여 이루어진다.[32] 말씀은 인격적인 목적을 따라 구원을 베푸시려는 하나님의 약속과 함께 인간에게 주어진다. 그리고 인간은 그 약속을 믿음을 통하여 받아들이며 그 안에서 안식한다. 문자적으로, 종교개혁은 루터의 하나님의 말씀과의 만남에서 비롯된 것일 뿐만 아니라, 하나님의 말씀을 대면함으로써 루터의 경험이 변화되었고, 하나님의 구원의 선물을 받아들이게 되었다는 사실이 또한 종교개혁의 전반적인 성격을 규정짓는다.

성례가 아니라, 선포된 설교가 종교개혁의 의미 있는 구원의 수단이었다. 이런 이유로 해서 종교개혁은 말씀과 성령을 가장 가깝게 서로 연결시킨 것이다.[33] 성령은 그의 자유 안에서 자신의 구원의 말씀을 인간들에게 인격적으로 말씀하시는, 그리고 인간의 마음을 열어 믿음으로 구원의 말씀을 받아들이게 하시는 살아계신 하나님 자신이다. 성령은 말씀하

---

32) H. W. Rossouw, Klaarheid en interpretasie, (Amsterdam: Van Campen, 1963), 149.
33) G. Ebeling, Luther. An Introduction to his thought, (Fontana Library, Philadelphia: Fortress Press, 1975), 93v.

시고, 설교 혹은 말씀을 통하여 구원하신다. 무엇보다도, 성령은 그의 약속과 자유로운 말씀 가운데서 인간에게 오시는 말씀하시는 하나님 자신이다. 루소(H. W. Rossouw)는 말씀과 성령의 긴밀한 결속의 발견을 교리사적 새로움('n dogma-historiese novum)이라고 불렀다.[34]

로마가톨릭교회의 전통에서, 하나님의 말씀은 성례를 통하여 분여된다. 따라서 살아있는 말씀의 구원적 성격은 피상적으로 이해되고, 이로써 진리를 담지한 말씀이 교회가 전수해 준 전통의 요소로 이해된다. 비정경적인 전통으로 가득하게 되고, 또 이 빛에서 진리의 말씀이 해석됨으로써 이러한 일이 일어난다. 전통의 담지자(draer)인 교회는 이로써 유일한 말씀의 참된 해석자로 자처하게 된다. 이런 방식으로 말씀이 교회의 삶의 구석구석에 반영되었고, 결과적으로 교회를 살아 있는 유기체로서 파악하는 것을 어렵게 하였다. 말씀이 비평적인 능력으로서 교회를 대항하여 일어설 수 있다는 생각이나, 교회 자체를 말씀으로부터 형성할 수 있다는 생각은 로마 가톨릭적인 전통에서는 가능하지 않은 단순한 사고방식이다.

8.1. 교회에서 하나님의 말씀의 수위성

"오직 성경으로"(sola scriptura)라는 표현은 루터에 의해서 기능한 것이거나, 로마가톨릭교회의 신학논쟁의 역사, 특히 교

---

34) H. W. Rossouw, Klaarheid en interpretasie, 226.

회에서 교황의 권위에 대항하는 과정에서 기능하기 시작한 논쟁적인 표현인 것도 아니라, 구원을 받아들이는 방법에 대한 표현으로서 "오직 믿음으로"(sola fide)와 직결된 언표이다. 교회는 말씀의 살아있는 씨앗, 즉 특별한 개념으로서, 선포된 하나님의 말씀으로부터 출생한 것으로 이해되어야 한다.

종교개혁의 구호인 "오직 성경으로"는 최소한 세 가지 의미를 내포하고 있다.

① 무엇보다 먼저 전통은 성경과 동등한 가치를 가진다는 생각을 거절하는 것을 의미한다.
② 둘째로 교회와 교황이 말한 것을 성경적 주제에 부착시키려고 하는 것을 상대화시키는 것을 의미한다.
③ 셋째로 이것은 또한 말씀이 구원의 수단으로, 독특한 구원의 수단으로서 실제적 원리로 이해되어야 한다는 사실을 의미하며, 결과적으로 구원의 수단으로서 말씀과 관련하여 성례는 단순히 눈에 보이는 말씀으로 이해되어야 한다는 사실을 지적하는 것이다.

이 방식으로 교회 안에서 하나님 말씀의 수위성을 유지하며, 이로써 종교개혁교회는 자연적 종교성의 산물로부터 자신을 단절하며, 성경에 나타난 하나님의 구원 계시의 빛에서 자신을 재정립하였다. 이로부터 핵심을 꿰뚫는 교회의 해방이 일어났다. 교회의 모든 성격이 바뀌었다. 교회를 타락시켰던 제의적인 내용도 정리되었다. 제단이 설교단과 주의 만찬을 위한 상(床)이 되었다. 사제가 말씀의 봉사자가 되었으며, 예배가 말씀과 회중의 찬양을 위한 장(場)이 되었다. 교회건물이 행복한 신앙가족의 모임을 위한 장소가 됨으로써 어둑하고 향이 자욱한 성전의 특성을 내어버렸다. 구원이 여전히 추구함으로써 획득되고 역사하는 어떤 것이 아니라, 신자들이 이미 참여하여 향유하고 있는 하나님의 은혜의 신실한 선물이라는 사실을 파악함으로써 모든 분위기가 변화되었다.

9. 말씀의 교회

이로써 종교개혁교회는 자신을 말씀의 교회로 이해하였다. 이것은 교회의 모든 삶을 포괄하며, 무엇보다 공예배(eredines)의 방향이기도 하다. 프로테스탄트교회의 공예배의 건전성은 동방과 서방의 보편교회적(Katolieke) 전통의 제의예배와의 다양한 비교를 통하여 확인된다.

9.1. 영국성공회의 예외적 측면

영국성공회는 이와 관련하여 프로테스탄트 흐름 내에서 예외적이다. 영국성공회는 로마 감독의 수위성, 화체설, 그리고 여타의 로마가톨릭교회의 관점을 거절하였다. 이러한 교리들에 대항하여 개혁된 신앙고백을 발표하였는데, 이것이 1563년의 39개조(Thirty-nine Articles) 신앙고백서이다. 그럼에도 불구하고, 다른 프로테스탄트교회의 강력한 예전갱신과 구별하여, 동방정통교회의 정신을 수용함으로써 그 방향에로 경도되었다.35) 공동기도서(Book of Common Preayer, 1549)는 신앙고백서가 규정하는 것보다 훨씬 더 교회적 삶을 전향적으로 이끌고나가 로마가톨릭교회와 프로테스탄트계열의 교회형태 사이의 일종의 중간형을 택하여 영국성공회에 적용하였다.

괄목할 만하게도 동일한 교회 내에서 영국가톨릭적인 방향과 복음주의적 방향을 함께 취하는 삶을 택하였다. 예전과 복음의 사도적 계승을 결합시킴으로써 영국성공회는 다른 프로테스탄트교회와 구별되는 뚜렷한 한 형태로 자리 잡았다.36) 이것은 로마가톨릭교회로부터의 대담하고 중요한 관점의 분리였다. 주의 만찬이 제사로 이해되지 않고, 사제가 로마가톨릭교회에서 그 단어가 내포하는 그런 의미의 사제가 아닌 것으로 이해되었다. 그러나 로마가톨릭교회적인 방향에 대한 강력한 반발의 정신과 분위기를 유지하면서도, 동방정통교회의 분위기에 대한 특별한 애정으로 신비적인 측

---

35) O. Noordmans, Liturgie, in: Verz. Werken VI, (Kampen: Kok, 1986), 53v.
36) W. Niesel, Das Evangekium und die Kirchen, (Neukirchen: Neukirchenner Verlag, 1960), 254v.

면을 수용하였다. 이런 관점에서 볼 때, 1976년 영국성공회가 동방정통교회가 필리오꾸베(Filioque)를 거절한 것과 의견을 같이 한 것은 낯선 일이 아닌 것이다.[37]

9.2. 예전적이고 신비적인 삶의 강조

루터교회나 개혁교회가 교회를 말씀의 교회로 파악하는 동일한 방식으로 영국성공회가 교회를 파악하지 않았다는 사실은 각각의 경우에서 매우 분명하다. 무게 중심이 신앙의 예전적이고 신비적인 삶에 놓였던 것이다. 그의 Deutsche Messe에서 보는 것처럼, 루터도 공예배에서 제단과 의식들을 존치시켰지만, 잘못된 미사와 같은 로마가톨릭교회의 예전의 심장은 도려냈다. 말씀과 성례는 공예배를 구성하는 두 요소가 되었다. 개혁교회 전통에서, 공예배의 순서는 아직도 여전히 더욱 건전해질 필요가 있었다. 루터가 제단의 제물을 내던졌다면, 칼뱅은 제단을 아예 교회 밖으로 끌어내버렸다.[38] 교회는 복음 안에서 선포되는 자유하게 하는 은혜를 드러내는 말씀의 교회로만 이해되었다. 그러나 영국성공회의 전통에서는 예전과 신비가 자유에로 초대하는 말씀의 중심성을 위태하게 할 정도로 역할을 하였다.

따라서 영국성공회는 교회론과 관련하여 매우 많은 여지를

---

37) H. Meyer/L. Vischer, Growth in Agreement, (WCC: Geneve, 1984), 44.
38) O. Noordmans, Liturgie, 63.

가지고 있다는 사실을 확인하게 된다. 공식적으로 영국성공회는 개혁적인 신앙고백을 견지하지만, 그러나 실제적으로는 교리적 자유가 사실상 절대적이다. 하르트펠트(G. P. Hartvelt)는 포괄성(comprehensiveness)이 영국성공회의 우선적인 특징이라고 보았으며, 이것은 모든 것을 포용할 수 있으며, 또한 모든 것에 대하여 관용할 수 있다는 태도를 견지한다는 것을 의미하는 것이다. 이 교회의 신앙고백은 특정한 방식으로 일관성 있게 유지되지 않는다. 바로 이것이 영국성공회의 정신(spirit of Anglicanism)에 속한다.[39] 이것이 위험천만한 것은 종교개혁이 비롯되었던 자유로운 은혜의 복음을 일깨우는데 어려움을 갖게 만든다는 점이다. 영어를 말하는 세계에서 이 복음은 여전히 영국성공회 내의 복음주의 진영을 통하여, 그리고 장로교회 및 다른 교회공동체를 통하여 보존되고 있다. 이 복음이 무시되는 곳에서는 종교개혁이 다시 일어나지 않았다. 그러나 이것과 함께 할 경우, 그의 말씀의 약속 안에서 우리에게 주어지는 하나님의 은혜에 영원히 묶어 매는 구원이라는 열매와 해방의 복음을 위한 대가를 지불하기도 한다.

10. 오직 은혜로 말미암는 구원

오직 은혜로 말미암는 구원이라는 종교개혁의 사신(boodskap)이 보편교회의 사상적인 전통과 연결되지 않는 것

---

[39] G. P. Hartvelt, Symboliek, 241-262.

은 아니다. 루터의 발견은 아우구스티누스의 신학을 다시 파악한 것이며, 그가 에르푸르트(Erfurt)에 있는 아우구스티누스 수도원에 참여한 것과 직접적인 관계가 있다. 맥그로스(A. McGrath)는 다음과 같이 쓰지 않을 수 없었다: "루터의 '발견'은 실제로 아우구스티누스의 통찰의 '재발견' 혹은 '재전용'이다." 그럼에도 불구하고 그는 아우구스티누스에 대한 루터의 관계는 비판적인 측면도 동시에 갖는다는 사실을 언급하였다. 루터는 아우구스티누스 배후에 있는 바울의 하나님의 은혜의 복음에까지, 즉 아우구스티누스가 생각했던 인간을 의롭게 만드는 내적인 능력이 아니라, 아무런 공로도 없는 죄인이 그리스도의 낯선 의를 덧입는 하나님의 자유로운 호의에까지 나아갔다는 것이다.[40] 아우구스티누스가 은혜가 구원을 위하여 필수적(die genade noodsaaklik is om gered)이라고 말하였다면, 종교개혁은 그가 강조한 것을 더욱 분명히 하여, 인간은 은혜로부터만(uit genade alleen) 구원받는다고 말하였던 것이다.[41]

오직 은혜로 말미암는 구원이라는 관점에서 교회의 모든 신앙고백은 다르게 파악되었다. 기독교 신앙의 모든 조항은 하나님의 선하심과 사랑이라는 매우 다양한 측면에서 해석

---

40) A. McGrath, Reformation Thought, (Oxford: Blackwell, 1988), 75-76, 83-84.
41) W. D. Jonker, Die Gees van Christus, (Pretoria: N. G. Kerk Boekhandel, 1981), 33-38.

되었다. 복음은 복된 소식이라는 그 단어 그대로의 의미로 이해되었다. 복음에 대한 종교개혁적 이해에서, 우리는 영적인 면에서나 교회적인 면에서 새로운 삶의 패러다임에 직면한다.

　로마 가톨릭교회가 자연과 은혜를 마주세우는 관점에서 구원을 이해하였다면, 종교개혁은 죄와 은혜를 마주세우는 관점으로부터 구원을 이해하였다. 로마 가톨릭교회가 구원을 성례적인 은혜의 주입을 통한 내적인 변화의 과정으로 이해하였다면, 종교개혁은 구원을, 죄인을 대신하여 그리스도께서 죽으셨다는 사실을 죄인이 믿을 때, 하나님께서 당신의 말씀에 약속한대로 칭의를 선언하는 것으로 이해하였다. 하나님께 대한 죄인의 비인격적인 성례적 관계가 살아계시고 은혜로우신 하나님의 임재 앞에선 인간의 인격적인 관계로 대체되었다. 성령께서 성례 안에 계신 능력(krag)으로 더 이상 이해되지 않고, 인격(Persoon)으로서 이해되었다. 인간의 전적 부패라는 신앙고백이, 인간은 어떤 경우에도 스스로 구원에 이를 수 없다는 하나님의 철저한 은혜의 복음과 서로 맞닿아 있다. 교회는 더 이상 인간에게 은혜를 나누어주는 거대한 구원의 기관이 아니라, 하나님의 말씀과 약속으로부터 비롯되는 기쁨을 향유하는 구원받은 자들의 공동체인 것이다.[42]

---

42) H. W. Rossouw, Klaarheid en interpretasie, 141-166.

11. 하나님의 주권적인 은혜

은혜의 복음에로 초대하는 메시지의 발견에도 불구하고 교회의 통일성을 형성해내는 운동으로 조율되지 못하고, 오히려 교회의 통일성을 깨는 데로 이른 것은 프로테스탄트의 역사에서 불행한 일 가운데 하나이다. 다양한 역사적인 요인들을 넘어 정치적인 속성들도 한 몫을 했다. 여기서 우리는 이런 문제에 몰입하지는 않을 것이다. 오히려 관심을 집중하고 싶은 것은 은혜의 복음을 이해하는데 있어서 종교개혁자들은 다양한 강조점을 드러냈고, 시간의 흐름과 함께 그들 사이의 통일성을 위협하는 다양한 정체성을 발전시켰다는 점이다.

개혁교회 신앙고백의 고유한 특성을 조금 더 자세하게 기술함에 있어서, 우리는 지금까지 개혁교회를 종교개혁운동의 한 흐름으로 이해하였으며, 루터교회와 공동보조를 유지하며 공유할 수 있는 결정을 전면에 내세웠다. 그러나 개혁교회 신앙고백의 고유한 특성을 조금 더 분명하게 형성하기 위해서 개혁교회와 루터교회 사이의 차이에 대하여 기술하는 것도 필요한 일이 될 것이다. 개혁교회 전통은 루터교회 전통과 자신을 구별하는 고유한 취향(etos)을 가지고 있다.**43)** 차이

---

43) J. H. Leith, "The Ethos of the Reformed Tradition," in: Donald K. McKim(ed.), Major Themes in the Reformed Tradition, (Grand Rapids: Eerdmans, 1992), 5-18.

를 형성하는 가장 핵심적인 측면은 종교개혁에서 중심적인 역할을 했던 것으로서, 하나님의 주권적 은혜라는 신앙고백이다.

11.1. 칭의와 예정

모든 종교개혁신학이 그리스도와 신자들과의 연합에서 숙성(熟省)되었다는 것은 잘 알려진 사실이다.⁴⁴⁾ 그리스도 안에 모든 신자들이 있고, 그분과의 교제를 통하여 신자들은 온갖 보화와 은사에 참여하게 된다. 이러한 그리스도와의 연합에 어떻게 이르게 되었는가 하는 질문에 대하여 루터나 다른 종교개혁자들 사이에 어떤 이견(異見)도 원칙상 없다. 하나님께서 잃어버린 자에게 은혜를 베푸시고, 성령으로 말미암아 그리스도 안에 접붙인다는 사실에 있어서 통일된 입장을 견지한다. 하나님의 이 은혜의 행동은 다양한 관점 아래서 표현될 수 있다. 『기독교강요』 제3권에서 칼뱅은 그리스도와 그의 회중들 사이의 연합에 이르는 길로서 중생, 칭의, 기도, 예정을 다룬다. 원칙상, 모든 종교개혁 운동에서 이에 대하여 차이가 없다.

그러나 은혜에 이르는 길에 있어서 강조점의 차이는 두드러진다. 루터교회가 신자와 그리스도와의 연합에 있어서의 고유한 사건으로서 칭의를 더욱 강조하는 신학으로 경도되

---

44) W. Niesel, Das Evangelium und die Kirchen, 151 이하.

었다면, 개혁교회는 그 배후로 돌아가서 예정을 그리스도와 그의 몸의 지체들과의 연합의 가장 깊은 근거로 파악하였다. 이 개념들에 대하여, 다른 강조점이 제기되지 않을 수 없었다.

개혁교회의 파토스는 하나님의 은혜의 주권적인 성격을 존중하는데 있었다. 츠빙글리(Zwingli), 부써(Bucer), 그리고 칼뱅의 발전은 루터의 그것과 다른 것이었다. 루터는 오직 은혜로 말미암는(sola gratia) 구원의 수납을 하나님의 예정하시는 주도권에 가장 밀접하게 연결시켰다.[45] 구원은 전적으로 하나님의 자유로운 은혜의 선물이다. 루터는 에라스무스(Erasmus)와의 논쟁에서 원칙상 예정을 강하게 강조하였다. 그러나 그가 종교개혁을 위하여 전개했던 구체적인 투쟁에서는 믿음으로 말미암는 칭의를 훨씬 더 전면에 내세웠다. 이것이 그의 사고의 출발점이자 계속해서 되돌아와야 할 지점이었다. 개혁교회 지도자들의 경험과 발전은 이런 것과는 다른 족적을 남겼다. 그러므로 루터가 추구했던 것과 그들의 다른 강조점이 무엇인지 파악하는 것이 필요하다.

11.2. 츠빙글리를 아우구스티누스와 연결함

츠빙글리와 관련하여 우리는 원칙상 그가 인문주의에 깊이 영향을 받았다는 사실을 알 수 있다. 그러나 그는 하나님에

---

45) 비교를 위하여, H. W. Rossouw, Klaarheid en interpretasie, 204, 227, et passim.

대한 실존적인 진술에서 인문주의와 다른 길을 갔다. 그 자신이 제공한 정보에 따르면, 그는 성경연구를 통하여 루터와는 달리 그리스도 안에 계시된 하나님의 은혜의 깊은 개념에 도달하게 되었다.46) 그가 1519년 역병에 걸렸던 것을 계기로 하나님의 주권적 의지에 완전히 순복하게 되었다는 사실을 그의 유명한 Peslied(疫病頌歌)에서 밝혔다. 창조주와 만유의 주로서 하나님의 주권적인 경륜이 그가 전개하는 신학에서 항상 표현하고자 했던 실존적인 관심사였다. 바울에게 호소하면서 츠빙글리는 섭리와 예정에 대한 가르침을 출발점으로 삼아 하나님의 주권을 전개하였다. 이것이 그를 심층적인 종교성에 이르게 하였으며, 하나님을 향한 가없는 경외와 자기포기를 준비시켰다.47)

츠빙글리는 이로써 아우구스티누스이래로 형성된 교리의 전통에 부착하게 되었다. 하나님의 영광, 본질, 성품과 같은 것이 이와 연결되어 있다. 어떤 의심도 없이 이것이 성경과 일치한다고 보았다. 그렇지만 이것이 어떻게 신학에 반영되었는가 하는 것은 매우 중요한 일이다. 스콜라시기에는 그

---

46) G. W. Bromiley(ed.), Zwingli and Bullinger, (Philadelphia: The Westminster Press, 1953), 16v; W. F. Dankbaar, "Humanisme en Hervorming," in: Hervormers en Humanisten, (Amsterdam: Bolland, 1978), 14; W. H. Neuser, Die reformatorische Wende bei Zwingli, (Neukirchen: Neukirchener Verlag, 1977).

47) A. McGrath, Reformation Thought, 87-90; P. Wernle, Zwingli. Der Evangelische Glaube II, (Tubingen: Mohr Paul Siebeck, 1919), 273-292.

리스도 안에 계시된 하나님의 사랑을 성경적인 방법으로 사유하지 않았고, 신학적인 사유의 출발점으로서 하나님의 주권성 개념의 합리적이고 철학적인 면이 항시 고려되었다.[48] 예정 혹은 섭리와 같은 모든 것은 이미 하나님의 경륜의 영원성을 포함하였다. 이로써 하나님과 인간 사이의 관계를 결정론적인 표상에 이르게 하는 매우 어려운 문제를 낳곤 하였다. 이것은 츠빙글리의 경우에서도 마찬가지였다. 그러나 하나님의 주권성과 활동성이 그의 사고를 지배하였고, 따라서 결정주의적인 맥락으로 표현하는 것에는 어려움을 가졌다.[49]

이것은 늘 개혁신학을 괴롭히는 문제이다. 칼뱅 자신도 이 문제와 더불어 씨름하였다. 그 역시 하나님의 주권성을 강조하지만, 그는 츠빙글리처럼 모든 것이 유래하는 원리로 만들지는 않았다. 그는 츠빙글리보다는 덜 철학적이면서 더욱 신학적인 입장을 견지하는 가운데 이 문제를 다루었다. 따라서 칼뱅의 신학이 하나님의 주권성에 지배받는다고 말하거나, 예정론이 지배적인 요소로 파악되어야 한다고 말하는 것은 정확하지 않다.[50]

---

48) H. Faulenbach, Weg und Ziel der Erkenntnis Christi, (Neukirchen: Neukirchener Verlag, 1973), 21.
49) P. Wernle, Zwingli. Der Evangelische Glaube II, 278-287.
50) 예를 들면, Alexander Schweitzer, Ferdinand Baur, O. Ritschl를 거론할 수 있다.

오히려 칼뱅의 신학은 구원론적인 특징을 가지며,[51] 그에게서 예정은 하나님의 긍휼과 은혜의 계시[52]라고 말하는 것이 훨씬 건전하다. 칼뱅 자신이 이에 대하여 표현하는 방식이 건전함에도 불구하고, 그 이후의 시기, 즉 개혁교회 스콜라시기에 이중예정론('n leer van die dubbele predestinasie)으로 흘러간 것은, 몇몇이 지적한 것처럼, 하나님의 자유로운 은혜의 사신을 어둡게 한 것이다. 우리는 이런 측면을 무엇보다 특히 소위 개혁신학의 고통스러운 수동성에서 발견할 수 있다.[53] 다행스럽게 이에 대하여는 더 이상 알려 하지 않는다. 하나님의 은혜의 주권성의 신앙고백은 복음의 신실한 강조점에 속한다.

11.3. 많은 오해의 원천

그러나 루터교회 내에서의 발전은 다른 과정을 보여준다. 무엇보다 멜란히톤(Melanchton)의 영향 아래 주권적 은혜론은 이미 점차 배후로 더욱 밀려났고, 제한된 신인협력적인 사고가 들어서기 시작하였다. 아우크스부르크신앙고백서에 여전히 예정의 빙항을 시시하는 여러 다양한 표현들이 남아 있지

---

51) M. De Kroon, De eer van God en het heil van de mens, (Roermond: Romen en Zoons, 1968), 11-14.
52) A. McGrath, Reformation Thought, 91.
53) C. Graafland, Gereformeerden op zoek naar God, (Kampen: De Groot Goudriaan, 1990), 199-218; A. A. Van Ruler, Ultra-gereformeerd en vrijzinnig, in: Theologisch Werk III, (Nijkerk: Callenbach, 1971), 98v; W. D. Jonker, Uit vrye guns alleen, (Pretoria: N. G. Kerk-Boekhandel, 1988), 46v.

만, 그 이후의 발전에서 이것을 사실상 포기하였다.[54] 도르트레히트총회에서 그들이 정죄되었다는 사실을 루터교회 스스로 인식한 것은 전혀 놀라운 일이 아니다.[55] 이것은 의도된 일은 아니었다. 그럼에도 불구하고 결과적으로 예정론이 개혁교회의 전통 내에서 의미 있는 방식으로 강조되었을 뿐만 아니라, 여러 가지 쟁점과 더불어 오해와 왜곡과 과장이 동반되었던 것이다.

이 교리가 그토록 오해되었다는 것은 정말 아쉬운 일이다. 제한된 몇몇 개혁교회 흐름 안에서만 이 교리는 복음의 전반적인 면모를 죽여 버리는 일에 공헌하는 원리로 경화(硬化)되었다.[56] 다른 경우에, 이 교리는 이해할 수 없는 것으로 무시되기도 하였다. 성경에서 거의 읽어낼 수 없을 정도의 얇은 분량으로서 가르쳐지거나 혹은 함의되지 않았다고 본 것이다. 이에 반하여 교회는 그의 신앙고백서에서 예정에 관하여 침묵하지 않았다. 실제로 이것은 복음의 통합적인 요소로서 심지어 교회의 심장이라고 부를 수 있는 것이다.[57]

이런 이유로 바른 방법으로 이에 대하여 논의하는 것은 매

---

54) E. Schlink, Theologie der luthrischen Bekenntnisschriften, (Munchen: Kaiser, 1948), 390v.
55) G. P. Hartvelt, Symboliek, 147.
56) A. A. Van Ruler, Ultra-gereformeerd en vrijzinnig, 98v.
57) A. Kuyper, E Voto Dordraceno II, (Amsterdam: Wormser, 1893), 161.

우 중요한 일이다. 네덜란드의 세 가지 신앙고백문서들은 예정을 그리스도와의 교제와 칭의의 배후에 놓여있는 것으로 보지만, 지배적인 방식으로 다루지는 않는다. 심지어 예정을 둘러싼 논쟁에서부터 비롯된 도르트레히트 정경조차도 구원 서정의 다른 측면들을 지배하고 규정하는 일과 관련하여, 매우 신중한 모습을 보여준다.

그 목적은 하나님의 예정하시는 사랑이 하나님의 은혜로부터 비롯되는 구원의 가장 깊은 차원인 "오직 은혜로"(sola gratia)라는 명제로서 이해되도록 하는데 있다. 루터, 츠빙글리, 칼뱅이 이것을 확고하게 증언했던 것으로 알려진다. 종교개혁의 개혁교회적인 흐름이 이 신앙고백의 통전성을 기독교 내에 존치하기 위해서, 앞서 인용했던 판 룰러의 발언의 빛에서 파악할 필요가 있다. 즉, 개혁교회는 스스로 견고하고 분명하게 이교도적인 것, 즉 예배의 근본 동기, 행위를 통한 칭의, 제의적 거룩과 같은 것으로부터 거리를 유지해야만 한다. 왜냐하면 개혁교회가, 비록 약점을 가지고 있을지라도, 바로 이점에서만 루터교회가 쏟아 부은 것보다 더 맑은 술을 쏟아 부을 수 있기 때문이다.

12. 성령론

예정과 관련한 개혁교회와 루터교회 사이의 두드러진 차이는 루터와 칼뱅 자신의 성격과 역할과 경험 사이의 차이와 상당히 깊은 관계가 있다. 루터는 첫 세대에 속한 열정적이고 카리스마틱한 사람이었던 반면에, 칼뱅은 둘째 세대에 속한 사람으로서 보다 더 논쟁적이고 조직적인 개혁자였다. 구원의 모든 것이 그리스도 안으로 집약된다는 사실을 발견한 루터는 주로 구원론에 집중하였으며, 그 결과로 구원론을 기독론과 가장 밀접하게 결합시켰다.[58] 이것이 루터교회 전통 내에서 품격 있는 성령론의 발전을 이끌었다. 칼뱅은 성령론을 위한 보다 더 너른 공간을 처음부터 마련하였다. 보다 가까이 들여다보면, 성령론은 그의 신학 전반의 구조와 분위기를 형성하는 역할을 한다는 사실을 알게 된다.[59] 때문에 그는 합당하게도 성령의 신학자로 언급되었다.[60]

이것이 루터가 성령을 이해하지 못했다는 것을 의미하지는 않는다. 그가 말씀의 구원하는 능력을 언급하는 방식에 이미 말씀과 성령의 내적인 결속이 규정되어 있다. 루터에게 있어서 하나님의 말씀은 성령을 통하여 모든 것이 하나님을 향하여 나아가도록 하는 살아있는 말씀이다. 하나님의 말씀은 선

---

58) E. Lohse, Epochen der Dogmengeschichte, (Stuttgart: Kreuz, 1963), 167-168.
59) W. D. Jonker, Kritiese verwantskap? Opmerkings oor die verhouding van die pneumatologie van Calvyn tot die van die Anabaptisme, in: D. W. De Villiers en E. Brown, Calvyn Aktueel? (Kaapstad: N. G. Kerk-Uitgawers, 1982), 72-89.
60) S. Van der Linde, De Leer van den Heiligen Geest bij Calvijn, (Wageningen: Veenman en Zonen, 1943), 1.

포된 성경 말씀으로서 살아있는 목소리이며, 죄책으로부터 해방하는 말씀 그 자체이다. 따라서 그는 말씀과 성령을 가장 가깝게 서로 연결 짓는다. 이것이 또한 칼뱅이 하고자 한 바였으나, 그는 루터보다 더 분명하게 이것을 수행하였다. 그는 루터보다 더 말씀과 성령 사이를 구별함으로써 루터가 말씀을 지배적인 것으로 간주한 것에 비하여, 말씀과 관련한 성령의 자유로운 사역을 위한 여지를 더욱 넓게 만들었다. 말씀을 통한 성령의 사역에 있어서 칼뱅은 루터보다 예정론적 요소를 더 크게 의식하였던 것이다.[61]

그러나 칼뱅은 일반적으로 루터가 한 것처럼, 말씀을 살아있는 설교 말씀으로 생각하지 않았다. 그에게 있어서 말씀은 정경으로서 성경을 의미하였고, 따라서 말씀과 성령의 통일성은 루터가 생각했던 것보다 더 섬세한 방식으로 규정되었다.[62] 그러므로 성경은 루터의 신학에서보다 칼뱅의 신학에서 더욱 통전적으로 기능할 수 있다. 츠빙글리와 칼뱅은 처음부터 성경과 관련한 해석학적 열쇠를 오직 믿음으로 말미암는 칭의로 규정하였다.[63] 이로써 개혁교회는 성경의 사신에 따라 불경건한 자의 칭의(justificatio impii)에 더욱 집중하게 된

---

[61] J. Koopmans, Het oudkerkelijk dogma in de Reformatie, bepaaldelijk bij Calvijn, (Wageningen: Veenman en Zonen, 1938), 105.
[62] H. W. Rossouw, Klaarheid en interpretasie, 228-229, 236v.
[63] A. Adam, Lehrbuch der Dogmengeschichte II, (Gutersloh: Gutersloher Verlagshaus, 1972), 346-352.

것이다. 츠빙글리와 칼뱅에게 있어서 성경은 또한 예정과 이스라엘의 역사에서처럼, 그리고 자신의 백성들을 위한 하나님의 의지의 계시에 있어서처럼, 구원에 관한 하나님의 말씀이기도 하다라는 사실이 전면에 등장하게 된다. 이로써 구약 성경이 루터교회 신학에서 보려고 했던 것과는 다른 방식으로 파악되기에 이르렀으며, 이것이 개혁교회의 사고와 경건에 특별한 방식으로 영향을 미쳤던 것이다.

13. 칭의와 성화

이 차이를 보여주는 가장 중요한 것 중의 하나는 개혁교회가 칭의와 나란히 성화를 강조하는 방식이다. 칼뱅은 이중은혜, 즉 하나님께서 그리스도 안에서 신자들에게 칭의와 성화라는 이중은혜(dubbele genade)를 베푸신다는 사실을 분명하게 거론함으로써 이 강조점을 잘 보여주었다. 종교개혁의 오직 믿음으로 말미암는 칭의론은 성화를 신중하게 고려하지 않게 된다는 로마가톨릭교회의 신학자들의 정죄에 대하여, 그는 심지어 칭의에 앞서 성화를 다루었다.[64] 루터도 본질상 이와 다르게 생각하지는 않았으나, 그럼에도 불구하고 그의 신학은 칼뱅의 그것과 달랐으며, 루터교회 신학적 전통에서는 무엇보다도 신학자 오지안더(Osiander)와의 논쟁을 거치면서 구원사신이 칭의와 죄의 용서를 강조하는 방향에로 경도

---

64) J. Calvijn, Institusie, III.3 en 11.

되었다.65)

루터의 신학에서 율법과 복음은 철저하게 마주선다. 무엇보다도 율법은 인간의 죄를 드러내고 인간을 그리스도에게로 이끄는 정죄하는 도구로서 파악되었다. 이에 반하여 복음은 율법의 정죄로부터 죄인을 해방하는 하나님의 자유로운 선언으로 이해되었다. 확실히 루터에 따르면 율법은 신자를 위한 의미를 갖기는 하지만, 그러나 주로 신자에게 죄의 지속성을 일깨우는 의미를 갖는다. 신자가 율법이 요구하는 바를 행하도록 성령을 통하여 직접 가르침을 받기 때문에, 실제로 율법은 신자에게 불필요한 것이다.66) 그러나 개혁교회는 성령은 말씀 없이는 일하지 않는다는 생각을 견지하였다. 개혁교회는 율법을 성령께서 사용하셔서 성화의 길로 신자들을 이끌어가는, 새로운 삶을 위한 하나님의 계명(God se gebod)으로 파악하였다. 이것이 개혁교회가 매우 소중하게 생각하고 감사하는 것으로서, 몽학선생으로서의 율법의 기능을 뒤따르는 소위 율법의 제3의, 혹은 규범적 용도(derde of normatiewe gebruik)이다.67)

칼뱅에게 있어서 성화에 대한 이러한 접근은 개인적인 삶을 위한 것일 뿐만 아니라, 교회 전반과 공공적이며 정치적인

---

65) W. Niesel, Das Evangelium und die Kirchen, 166.
66) E. Schlink, Theologie der lutherischen Bekenntnisschriften, (Munchen: Kaiser, 1948), 154v.
67) W. Niesel, Das Evangelium und die Kirchen, 180.

삶을 위한 것이기도 하다. 칼뱅의 족적에 근거하여 개혁교회는 하나님의 말씀을 모든 영역으로 확장하려는 빛으로 활용하였다. 루터보다 훨씬 더 개혁교회는 성경을 교회의 방향과 질서를 드러내는 규칙으로 간주하여 매우 중요하게 다루었다. 이와 더불어 개혁교회는 그리스도인의 삶은 그리스도의 나라와 세상 나라에 속한다는 루터교회의 두 왕국론도 수용할 수 없었다. 루터는 항상 세상 나라는 하나님의 법이 아니라, 합리성을 드러내는 곳이어야 한다는 입장을 견지하였다. 그러나 개혁교회는 교회만이 아니라, 공공적이고 정치적인 삶의 전 영역이 하나님의 말씀에 복종함으로써 성화를 이루어내야 할 영역이기 때문에 이런 세계관을 받아들일 수 없었다.[68]

14. 하나님 나라의 꿈

노르트만스(O. Noordmans)에 따르면, 개혁교회가 삶의 전 영역의 성화를 꿈꾼 것은 이 땅 위에 하나님의 나라를 실현하려는 소망을 담아낸 것으로 파악되어야 한다. "개혁교회의 구상에 대하여" 그는 이렇게 기록한다: "하나님 나라에 이르러 가는 것은 결코 중단되지 않았다." 그런 후에 그는 재세례파에서 있었던 하나님 나라를 향한 간절한 열망과 이 꿈을 연결

---

[68] I. J. Hesselink, On being Reformed, (Ann Arbor: Servant Publications, 1983), 93-112.

하면서, "재세례파의 경향이 여기에서 항상 관찰된다"고 말하였다.69) 그는 심지어 이런 언급과 관련하여 개혁교회는 제한된 개념에서 재세례파 가족의 쌍둥이라고 할 수 있다고 선언하였다.70)

하르트펠트(G. P. Hartvelt)는 이에 대하여, 노르트만스(O. Noordmans)가 개혁교회와 재세례파 사이의 일반적인 동일시를 표현한 것은 아니라는 사실을 확실하게 지적한다.71) 노르트만스의 상황에서 이 발언을 읽는다면, 그가 양자 사이의 접촉점을 하나님의 왕국의 의미를 파악하는 양자의 관점에서 보았을 것이 분명하다. 이에 대하여 노르트만스는 개혁교회가 즐겨 부르는 시편찬송인 "rumoer en oproer"(소요와 항해)를 지목하며, 재세례파에서 그런 것처럼, 이것을 이미 여기서 엄청난 능력으로 현존하여 이 세상을 변화시키는 하나님의 왕국을 향한 개혁교회의 열망을 표현하는 것으로 파악하였다. 판 룰러 역시 개혁교회의 사상에 따르면, 세계 안에 현존하는 성령의 사역에 제한된 혁명적 잠재성이 ㅣ다나며, 의가 이루어지는 사회를 향한 "타오르는 불꽃과 같은 비전"에로 이끌린다고 판단하였다.72) 칼뱅과 개혁교회가 이 꿈을 가졌다는

---

69) O. Noordmans, Het Koninkrijk der hemelen, in: Verz. Werken II, (Nijkerk: Callenbach, 1979), 540.
70) O. Noordmans, Het Koninkrijk der hemelen, 464.
71) G. P. Hartvelt, "Ijle balans," Gereformeerde Theologische Tijdschriften(1978, 43v), 45.

사실은 기독교회의 어떤 다른 공동체보다도 더욱 재세례파가 하고자 했던 것의 본질적인 요소를 받아들였다는 사실을 의미한다. 칼뱅의 성령론적 사고와 건강한 교회와 기독교 국가를 위한 그의 이상에 있어서, 사실상 그와 재세례파 사이의 접촉점이 있다.[73]

14.1. 끌어안을 수 없는 차이

정신, 근접성, 그리고 신앙과 관련한 끌어안을 수 없는 차이가 개혁교회를 재세례파로부터 구별할 수 있는 길은 아니다. 왕국의 도래(到來)를 꿈꾼다는 사실에서는 일치점이 있지만, 그것을 전개하는 사고방식에 있어서는 전혀 다르다는 사실을 인지해야 할 것이다. 재세례파는 본질상 성령에 절대적인 의미를 부여하는 신령주의자들로서, 성령과 그리스도, 성령과 말씀, 성령과 율법, 성령과 피조세계, 성령과 언약과 같은 성경적인 관계를 깨트리거나 혹은 거의 무가치한 것으로 인식한다. 이점에서 재세례파를 급진주의라고 할 수 있다. 재세례파적 영성은 열광주의적이며, 경험을 중시한다는 점에서 정의될 수 있다. 말씀이 아니라, 그들의 경험을 전면에 내세운다. 인간을 신앙을 통하여 그리스도와 그의 말씀에 결합시키는 것이 성령의 주된 사역으로 그들에게 인식되는 것

---

72) A. A. Van Ruler, *Das Leben und Werk Calvins*, in: *Calvinstudien*, (Neukirchen: Neukirchener Verlag, 1959), 91-95.
73) W. Balke, *Calvijn en de doperse radikalen*, (Amsterdam: Bolland, 1977), 217-225.

이 아니라, 인간을 위로 끌어올려 기적적인 일을 경험하게 하고, 행하도록 하는 것이 성령의 주된 사역인 셈이다.

개혁교회의 경우, 성령은 그리스도의 영이며, 필리오꾸베(Filioque)를 진지하게 받아들이며, 성령은 결코 말씀을 상실하지 않는다. 개혁교회에 있어서 말씀은 재세례파에서처럼 성령과 대립된 "죽은 문자"로 결코 이해되지 않는다. 재세례파는 자연과 은혜를 마주 세우기 위해서 왕국을 현재적 실존을 앙양(opheffing)하는 것으로 이해하는 반면에, 개혁교회는 왕국을 피조세계의 회복(herstel)으로 이해한다. 개혁교회는 창조와 재창조를 대립시키지 않는다. 또한 개혁교회는 역사 안에서의 성령의 인도를 존중한다. 비록 재세례파가 사도행전 12장과 고린도전서 14장의 상황에로 직접적으로 회귀하려고 시도하지만, 결과적으로는 그들의 관련성을 고교회에서 발견할 수 있을 뿐이다. 보다 더 중요한 것은 개혁교회는 언약적인 관점을 존중하기 때문에 교회를 오순절사건으로부터가 아니라, 전적으로 신구약성경으로부터 사고한다. 양자 사이의 이러한 패러다임의 차이에서 볼 때, 발커(W. Balke)가 접촉점에도 불구하고, 개혁교회와 재세례파 사이의 분리를 지속적으로 주장한 것도 낯선 일은 아니다.[74]

---

74) W. Balke, Calvijn en de dorpers radikalen, (Amsterdam: Bolland, 1977), 219-313; F. D. Brunner, A Theology of the Holy Spirit, (Grand Rapids: Eerdmans, 1970), 15.

15. 언약의 의미

개혁교회의 전통에서 구약을 매우 중요하게 간주한다는 사실이 중요한 문제로 인식되는 것은 바로 이 언약에서다. 이것은 재세례파와의 차이에서뿐만 아니라, 루터교회와의 강조점의 차이에서도 비롯되는 의미이다. 이것은 칼뱅이 중요하게 생각했던 것으로서 그는 죄인과 은혜로운 하나님 사이의 관계를 주로 생각했던 루터와는 달리, 피조물로서의 인간과 창조주로서 하나님 사이의 관계를 깊이 생각하였다.[75] 칼뱅은 인간의 구원을 이 세상에서의 삶과 그것에서 비롯되는 특성을 박탈하는 것으로 이해하지 않고, 하나님께서 의도하신 삶에로 되돌려놓는 것으로 이해하였다. 또한 구약이 성경의 가치 있는 부분으로 인식되도록 하기 위해서 새 언약에서의 하나님 백성의 삶을 창조, 언약, 그리고 하나님의 율법의 윤곽 내에서 이해하였다.

언약론은 개혁신학 이외의 어디에서도 그렇게 건전하고 포괄적으로 표현된 곳이 없다. 세 가지 네덜란드신앙고백문서에 언약에 대하여 간략하게 나타날지라도, 그럼에도 불구하고 이것은 그곳에 나타난 모든 내용의 전제이며 기초이다. 루터는 언약에 대하여 거의 말하지 않았다. 그는 주로 율법의

---

[75] A. D. R. Polman, Cavijn en Luther, in: Vier redevoeringen over Calvijn, (Kampen: Kok, 1959), 50v.

저주로부터 인간을 해방하기 위해서 주어진 복음이라는 하나님의 약속으로부터 생각을 전개하였다.[76] 그러나 칼뱅은 하나님의 언약이라는 측면에서 사고했고, 츠빙글리와 마르틴 부써도 그 방식으로 접근했다. 칼뱅의 경우, 하나님의 아브라함과의 언약과 그리스도 안에서의 새 언약 사이의 직접적인 연속성을 상정하였다. 심지어 언약개념이 그의 신학의 중심이다.[77] 불링거(Bullinger)도 이것을 모든 신학의 기초로 삼았고, 개혁교회 사상사에서도 언약개념은 지배적인 역할을 했다.[78]

15.1. 교회와 국가의 관계

언약론에는 율법의 온전한 의미가 잘 반영되어 있다. 율법의 의미에 관한 개혁교회와 루터교회 사이의 차이와 관련하여 우리가 언급했던 모든 것이 언약의 맥락 내에서 율법을 구체적으로 적용하는 문제와 연결된다.

이것은 또한 교회와 국가의 관계와 관련하여 다양한 역할을 수행한다. 종교개혁은 기독교 제국(corpus Christianum) 시기

---

76) B. Klappert, Promissio und Bund, (Gottingen: VDH&R, 1976).
77) J. Calvijn, Institusie, II.10-11; F. Wendel, Calvin. The Origins and Development of His Thought, (London: collins, 1976), 208v; H. Faulenbach, Weg und Ziel der Erkenntnis Christi, (Neukirchen: Neukirchener Verlag, 1973), 22-23.
78) G. Vos, De Verbondsleer in de Gereformeerde Theologie, (Grand Rapids: Eerdmans, 1891); W. D. Jonker, Uit vrye guns alleen, (Pretoria: N. G. Kerk-Boekhandel, 1988), 79 이하.

에 발발하였다. 필연적으로 정부와의 관계도 교회 개혁에 있어서 중요한 역할을 수행하지 않을 수 없었다. 루터교회와 개혁교회는 재세례파의 국가를 향한 적대적인 입장에 대하여 강력한 부정적 관계를 견지하였다. 그럼에도 불구하고 그들 사이에 중요한 차이가 있다. 비록 루터교회가 교회의 외적인 관심을 조율하기 위해서 정부의 손을 잡았을지라도, 칼뱅과 다른 개혁교회들은 정부에 대한 교회의 자립성을 중요하게 간주하는 입장을 명백하게 유지하였다.[79]

개혁교회는 교회의 고유한 일과 관련하여 국가로부터 상대적 독립성을 확보할 수 있는 고유한 구조를 발전시켰다. 칼뱅이 본 것은 구약에 나타난 왕과 선지자의 관계로서, 하나님의 선지자로서 정부에 대하여 말씀을 선포해야 할 소명이 두려움 없이 수행되어야 한다는 것이다. 역으로, 이것은 기독교국가 내에서 하나님의 율법의 바른 적용을 위한 정부의 책임 있는 관심이 또한 요청되며, 하나님을 위한 예배와 시민적 삶을 위한 윤리적인 규범으로서 율법이라는 율법의 두 요소가 정상적으로 역할을 해야 한다는 사실을 의미한다.

이것이 신정정치(teokrasie)로 알려진 칼뱅의 유명한 비전이다. 그 자체로 놓고 보면, 기독교국가라는 상황에서는 아름다운 이상이다. 불행하게도 이것이 의도했던 것만큼 그렇게 아

---

79) J. Calvijn, Institusie, IV.20.

름답게 표현되지는 못했다. 정부가 율법의 첫 부분인 참된 예배를 배려함에 있어서 책임 있게 행동해야한다는 사실을 기술하면서,[80] 칼뱅은 교회가 가진 선포의 권리와 건전한 교리를 보호하는 것을 정부의 몫으로 보았다. 이로써 심지어 칼의 힘이 진실로 요구된다면, 이것을 통해서라도 이단적 오류가 부상하는 것을 억제하려 한 것이다. 이것은 이후 세대에서 진지한 논의의 소재가 되었다.[81]

15.2. 삶의 전 영역을 위한 의미로서 율법

다른 기독교 전통의 비전에 비해서, 개혁교회의 비전은 처음부터 하나님의 율법이 삶 전체와 그 삶의 모든 영역에 대하여 의미를 갖는다는 사실을 일관성 있게 강조하였다. 이후에 아브라함 까이퍼(Abraham Kuyper)는 다음과 같이 이것을 표현하였다: 이것은 내게 속한 것이요 라고 그리스도께서 말씀하지 않으신 단 일 평방 센티미터의 공간도 없다.[82] 모든 삶이 성화되어야 한다.

개혁교회는 구원을 하나님 없는 세계로부터 잃어버린 한 개인을 불러내는 것으로 이해하지 않는다. 그의 피조세계 안에 있는 모든 삶이 구원받아야 한다. 이 언약개념으로부터 그

---

80) J. Calvijn, Institusie, IV.20.9.
81) G. P. Hartvelt, Symboliek, 345 이하.
82) A. Kuyper, Souvereiniteit in eigen kring, (Kampen: Kok, 1930), 32.

것이 가정의 삶이든지, 사회적 삶이든지, 정치 혹은 경제적 삶이든지 간에 하나님의 음성이 미치지 않을 삶의 어떤 영역도 존재하지 않는다는 결론에 이른다. 정치를 포함한 삶의 모든 부분이 하나님의 통치가 미칠 삶의 영역이라는 사실을 개혁교회가 견지함으로써, 성화의 일로 삼았다.[83] 개혁교회에 있어서, 삶의 성화는 이 세상으로부터 분리하는 것이 아니라, 온 세상과 모든 삶에서 하나님의 율법에 순종하며 하나님의 왕국의 자녀로서 살아가는 것을 의미한다.[84]

기쁨과 자유에로 초대하는 진리를 향유하는 개혁교회의 삶은 승천하신 그리스도를 만주의 주로서, 만왕의 왕으로서 인정하며 그분과의 인격적인 연합을 이룸으로써 모든 삶을 통하여 감사로 예배하며, 인류를 구원하신 하나님의 영광을 찬미하는 삶을 살아가는데서 구성된다.

---

[83] A. A. Van Ruler, Politiek is een heilige zaak, in: Theologisch Werk IV, (Nijkerk: Callenbach, 1972), 119 이하.
[84] D. J. Bosch, Church Perspective on the Future of South Africa, in: Albert/Chikane: The Road to Rustenburg, (Cape Town: Struik, 1991), 130-134.

개혁교회는 교회의 보편성의 교리를 매우 강조하고, 타교단과의 형제애를 이루려는 진지한 태도를 가지고 있다. 또한 자신의 몫이 무엇인지 선명하게 드러내는데도 두려움이 없다. 이 책을 읽으면서 개혁교회의 이런 태도가 신앙고백서에 분명하게 드러나 있다는 사실을 발견하게 될 것이다.

제3장

네덜란드신앙고백서

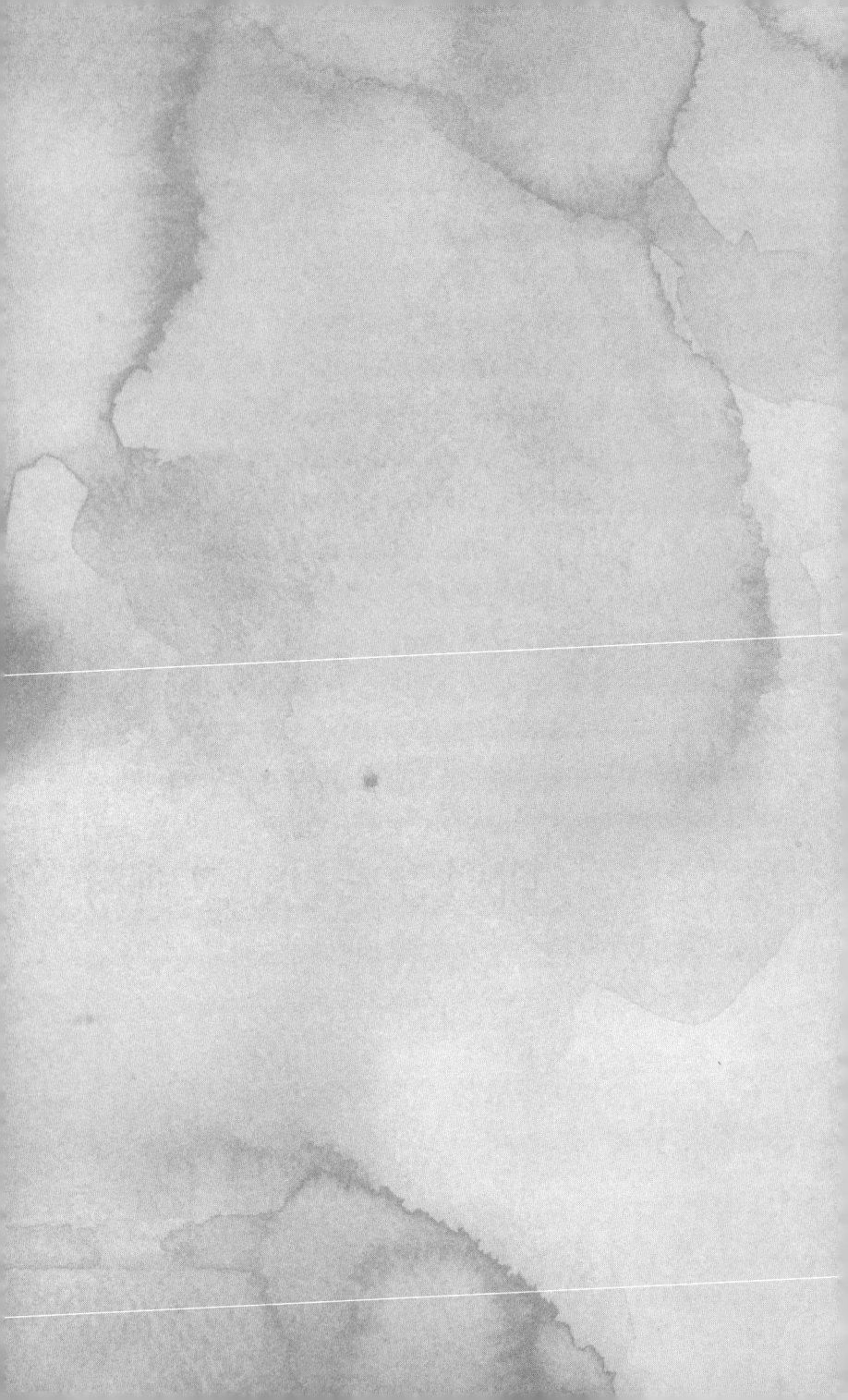

네덜란드신앙고백서

네덜란드에 기원을 둔 개혁교회 신앙고백문서들 가운데 가장 오래된 것을 먼저 다루려고 하는데 그것이 네덜란드신앙고백서[85]이다. 이 신앙고백서는 다른 두 신앙고백서보다 더 직접적으로 칼뱅의 영향을 받은 특징을 지닌 것으로서, 다른 두 신앙고백서로부터 그를 구별할 수 있는 고유한 특징을 명백하게 보여준다는 장점을 가진다. 무엇보다도 칼뱅의 『기독교강요』의 구조를 상당 폭 수용함으로써 조직적인 방법으로 신앙의 전반적인 내용을 기술하였다는 점에서 다른 두 신앙고백서보다 더 포괄적이고 "교의학적"인 특징을 갖게 되었다.

---

[85] 때때로 벨직신앙고백서(Confessio Belgica)로 불리기도 한다. 그 이유는 저자에 의해서 곧 밝혀진다. 역자 주.

1. 기원과 승인

네덜란드신앙고백서는 1522년생인 귀도 드 브레(Guido de Bres)가 저술하였다.[86] 그는 런던에 거주하는 동안(1547-1552) 네덜란드 피난민교회를 형성하였으며, 레이셀(Rijssel)에서 짧은 목회를 하면서 무엇보다도 재세례파의 좋은 지성적 측면을 알게 되었고, 로잔(Lausanne)과 제네바(Geneve)에서 공부하는 기간을 통과하면서 자신의 임무를 위한 과정을 마쳤다. 제네바에서 그는 칼뱅으로부터 배웠으며, 또 다른 종교개혁자들인 베자(Beza), 유텐호베(Utenhove), 미크론(Micron), 다떼인(Datheen), 등과 같은 영향력 있는 교사들로부터 배울 수 있는 기회를 가졌다. 고국으로 돌아와서 그는 백성들 가운데서 점증하는 프로테스탄트들의 신앙의 자유를 모색하기 위한 영향력을 미쳤던 도르닉(Doornik)에서 설교자로서 봉사하였다.

그는 당시 네덜란드 영토를 자신의 통치 아래 두었던 스페인 왕 필립 2세(Philips II)에게 개혁교회의 신앙을 변증하려는 목적으로 이 신앙고백서를 작성하였다. 현재 네덜란드 영토로 독립하기 전이므로 이 신앙고백서의 이름을 라틴어로 표기하여, Confessio Belgica로 붙였다. 그는 1561년 11월 2일 밤 도르닉 성(kasteel te Doornik)의 정문에 왕에게 판단을 구하는

---

[86] J. N. Bakhuizen van den Brink, De Nederlandse Belijdnisgeschriften, (Amsterdam: Bolland, 1976), 8-10.

편지와 함께 이것을 내걸었다.

그 편지에서, 드 브레는 로마가톨릭 계열의 왕에게, 네덜란드에서 10만을 상회하는 개혁교회 교인을 이단과 반역도로 규정하여 박해하는 것은 부당하다는 사실을 분명히 하였다. 사실상, 그들의 신앙은 성경과 첫 5세기 동안 열렸던 공의회의 결정과 일치하고 있다는 것이다. 이 변증적인 의도는 네덜란드신앙고백서의 내용에 제한된 영향을 미쳤다. 이것은 로마가톨릭교회에 대한 개혁교회의 입장을 견고하게 반영하고 있으나, 그럼에도 불구하고 로마가톨릭교회를 비판하는데 있어서는 상당히 조심스러운 면을 보여준다. 그런가 하면, 재세례파로부터의 분리는 매우 예리하게 반영하고 있다.[87] 네덜란드신앙고백서가 "명백히" 반(反)재세례파적인 입장을 견지한다는 사실은 다른 개혁교회 신앙고백문서와 구별되는 점이라고 말할 수 있을 것이다. 드 브레가 그의 저술 전반에서 재세례파의 문제를 대면했다는 사실은 1565년에 재세례파를 반대하여 써낸 빼어난 작품인 Wortel, bron en grondslag van die Wederdorpers『재세례파의 뿌리, 기원, 기초』에서 잘 드러난다. 신앙고백서와 더불어 그는 왕에게 칼뱅주의적 운동이 반혁명적인 특징을 갖는다는 사실도 증언하였다.[88]

---

[87] L. Doekes, Credo. Hanboek voor de gereformeerde Symboliek, (Amsterdam: Ton Bolland, 1975), 55.

1.1. 정부의 예리한 반동(reaksie)

그럼에도 불구하고, 신앙고백문서에 반하는 정부의 예리한 반동이 일어났다. 드 브레는 도피하였으나, 타운하우스의 그의 연구실은 발견되었고, 신앙고백서의 복사본을 포함하여 그의 모든 글은 다 불살라졌다. 1566년 그는 자수했으며, 교수형에 처해졌다.[89] 그렇지만, 그러는 사이에 개혁교회의 활동을 통하여 그 문서가 널리 퍼져나갔다. 여러 차례에 걸쳐서 비밀리에 열렸던 총회는 이 문서를 좋게 받아들였으며, 엠덴(Emden, 1571)과 도르트레히트(Dordrecht, 1574)에서 열린 총회는 이 핵심적인 내용을 네덜란드교회의 신앙고백문서로 받아들였다.

네덜란드신앙고백서는 불란서 신앙고백서 혹은 Confessio Gallicana, 또한 칼뱅이 개인적으로 출간되도록 도왔던 1559년의 위그노 신앙고백서(die Hugenote-belydenis)와 가까웠다. 드 브레는 이것을 공개하기에 앞서 개혁교회 맥락의 여러 지도적인 인사들에게 신학적인 자문을 구했다. 이것은 전반적으

---

88) S. Van der Linde, "Karakter en bedoeling van de Nederlandse Geloofsbelijdenis, belicht uit de geschidnis van haar ontstaan," in: Opgang en Voortgang der Reformatie, (Amsterdam: Ton Bolland, 1976), 77-78; J. W. Hofmeyr/ E. Van Niekerk, "Die Nederlandse Geloofsbelydenis: Konteks en teks," in: H. L. Bosman et al, Die Nederlandse Geloofsbelydenis, (Ontstaan, Skrifgebruik en Gebruik: UNISA, 1987), 3.

89) A. D. R. Polman, Onze Nederlandse Geloofsbelydenis I, (Franeker: Wever, 연대미상), 104-108.

로 개혁교회 신앙고백의 관점을 다시 반영한 것으로 받아들여졌다.

2. 신앙고백의 형성

신앙고백서는 37개 조항으로 구성되었으며, 대부분의 경우 "우리는 믿습니다"라는 단어로 시작되지만, 몇몇 예외적인 경우도 있는데, 예를 들면, "우리는 이해합니다"(제2조항), "우리는 받아들입니다"(제5조항), "우리는 압니다"(제9조항) 등등이다. 물론 결정적인 점과 연루되는 경우, "그러므로 우리는 거절합니다"라는 말을 분명히 하는 경우도 없지 않다(제7, 12, 13, 14조항 등등). 이것은 몇 세기에 거쳐서 기독교 교회가 사용했던 것과 같은 전형적인 신앙고백의 언어 형태이다. 이로써, 이런 형식은 저자를 통하여 이 문서에 반영된 것으로서 즐거움을 표현하는 송영론적인 특징을 반영한다는 사실과, 또한 종교개혁을 지향하는 회중의 삶을 자유에로 초대하는 그런 진리를 담은 깊이 있고 진지한 신앙고백서라는 사실을 알게 된다.

2.1. 신학적인 순서를 반영함

네덜란드 신앙고백서는 그 내용을 다룸에 있어서 소위 신학적인 순서를 따랐으며, 이는 사도신경(Apostolocum)과 칼뱅이 자신의 『기독교강요』에서 따랐던 삼위일체적인 순서를 의미한다.

어떤 사람들은 드 브레가 직접적인 예로서 『기독교강요』의 구조를 참조했다고 추정한다. 그러나 그가 또한 Confessio Gallicana를 따랐다는 사실도 분명하다. 네덜란드신앙고백서와 언급했던 문서들 사이의 통일성과 상이성은 바크하이젠 판 덴 브링크(J. N. Bakhuizen van den Brink)가 출판한 두 본문을 비교함으로써 분명하게 확인할 수 있다.[90] 이로부터 네덜란드신앙고백서는 제한된 사안, 예를 들어 예정에 관한 조항의 위치와 관련하여 『기독교강요』의 순서가 아니라, Confessio Gallicana의 순서를 따랐다는 사실이 드러난다.

2.2. 삼위일체적 구조

네덜란드신앙고백서의 삼위일체적인 구조를 하이델베르크신앙교육서 9-24주일에서 사도신경을 다룬 방법과 비교하는 것은 흥미로운 일이다. 신앙고백(Credo) 제8주차 분류방식이 삼위일체론과의 관련 아래서 표현된다는 사실로부터 교회의 모든 신앙고백은 삼위일체론을 구심점으로 하여 발전된다는 사실을 확인하게 된다. 하이델베르크신앙교육서의 세 부분은 "성부 하나님과 우리의 창조자"(제9-10주일), "성자 하나님과 우리의 구원"(제11-19주일), 그리고 "성령 하나님과 우리의 성화"(제20-24주일)로 이루어졌다. 성령의 역사를 따라

---

90) J. N. Bakhuizen van den Brink, De Nederlandse Belijdnisgeschriften, 70-146.

교회는 행동하며, 성례와 권징을 시행한다.

노르트만스는 완전한 도그마는 네 부분, 즉 성부, 성자, 성령, 그리고 교회로 구성된다고 생각했다. 그가 말하려고 한 교회론은 지상에 속한, 사회적 형태의 교회가 아니라, 신앙의 조항으로서의 교회, 즉 성부와 성자와 성령의 이름으로 사람들이 세례를 받는 곳으로서의 교회를 뜻한다. 또한 교회와 관련한 신앙고백에서, 교회는 항상 하나님과 그분의 구원과 행보(行步)를 같이 한다.[91]

네덜란드신앙고백서에서 우리는 또 하나의 구조를 대면하게 된다. 이것은 종교개혁 신앙고백이 고교회의 신조와 직접적인 연속성이 있다는 사실과 삼위일체 신앙고백은 기독교의 근본 도그마로서 존중되어야 한다는 사실을 강조하고 있다는 점이다. 이것은 불링거(Bullinger)가 일 년 후인 1562년에 작성하였으며, 1566년에 팔츠(Pfalz)의 장로들이 공식적으로 인정한 제2헬베틱 신앙고백서(Tweede Helvetiese Konfessie)와 연결되어 있다. 종교개혁의 신앙고백문서는 삼위일체적인 구조를 보여준다.

네덜란드신앙고백서의 구조는 다음과 같다.

---

91) O. Noordmans, Het koninkrijk der hemelen, in: Verz. Werken II, (Kampen: Kok, 1979), 227.

① 제1-11조항은 삼위 하나님과 그분의 계시를 다루고
② 제12-17조항은 성부 하나님과 그분의 창조와 보존의 사역을 다루고,
③ 제18-21조항은 성자 하나님과 그분의 속죄사역을 다루고,
④ 제22-35조항은 성령 하나님과 그분의 구원사역을 다루는데, 특히 제22-26조항은 개인의 구원을, 제27-32조항은 성령의 구원사역의 결과로서 교회를, 제33-35조항은 성령께서 사용하시는 구원의 수단으로서 세례와 주의 만찬을 다룬다. 성령의 사역을 다루면서 교회와 국가의 관계를 언급하고(제36조항), 또한 마지막 심판에 대하여 거론한다(제37조항).

3. 각 요소의 상세한 분석

아마 교의학의 여러 주제를 연결하여 생각하는 것보다 네덜란드신앙고백서의 구조와 단락을 따라 제시하는 것이 더 쉬울 것이다. 물론 교의학에서도 하나님과 그의 계시, 창조, 섭리로부터 시작한다. 그런 후에 인간과 죄, 그리스도의 인격과 사역, 성령의 구원 사역으로서 구원서정, 교회, 성례, 완성이 뒤따른다.

우리는 이제 네덜란드신앙고백서의 구조를 상세하게 살피

려고 하는데, 각각의 조항들이 어떻게 서로 연결되어 의미를 형성하는지를 파악하는 것이 흥미로운 일이 될 것이다. 그러나 바로 파악하기만 한다면, 네덜란드신앙고백서의 각 조항들을 연결하여 기억하는데 유익할 것이다.

I. 삼위 하나님과 그의 계시(1-11조항)

1. 우리는 하나님을 믿는다.
2. 하나님은 그의 창조와 성경으로부터 알려진다.
3. 성경은 성령으로 말미암아 영감된 책이다.
4. 정경들
5. 성경의 권위
6. 외경들
7. 성경의 완전성과 충족성(8-10). 성경은 삼위 하나님을 가르친다: 특히 제8조항은 삼일성을, 제9조항은 이에 대한 성경적인 근거를, 제10조항은 그리스도의 신성을 위한 성경적인 증거를, 제11조항은 성령의 신성을 위한 성경적인 증거를 언급한다.

II. 성부 하나님과 그의 사역(12-17조항)

12. 창조, 천사와 그 일부의 타락
13. 하나님의 섭리
14. 인간의 창조, 그의 타락과 부패
15. 원죄

16. 영원한 예정
17. 구원의 약속(은혜언약)

III. 성자 하나님과 그의 속죄사역(18-21조항)

18. 성육신
19. 그리스도의 두 본성
20. 하나님이 왜 인간이 되셨는가?(하나님의 공의와 긍휼)
21. 중보자 그리스도

IV. 성령 하나님과 그의 구원사역(22-26조항)

22. 오직 믿음으로 말미암는 칭의
23. 낯선 의
24. 믿음으로 말미암는 성화
25. 율법의 기능
26. 그리스도의 이름 안에서의 기도

V. 성령사역의 열매로서 교회(27-32조항)

27. 하나의 거룩한 보편적인 교회
28. 참된 교회와의 일치는 지켜져야 한다.
29. 참된 교회의 표지
30. 교회정치
31. 교회의 직분

32. 교회의 질서와 권징

VI. 성령이 사용하시는 구원수단으로서 성례(33-35조항)

33. 성례의 의미
34. 거룩한 세례
35. 거룩한 주의 만찬

VII. 교회와 정부(36조항)

VIII. 마지막 심판(37조항)

4. 네덜란드신앙고백서의 중심

그러나 네덜란드신앙고백서를 포괄하는 개념과 교리를 파악하기 위해서는 그 구조를 살피는 것뿐만 아니라, 그 기획성, 즉 의도와 목적이 무엇인가 하는 것을 질문해야 한다. 이에 대한 대답은 단순하다. 개혁교회 프로테스탄트의 믿음은 회중들 스스로 진정한 기독교 신앙의 내용이 무엇인지 잘 알 수 있다는 사실뿐만 아니라, 다른 사람들도 그들이 믿는 바를 알 수 있도록 분명하게 표현되어야 한다는 것이다.

이에 대한 첫 번째 예로서 정부를 생각하게 된다. 우리는 신앙고백의 목적이 개혁교회를 이단이나 반역세력들로 파악하고 박해하는 것이 부당하다는 사실을 왕에게 확인시키는데 있다는 사실로서 이미 이를 인식하였다. 개혁교회는 로마가톨릭교회의 부패와 거리를 둔 진정한 의미의 보편교회 신자들이며, 결과적으로 진정한 기독교회로 알려졌다. 이로써 우리는, 신앙고백서가 왕으로 하여금 개혁교회는 열광주의자들이나 혹은 재세례파의 혁명적인 경향성을 공유하지 않는다는 사실을 명확하게 인지하도록 도와주었다는 사실을 지적하는 것이다. 개혁교회는 정부가 하나님의 기관으로서 하나님의 말씀을 따라 평안을 유지하고, 하나님을 공경하는 삶을 살아가도록 일하는데 그 목적이 있다는 사실을 신실하게 인식하고 있었다.

이런 기획성은 네덜란드신앙고백서를 아우르는 중심을 드러낸다. 이것이 기독교 신앙의 모든 내용을 거론하려고 할 때는 잘 드러나는 반면에, 주요한 것에 대한 핵심적인 요약이나 혹은 정보를 일견하려고 할 때는 잘 파악되지 않는다. 이것은 특정한 강조점이나 특정한 요소를 다루는 것으로서, 다른 것보다 더 많은 공간을 점유한다. 한편으로는 로마가톨릭교회, 다른 한편으로는 재세례파와의 논쟁에서 특정한 요소와 관련된 중심점이 현저하게 드러난다.

다른 면에서 깊은 관심을 받는 경우가 있을지라도 특별한 주목을 끌지 못하는 신앙고백의 측면도 있다. 첫 번째 신앙고백인 하나님에 대한 신앙은 전혀 논쟁하지 않은 조항의 한 예로서 언급될 수 있다. 동시에 제12조항의 창조와 천사의 타락, 제13조항의 하나님의 섭리와 같은 주제를 언급할 수 있다. 전 보편교회로부터 거절된 오류는 물론 거절되었다.

그러나 차이점에 대해서는 아주 분명하게 말하였다. 16세기에 종교개혁교회가 직면했던 혼란의 중심은 제2장에서 우리가 제3조의 신학이라고 불렀던 것과 연결되어 있는데, 구원론 및 성경론과 같은 특정한 문제와 관련한 성령의 사역에 놓여 있었다. 이 신앙고백서의 제3-7, 14-17, 22-37조항들이 이런 문제를 다루고 있다. 무엇보다도, 이 문제는 한편으로는 로마가톨릭교회 그리고 다른 한편으로는 재세례파와의 심층적인 차이와 관련되어 있다. 두 진영으로부터 무한히 거리를 두었다.

4.1. 성경론

제2조항은 우리가 하나님을 알 수 있는 두 가지 수단에 대하여 단순하게 언급하는 바, 첫째가 창조이며, 둘째는 하나님께서 우리에게 자신을 보다 더 분명하고 완전하게 알릴 수 있도록 주신 특별계시가 그것이다. 이로부터 계시의 자명한 원천으로서 일반계시는 그리스도 안에 있는 계시 곁에 나란히 함께 있다는 사실을 알게 된다. 이에 대한 위험성은 일반계시가 성경계시를 보완하는 것으로(as 'n aanvulling tot die openbaring in die Skrif) 이해될 수 있다는 것이다. 이 조항에 근거하여 "자연신학"이라는 소재를 가지고 들어올 수 있고, 이를 통하여 성경의 사신에, 자연 혹은 역사에 반영된 "진리"를 취하여 들어오거나 혹은 하나님의 뜻으로 파악한 어떤 것을 덧붙임으로써 성경에 계시된 하나님의 뜻을 약화시키는데 이르게 될 수도 있다.[92]

남아공화국 네덜란드개혁교회(Nederduitse Geformeerde Kerk)에서 이 문제가 실제로 제기되었는데, 교회와 사회(Kerk en Sameleving)에 대하여 책임을 맡은 사람들은 일반계시에 완전히 몰입하지 않은 것을 이 문서의 근본 문제 가운데 하나로 파악하였다. 이것은 창조와 역사에 하나님의 뜻이 드러난다는 사실로부터 사회를 위한 하나님의 뜻을 읽어내려고 하는 어떤 규칙적인 기준이 제시되지 않았다는 사실을 염두에 둔 것이다. 이것은 특히 국민의 다양성이라는 현상과 관련될 때, 하나님의 계명을 국민들의 다양성과 그들의 고유한 정체성을 보호하도록 하는 방향으로 읽어가도록 이끌어간다. 이에 근거하여 성경적 계명이 교회의 통일성을 보호하게 되며, 결과적으로 교회의 통일성을 구체화하고 가시화하는 지체간의 사귐과 구조적인 형식들을 완전한 예배로 해석하는 것을 단순히 거절하게 되는 것이다.[93]

---

[92] G. C. Berkouwer, De algemene Openbaring, (Kampen: Kok, 1951), 220v.
[93] Geloof en Ptrotes, (1987).

이에 대한 답변으로서, 네덜란드개혁교회(Nederduitse Geformeerde Kerk) 총회는 Antwoord op Geloof en Protes라는 문서를 통하여, 제2조항을 하나님의 뜻을 드러내는데 있어서 상호 인접하여 서로를 보완하는 두 원천으로서(as twee bronne verstaan wat naas mekaar en aanvullend tot mekaar) 두 수단, 즉 일반계시와 성경(특별)계시를 이해하는 것은 잘못된 것이라는 입장을 표명하였다. 바빙크(Bavinck)에 호소함으로써 우리가 특별계시로부터 이미 매우 자명하게 알려지지 않은 어떤 것을 일반계시의 길을 따라서 가르칠 수 없다는 사실을 강조했다. 칼뱅도 역시 우리가 일반계시를 성경이라는 안경을 통해서만 올바르게 해석할 수 있다는 사실을 반영하고 있다.[94] 교회와 사회를 어떻게 배열할 것인가를 알고자 하는 사람은 창조로부터 파악하지 않고, 성경으로부터 교회와 사회를 향한 하나님의 뜻이 무엇인지 배워야만 할 것이다.[95]

4.1.1. 드 브레(De Bres)의 출발점

네덜란드신앙고백서가 성경과 관련한 신앙고백으로 시작하는 것이 아니라, 하나님에 대한 신앙고백으로부터 시작한다는 사실에서 드 브레가 멜란히톤의 영향 아래 있었으며, 칼뱅의 불란서 신앙고백서(Die Franse belydenis)로부터 살짝 벗어났다는 사실이 유추된다. 칼뱅은 그의 『기독교강요』에서 신

---

94) J. Calvijn, Institusie I.3.4 en I.6.1.
95) 비교를 위하여 본서의 제6장 6절을 참고하라.

론으로부터 시작하지 않고, 삼위 하나님을 고백하는 하나님에 대한 우리의 지식으로부터 시작한다. 불란서 신앙고백서에 반영된 그의 개념의 출발도 정확히 성경과 직결되어 있다.[96] 드 브레는 멜란히톤을 따르면서 스콜라적인 영향을 받았고, 비록 그가 후에 하나님의 삼위일체로 되돌아온다고 하더라도, 한 분 하나님(een God)이라는 일반 개념으로부터 시작하게 된 것이다. 이것은 드 브레가 하나님께서 그의 행동의 사역에서 자신을 알리신다는 통상적인 확신(제2조항)과 마찬가지로 하나님에 대한 통상적인 신앙을 출발점으로 단순하게 받아들였으며, 이로부터 로마가톨릭교회와 재세례파와의 고유한 차이점을 제3조항에서 거론하였다는 사실을 분명하게 드러낸 것이다. 이것은 사실상 즉각적으로 성경의 의미에 관한 문제와 연결된다. 네덜란드신앙고백서에서는 로마가톨릭교회와 재세례파에 대항하여 성경론과 그 권위를 분명하게 진술하는 것이 중요한 문제였다. 재세례파뿐만 아니라 로마가톨릭교회는 성경의 권위를 인정하였으나, 이것을 상대적으로 다루었다.

① 로마가톨릭교회는 성경을 교회가 전수해준 전통의 한 부분으로 다룸으로써 결과적으로 성경의 진짜 설명이 항상 교회의 영적 성장의 과정에서 껍질에 싸여 있곤 하

---

96) O. Noordmans, Het koninkrijk der hemelen, in: Verz. Werken II, (Kampen: Kok, 1979), 448.

였다.
② 재세례파는 성경을 개인에게 신령하게 말 걸어오는 성령의 인도하심에 종속시킴으로써 성경을 살아나게 만드는 성령에 대항하는 죽은 문자로 줄곧 평가절하 하곤 하였다.

이로 보건대, 신앙고백서는 몇 분파들과의 대화를 통해서, 성경을 하나님의 완전하고 충족한 말씀으로서 교리와 삶의 본질적인 부분임을 보여준다.

4.1.2. 로마가톨릭교회와 재세례파와의 결별

결과적으로 성경과 관련한 조항이 무려 다섯 개에 이른다. 제3조에서는 성경의 신적 영감을 분명히 하고, 제4조와 6조에서는 정경과 외경을 구별하며, 제7조에서는 성경의 완전성과 충족성을 서술하였다. 동시에 제5조에서는 성경의 권위의 인식이 로마가톨릭교회의 가르침에서처럼 교회의 증거에 근거하는 것이 아니라, 성령의 내적 증거와 성경의 자증(outopistie)에 근거한다는 사실을 거론하였다. 또한 제7조에 나타난 성경의 완전성과 충족성은 원칙상 오직 성경으로(sola Scriptura)의 원리가 전면적으로 강조된다는 사실을 보여준다. 이것은 성경과 나란히 전통을 권위로 취하거나 혹은 성경의 권위를 교황과 공의회의 권위와 동일시하는 로마가톨릭교회의 가르침을 분명하게 거절한다는 사실에 유념하였다. 성경만이 교회의 가르침과 삶과 관련한 모든 것의 규범임을 분명히 한 것이다.

이런 표현은 또한 암시적으로 재세례파의 관점과의 결별을 염두에 두었다. 이것은 무엇보다 말씀과 성령의 관계와 관련된다. 재세례파와의 논쟁에서 칼뱅은 성경을 따라 살겠다는 그들의 선한 의도에도 불구하고, 그들이 성경을 잘못 이해하고 있다는 견해를 피력하였다. 말씀과 성령의 관계에 대한 그들의 관점은 자연과 은혜의 관계에 대한 그들의 관점에 어떤 역할을 하고 있다. 그들에 따르면, 문자적인 성경관에 대하여 질문하는 사람은 자연의 수준에 사로잡혀 있다. 그들은 문자를 초월하기 위해서 성령의 인도를 추구한다. 따라서 그들은 좋은 해석학적 원리를 따라 성경을 읽는 것이 아니라, 오히려 주관적으로 해석함으로써 광신자들로 내몰린다.[97] 뿐만 아니라, 재세례파는 성경에 호소함으로써 그러한 신령한 일들에 대한 증거를 찾으려 하거나 혹은 하나님으로부터 그 증거들을 찾으려고 시도한다. 재세례파와의 논쟁에서 드 브레는 이에 대하여 상세하게 묘사하였다.[98]

4.2. 고교회의 도그마

네덜란드신앙고백서는, 첫 5세기의 교회가 그랬던 것처럼,

---

[97] W. Balke, Calvijn en de dorperse radikalen, 338-344.
[98] A. D. R. Polman, Onze Nederlandse Geloogsbelijdenis I, 184-185.

기독교의 보편적인 신앙을 전반적으로 반영하였다. 우리는 이미 앞선 장에서 종교개혁 신앙고백의 보편교회적인 특성에 대하여 언급하였다. 개혁교회는 고교회의 결정뿐만 아니라 에큐메니칼 신조와 일치한다는 사실에 대한 제9조항 말미의 설명은 정확하며, 또한 이 사실을 강조한다.

보편적 기독교 신앙과의 관련성은 개혁교회가 16세기 이후에 전면에 등장하는 자유로운 사상가들과 반삼위일체론적 단체들로부터 명백한 거리를 유지한다는 사실을 알려준다.[99] 앞서 언급했던 합리주의적이고 도덕주의적 단체들은 일종의 실천적인 기독교를 주창하였고, 교회의 신앙고백을 대담하게 비판하였다. 비록 그들 가운데 몇몇은 어떤 점에서 재세례파와의 유사성을 다소간 보여주기는 하지만, 그럼에도 불구하고 재세례파들조차도 스스로 반삼위일체론자들에게 속하지 않는다고 말하였다. 가장 널리 알려진 반삼위일체론자들은 렐리오(Lelio)의 추종자들, 그리고 그의 조카인 폴레(Pole) 출신의 파우스토 소치니(Fausto Sozzini)의 추종자들이다. 폴레에는 심지어 1605년에 형성된 핵심적인 신앙고백문서로서 라코우 신앙교육서(Katechismus van Rakow)를 중심한 유니테리언교회(unitariese kerk)까지 생겨났다.[100]

---

99) H. R. Guggisberg, Sozinianer, RGG, VI, (1962), 207-210.
100) G. P. Van Itterzon, De Reformatie, in: Geschiedenis van de kerk V, (Kampen: Kok, 1964), 127-128; W. B. Van Wyk, Die Versoening in die Rakouer Katechismus, (Kampen: Kok, 1958).

4.2.1. 삼위일체론을 보존함

칼뱅의 가장 거대한 반삼위일체적 대적자는 그리스도의 신성과 하나님의 삼위일체이심을 부정하는 미카엘 세르베트(Michael Servet)였다. 칼뱅은 그에 대하여 강력한 논쟁을 제기했을 뿐만 아니라, 불행한 방법이기는 하지만 화형을 통한 세르베트의 죽음에도 동의하였다. 따라서 삼위일체론에 대한 노력은 네델란드신앙고백서에 생생하게 반영되었으며, 정당하게도 삼위일체 신앙고백에 상당히 많은 지면을 할애하고 있다는 사실이 낯설지 않다(제8-11조항).

4.2.2. 그리스도의 두 본성

삼위일체론 바로 다음으로 보편적인 기독교 신앙에 속하는 것, 아마도 가장 밀접하게 연결된 것이 그리스도의 두 본성론이다: 그는 진짜 하나님이시며, 진짜 인간이다(vere deus et vere homo). 칼케돈의 결정은 종교개혁을 통하여 전적으로 수용되었으며 승인되었다. 이것이 네델란드신앙고백서 제18-19조항에 걸쳐서, 그리스도의 성육신과 두 본성으로 나타났다. 이 두 조항이 형성된 방식은 의심할 것 없이 이 신앙고백서의 작성자가 진짜 하나님, 진짜 인간과 관련하여 어떤 문제도 갖지 않았으며 오히려 전적으로 신뢰하였음을 보여준다. 무엇보다도 제19조항에서 그리스도의 죽음에서조차 본성의 통일성이 유지되었음을 섬세한 방법으로 언급하고 있다. 이후의 자기 비움의 교리(kenosis-leer)의 모든 문제가 이로써 전적으로 배제된다.

그러나 두 본성론은 또한 재세례파와의 차이를 두드러지게 하는 점 중의 하나이다. 제18조항은 그리스도께서 인성의 연약성과 함께 그러나 죄는 배제함으로 인성을 취하셨다는 사실을 분명하게 가르친다. 이로써 재세례파의 이단성, 즉 그리스도께서 인간의 육체(menslike vlees)를 취하셨다는 것을 부인하는 것에 대항하여 일관성 있는 입장을 밝히고 있다.[101]

4.3. 전적인 부패

비록 네덜란드신앙고백서가 보편교회의 신앙을 수용하였을지라도, 성경적인 증거를 따라 즉시 분명해지는 것은 구원론과 관련한 모든 질문에서 로마가톨릭교회와 재세례파에 대항하는 교회의 교리적 전통의 명쾌한 방향설정을 위한 분명한 결정이 전면에 부상하였다는 사실이다. 더욱 분명히 말하면, 이것은 소위 말하는 제3조의 신학과 관련된 것이다. 그러나 창조와 죄로 말미암는 타락, 그리고 그 결과로서 인간에게 미친 영향을 다루는 제14-15조항을 거론할 때마다 우리는 이와 관련한 견해의 차이를 발견하곤 한다. 죄와 관련된 생각은 항상 속죄론과 연결된다.

---

101) W. Fijn van Draat, "Artikel 18 en 19," in: Altijd bereid tot verantwoording, (red. Th. Delleman; Alten: De Graafschap, 1966), 121-135.

4.3.1. 제14조항

제14조항은 인간이 하나님의 형상을 따라 창조되었으며, 자신의 잘못으로 말미암아 죄를 지어 타락했다는 사실로부터 시작된다. 이와 관련하여 기독교 내에 일치된 이해가 있다. 사실상의 차이는 죄로 인하여 타락한 상태가 무엇인가 하는 질문과 더불어 전면에 부상하는데, 이와 관련된 관점은 구원론으로 표현된다. 로마가톨릭교회의 신학에서는, 죄로 인한 타락의 상태에서도 인간이 하나님을 위한 행동을 선택하고, 선을 추구하며, 은혜와 협력할 수 있는 어떤 선이 여전히 남아 있는지를 어떻게 파악할 것인가 하는 문제가 중요하였다. 반면에 종교개혁은 인간의 전적인 부패와 선을 행함에 있어서 완전히 무능하다는 사실을 강조함으로써 구원은 인간 스스로 아무것도 공헌할 수 없는 순전한 은혜(louter genade)의 선물로 이해되어야 한다는 사실을 중요하게 생각하였다.

제14조항에서 인간은 하나님으로부터 받은 은사를 상실하였으며, 단지 그 은사의 작은 흔적 이외의 어떤 것도 갖고 있지 않다고 말하는 것은, 하나님의 형상이 죄로 인하여 더러워졌을지라도 상실한 것은 아니라는 사실을 분명히 하는 것으로서, 로마가톨릭교회의 교리와는 다른 어떤 목적을 전달한다. 달리 말하여, 종교개혁은 그가 여전히 인간이라는 점과 여전히 분명한 자연적인 은사를 가지고 있다는 의미에서 하나님의 형상이 인간 안에서 완전하게 파괴된 것은 아니라는

사실을 드러내는 것이다. 그러나 이 사실이 인간의 전적인 부패를 축소시키지는 않는다. 오히려, 그에게서 제거된 은사는 정확히 그를 죄인의 상태에 극단적으로 교활하게 묶어 맴으로써 죄에 이르게 한다.[102]

반대로, 로마가톨릭교회는 인간이 죄로 말미암아 연약해졌으나, 그럼에도 불구하고 여전히 자유의지를 소유하며, 은혜의 도움으로 선을 행할 수 있다는 사실을 주장한다. 비록 로마가톨릭교회가 원죄론을 견지하지만, 인간이 선을 행하는 데 있어서 완전히 무능하다고 이해하지는 않는다. 정확히 자유의지론이 이 차이를 더욱 분명하게 만든다.

종교개혁은 인간이 의지를 가지고는 있으며, 그가 하고자 하는 것을 자유로운 의지를 통하여 선택할 수 있다는 사실을 부인하지는 않지만, 이에서 한걸음 더 나아가서 인간은 그 의지에 있어서 전적으로 부패하였으며, 따라서 항상 그 자유로 하나님을 대항하며, 자신을 선택한다는 입장을 견지한다.[103] 그러나 로마가톨릭교회는 펠라기우스주의(Pelagianisme)와 반(半)펠라기우스주의(semi-pelagianisme)의 정죄에도 불구하고, 아우구스티누스를 완전하게 받아들이지 않고, 오히려 정확히 반(半)펠라기우스주의를 고백하였다. 그러나 제14와 15조항

---

102) G. C. Berkouwer, De mens het beeld Gods, (Kampen: Kok, 1957), 124-156.
103) G. C. Berkouwer, De mens het beeld Gods, 352.

은 심지어 인용된 성경까지도 정확히 아우구스티누스적이다.104)

4.3.2. 제15조항

인간의 부패의 철저성은 제15조항에서 전 본성의 부패와 심지어 엄마의 자궁 속 아이에게까지 미치는 죄의 상속으로 이어진다. 이 뿌리로부터 온갖 종류의 죄가 흘러나오며, 인류가 하나님 앞에서 저주받기에 충족하게 된다. "마치 오염된 원천에서 물이 솟아오르는 것처럼, 죄가 이 뿌리로부터 지속적으로 솟아오르기 때문에, 세례를 통하여 이 죄를 없애버리거나 혹은 완전하게 뿌리 뽑을 수 없다."

이 진술을 이해하기 위해서, 첫째, 사실상의 중생이 세례라는 성례적 언어를 통해서 표현되는 바, 세례는 중생의 표식이면서 인치는 행동이라는 사실을 기억해야 한다. 이런 의미에서 디도서 3장 5절은 세례를 중생의 씻음(die bad van die wedergeboorte)105)으로 언급한다. 베풀어진 세례는 하나님께서 성령으로 말미암아 수세자를 그리스도 안으로 접붙이신다는 사실을 봉인(封印)하는 것을 의미하며, 그 결과로서 수세자는 그리스도와 함께 죽어 장사지낸 바 되며, 그리스도와 더불어 살아난 바 된다는 것을 의미한다.106)

---

104) G. C. Berkouwer, Conflict met Rome, (Kampen: Kok, 1949), 122-128.
105) 1953년 개정판

둘째, 유전적인 죄이며 본성적인 부패인 원죄가 세례를 통하여 완전히 제거되며, 따라서 수세자는 더 이상 내적인 부패에 속한다고 말할 수 없다고 하는 트렌트공의회의 핵심적 교리에 대항하여 이 진술을 판단해야 한다는 사실을 기억해야 한다. 로마가톨릭교회에 따르면, 수세자의 상태는 나쁜 욕망의 상태에 있으나 자유의지의 힘을 인하여 딛고 일어설 수 있으며 또한 승리할 수 있는 상태에 있다는 사실이 전면에 부상한다. 네덜란드신앙고백서는 정당하게 이 사실을 거절한다.

아우구스티누스와 종교개혁과 일치하여, 드 브레는 제15조항에서 원죄는 심지어 세례를 통하여 없애버리거나 혹은 완전히 뿌리 뽑을 수 없다는 사실을 언급하였다. 중생의 회개에서도 원죄는 여전히 인간 안에 본성의 부패로서 남아있게 되며, 이로부터 마치 오염된 원천에서 물이 솟아오르듯 일련의 죄가 솟아오른다. 달리 말하여, 제15조항에 따르면, 유전적인 죄와 본성의 부패가 용서되어 더 이상 전염되지 않는 것이 아니라, 본성의 부패성은 잔존하며 이 원천으로부터 죄가 부패한 인간 안에 머물며 역사하므로 이것에 대항하여 지속적인 싸움을 싸워야 하며, 바울과 더불어 이 육체적 실존으로부터의 구원을 소망해야 한다.[107]

---

106) Klassieke Doopformulier.
107) A. D. R. Polman, Onze Nederlandse Geloofsbelijdenis II, (Franeker: Wever, 연대

4.3.3. 로마가톨릭교회(Rooms-Katolieke Kerk)보다 더욱 보편적(Katoliek)이다

이 신앙고백서는 이로써 아우구스티누스에게로 되돌아가 천착하였을 뿐만 아니라, 카르타고(412), 에베소(431), 오렌지(529) 공의회를 따라 펠라기우스주의와 반(半)펠라기우스주의를 거절하였다. 이점에서 이 신앙고백서는 로마가톨릭교회보다 더 보편적인 지평을 품는다. 이 신앙고백서는 동시에 재세례파의 완전주의에 대항하는 입장도 또한 선택한다. 재세례파와의 투쟁에서 칼뱅은 한 번 용서받고 거듭난 사람은 완전한 삶을 살 수 있는 상태에 있다는 그들의 관점에 대하여 반복해서 날을 세워야만 했다. 칼뱅은 이러한 재세례파의 이상(理想)이 펠라기우스주의, 카타리파, 도나투스주의와 연루된 것으로 보았으며, 아픈 마음으로 거절하였다.[108] 드 브레도 동일한 입장을 취하였다.

4.4. 구원의 길

네덜란드신앙고백서에서 또 하나의 핵심은 구원에 관한 조항이다. 이 제목 아래 다루어야 할 주제는 제16조항의 예정, 제17조항의 구원의 약속, 제20조항의 그리스도의 대속적이고 충족한 행위로 말미암아 우리에게 베풀어지는 하나님의

미상), 165-187.
108) J. Calvijn, Institusie IV.1.23-29; W. Balke, Calvijn en de doperse radikalen, 254-259.

칭의와 긍휼, 그리고 제21조항의 그리스도로 말미암는 속죄와 같은 것이다. 우리가 여기서 이런 조항들을 상세하게 살피지는 않는다. 예정을 다루고 있는 제16조항에 대하여는 우리가 제5장의 도르트레히트 정경을 다룰 때에 다시 돌아가도록 할 것이다. 제20조항과 제21조항에 대하여도 우리가 이미 보편적인 교리를 다룰 때에 언급한 바가 있다.

여기서 우리가 중요하게 생각하는 것은, 구원과 관련된 조항들이 구원은 하나님의 예정하시는 사랑, 즉 그의 은혜로운 약속과 구원하는 행동에서 온전하게 실행된다는 사실을 표현하고 있다는 점이다. 이는 오직 은혜로 말미암는(sola gratia) 구원의 신앙고백이다. 이는 제22-24조항의 내용, 즉 믿음으로 말미암아 받아들이는 구원에 대하여 언급할 수 있는 길을 열어준다. 전반적으로 "우리 밖에서, 그리스도 안에서"(buite onsself in Christus)라는 방식으로 구원에 이른다는 사실과 성령으로 말미암아 우리가 신앙의 길에 참여하게 된다는 사실을 분명히 함으로써, 결과적으로 종교개혁과 로마가톨릭교회 사이에 있는 모든 갈등을 반성하게 되며, 성경을 확증하게 된다.

4.4.1. 제22조항
제22조항은 오직 믿음으로 말미암는(sola fide) 칭의를 명료하게 제기한다. 신앙은 성령으로 말미암아 우리의 마음에서

일하며 그리스도의 모든 공로를 전유하게 함으로써 그리스도 이외의 어떤 것도 더 바랄 것이 없게 한다. 우리의 온전한 구원을 위한 그리스도의 충족성을 강조하며, 따라서 믿음으로 그를 소유한 자는 또한 온전한 구원을 소유하게 된다. 이를 통하여 만나게 되는 결론은 구원을 위하여 오직 그리스도만을 믿는 것, 즉 행위를 배제한 믿음 그 이상을 획득하려고 하는 것은 참람한 일이 된다는 것이다. 이것은 믿음 그 자체가 우리를 의롭게 만드는 것이 아니라, 우리의 의 자체이신 그리스도와 그분의 모든 은덕과 우리를 연결하는 수단으로서 이해되어야 한다는 것이다. 따라서 믿음은 그 자체로 인간이 획득하는 "선한 행위"가 아니다. 믿음은 그 자체가 공로적인 것이 아니라, 다만 우리를 그리스도에게 붙들어 매는 "수단"(middel)인 것이다. 이것이 바로 칼뱅이 텅 빈(leegheid) 믿음을 이야기 할 때, 의도했던 의미이다.[109]

4.4.2. 제23조항

이와 연결하여 제23조항은 우리가 그리스도의 낯선 의(justitia aliena Christi)로 말미암아 칭의된다는 사실을 다시 한 번 강조한다. 시편 32편 2절과 로마서 4장 6-7절에 호소함으로써 하나님께서 우리를 행위가 없음에도 불구하고 의롭다고 인정하시는 바로 거기에 복된 구원이 있다는 사실을 거론한다. 그리스도께서 우리의 의이시다. 그분의 순종이 우리의

---

[109] G. C. Berkouwer, Geloof en Rechtvaardiging, (Kampen: Kok, 1949), 182-183.

모든 불법과 죄의 용서의 근거이다. 우리는 그분 안에서 모든 것을 소유한다. 우리가 우리 자신을 주목하게 될 때, 우리는 아직도 여전히 죄인이라는 사실을 고백하지 않을 수 없다. 그러나 우리는 그리스도의 순종 아래 숨겨졌다.

이 조항은 우리가 다만 그리스도의 의로만 구원에 이를 수 있으며, 우리 자신 안에는 자랑할 만한 어떤 근거도 없다는 루터의 발견에 천착된 것이다. 우리는 다만 십자가에 달리신 그리스도의 순종에 의존하며 기댈 수 있을 뿐이다. 바로 이 사실에서 종교개혁의 심장이 뛴다.

4.4.3. 제24조항

이런 맥락에서 제24조항은 죄인의 선행은 구원의 근거가 아니라, 구원에 이른 자들의 삶의 열매라는 사실을 고백한다. 믿음으로부터 필연적으로 흘러나오는 성화 또한 성령의 사역을 통하여 이루어진다. 이로써 로마가톨릭교회에 대항하여 진짜 믿음은 행위가 없을 수 없다는 사실을 견지한다. 사실상, 종교개혁은 의를 어떤 외부적인 것과 연결된 것으로 언급하는 로마가톨릭교회의 외인주의(外因主義, ekstrinsesisme)를 정죄한다.

동시에, 우리를 위한 더 이상의 어떤 공로도 필요 없기 때문에, 선행을 공로적인 것으로 파악하려는 생각을 거절한다.

그리고 하나님께서 우리의 선행을 보상하시는 것도 우리가 어떤 보상을 받을 만한 자격이 있기 때문이 아니라, 그분이 은혜로우시기 때문이다. 그분은 보상으로 자신의 선물을 우리에게 제공하신다. 그러므로 우리가 우리의 행위로 하나님에게서 무엇인가를 받을 수 있다고 여길 때, 우리가 우리의 구원의 확실성을 평가절하 하고 있다는 사실을 생각해야 하는 것이다. 구원의 확실성이 인간의 보잘것 없는 성화에 근거될 때, 누구도 자신의 구원의 실재성을 확실하게 알 수 없다는 것은 항상 논리적인 상관성을 갖는다. 여기에 또한 종교개혁의 심장이 박동하며, 로마가톨릭과의 모든 차이점이 핵심적으로 응축되어 있다.

4.5. 교회의 제의(kerklike)와 신앙의 실천

네덜란드신앙고백서의 또 다른 핵심은 구약성경의 성전제의에 기울어진 교회의 제의를 거절한 데 있다. 이것은 본성상 로마가톨릭교회의 전반적인 제의적 삶의 방향과 특히 예전에 대항하는 것이다.

제2세기이후로 교회 안에 교회를 유대교적으로 바꾸려는 강력한 경향이 있었다. 이것은 주의 만찬을 제물 봉헌을 함의하는 성만찬으로 해석하려는 경향과 연관되어 있었다.[110] 그

---

110) N. J. Hommes, De Oude Katholieke Kerk, in: Geschiedenis van de Kerk I, (Kampen: Kok, 1963), 105v; A. von Harnack, History of Dogma I, (New York:

결과로서, 주의 만찬 상이 제단으로, 장로가 사제로, 교회당이 성전으로, 주일이 안식일로 바뀌었다. 이런 맥락에서 고교회로부터 영향을 받은 동시대의 신비적 예배와 관련된 여러 가지 다양한 관점과 용례들이 제한된 영향을 미쳤다. 로마가톨릭교회의 전통은 이러한 것들의 강한 영향을 특징적으로 반영하고 있다.

4.5.1. 공예배와 예전을 건전하게 정리함

종교개혁은 또한 이런 것들과도 결별했음을 의미한다. 이러한 것들에 대한 개혁교회 전통의 반발은 루터교회에서보다 더 강력하게 표현되어 전면에 부상하였다. 개혁교회 전통에서 공예배와 그 예전을 건전하게 정리한 것에서 그것을 증명할 수 있다.

네덜란드신앙고백서는 예전적인 의미로서, 그리고 그리스도를 지시하는 것으로서 율법은 이미 성취되었다는 사실로부터 이것을 드러낸다. 따라서 개혁교회는 로마가톨릭교회의 공예배의 모든 제의적인 틀을 수용할 수 없었다. 그러나 이것이 구약의 성전제의의 "진정성과 내용"이 그리스도인들에게 의미가 없다는 사실을 의미하는 것은 아니다. 구약의 많은 부분들이 그리스도인들을 위하여 아무런 가치를 갖지 않는다. 그러나 이것은 구약성경이 그리스도 안에서의 성취로

Dover, 1961), 210v.

부터 읽혀야 한다는 사실을 의미하는 것이다. 이로써 무엇보다 구약이 정확히 그리스도 안에서 성취되었다는 사실이 분명해졌다. 그리하여 그리스도인들의 신앙은 구약을 통하여 확고해진다. 동시에 구약성경은 그리스도인들이 어떻게 순전함으로 윤리적인 삶을 살아가며, 하나님의 뜻을 따라서 삶의 방향을 설정할 것인가에 대한 규범을 제시하는데 공헌한다.

4.5.2. 기도

교회의 예전뿐만 아니라, 신앙의 실천에 있어서도 로마가톨릭교회의 길을 거절하였다. 제26조항은 기도에 대하여 다루는데, 심지어 전체 신앙고백서의 내용 가운데 가장 긴 조항에 해당한다.

여기에서 유일한 중보자로서, 그리고 성부 곁에 서신 대언자로서 그리스도는 그의 이름으로 하나님께 간구하고 기도해야만 하는 분으로 언급되고 있다. 성도들의 간구는 로마가톨릭교회가 실천하는 것이기도 하지만, 한편으로 긍휼과 사랑의 중보자이신 그리스도께서 담대함으로 나아가야 할 대상이라는 사실을 지적함으로써 새롭게 하였다. 다른 한편으로, 히브리서와 요한복음에 나타난 성경적인 준거에 근거하여, 그리스도의 이름으로 기도하며, 그분을 통하여 하나님께 나아가야 한다는 사실을 강조하였다.

비록 여기서 마리아가 언급되지는 않았지만, 신자들과 예수님 사이의 중간 매개자인 마리아에 대한 간구를 거절하려는 의도를 확실하게 드러낸다. 이 조항이 길뿐만 아니라 심지어 불필요할 만큼 상세하다는 사실은 매일의 신앙실천에 있어서 큰 역할을 수행하며 이런 의미에서 교회 개혁의 심장이랄 수 있는 실천적인 일을 분명하게 정리하려고 했다는 사실을 엿보게 한다.

4.5.3. 이 조항들은 바른 위치를 차지하고 있는가?

교회의 예전과 신앙의 실천을 다루고 있는 이 조항은 아마도 구원의 본질적인 내용을 다루는 이 조항보다는 교회를 다루는 조항의 말미에서 다루는 것이 더 좋지 않을까 생각하는 사람들이 있을 수 있다.

거의 확실히 드 브레는 그리스도 안에 있는 구원에 모든 초점을 맞추기 위해서 의도적으로 이 문제를 여기에 배정하였다. 구약성경의 모든 약속을 성취하는 중보자로서, 그리고 그를 통하여 성부에게 나아가야만 하는 대변자로서 그리스도의 의미는 모든 신앙의 삶, 예전, 영성, 교회의 방향 설정과 관련하여 매우 근본적인 의미를 갖기에, 교회에 대한 조항에 선행하여 여기에 배정한 것이다.

이로써 분명한 것은 교회의 예전적 삶과 실천의 개혁은 그리스도 안에 있는 구원의 중심적 사실로부터 흘러나온다는 사실이다.

4.6. 교회

교회와 관련한 신앙고백에서 우리는 이 신앙고백서의 중요한 초점을 다시 한 번 볼 수 있게 된다. 다섯 조항에 걸쳐서 다소 길게 교회에 대하여 언급하고 있다. 이것이 이상하지 않은 것은 로마가톨릭교회와의 논쟁에서 진정한 교회가 무엇인지를 질문하고 있으며, 특히 영원한 가치를 가진 것을 빼고 로마가톨릭교회로부터 단절해야 하는 것이 무엇인지를 질문해야 하기 때문이었다. 그런 의미에서 이 신앙고백은 여전히 이 논쟁의 핵심인 "제3조의" 신학의 영역에서 움직이고 있다. 우리는 다음의 몇 가지 사실을 지적하려 한다.

4.6.1. 교회는 구원의 관점에서 정의되어야 한다.

네덜란드신앙고백서는 하나의 거룩하고 보편적인 기독교회(제27조항)라는 속성과 관련하여 망설임 없이 사도신경의 신앙고백에 동의한다. 그러나 로마가톨릭교회의 경우와는 달리, 하나의 기독교회라는 말은 역사적 기관으로서 로마가톨릭교회와 동일시되는 것이 아니라, 구원의 관점에서 정의된 교회를 의미한다. 즉, 교회는 어린양의 피로 거룩하여지고 성령으로 인침을 받은 모든 개개인의 집합이다.

① 세계의 시작과 더불어 실재하며 항상 그곳에 있다는 의미에서, 달리 말하여, 시간적인 의미에서 이것은 보편적인 교회이다.
② 실제로 어디에나 있으며 특정한 장소나 특정인에게 제한되지 않고, 전 세계에 흩어져 성장한다는 면에서, 달리 말하여, 공간적인 의미에서 이것은 보편적인 교회이다.
③ 동시에 성령으로 인하여 하나가 되었으며 동일한 신앙을 가졌기에, 달리 말하여, 진리의 측면에서 이것은 보편적인 교회이다.[111]

4.6.2. 신자들의 어머니로서 교회

따라서 여기서 말하는 교회는 눈에 보이는 로마가톨릭교회와 동일시되어서는 안 된다. 무엇보다도 교회는 구원받은 자들의 교제로 이해되어야 한다.

초기 칼뱅은 무엇보다 교회를 예정으로부터 이해하였다. 이 경우 교회는 선택된 자들의 믿음을 목표로 삼고, 영적인 성장(grootheid)을 강조하게 된다. 따라서 그는 신자들의 가시적인 회중으로서 교회를 더욱 강조하였다. 이로써 그는 온 땅과 온 세대에 두루 퍼져있는, 그럼에도 불구하고, 교리와 그

---

[111] W. D. Jonker, "Catholicity, Unity and Truth," in: Catholicity and Secession (ed.) P. Schrotenboer, (Kampen: Kok, 1992), 17v.

리스도의 영에 결합되어 신앙의 통일성과 형제애적인 사귐을 일구어가는 성도들의 교제로서 교회를, 또한 그 안에서 그들이 젖을 빨고 성장하는 신자들의 어머니로서 교회를 묘사하였다.112) 이와 같이 선택으로부터 시작되지만, 그럼에도 불구하고 신자들의 교제와 동일시할 수 있을 만큼 세계 안에 실존하며, 그 결과로서 교회를 신앙고백할 때 확실히 가시적인 교회를 염두에 두었다.113) 이것이 그로 하여금 가시적인 교회의 통일성을 지키도록 교회에 호소할 수 있는 길을 열어주었다. 이런 빛에서 그는 또한 종교개혁은 교회를 분리한 것이 아니라, 로마가톨릭교회로 인하여 교회를 개혁하려고 하였다는 사실을 논증하였다.

4.6.2.1. 교회는 가시적이며 인지할 수 있다

교회에 대한 이런 관점은 우리가 네덜란드신앙고백서 제27조항에서 얻을 수 있다. 교회는 어떤 시대에는 아주 작아서 사람들의 눈에 보이지 않을 정도였던 때가 있었다라고 말하는 사실로부터 이런 측면이 나타난다. 이외에도 제28조항에서 인간은 이 회중으로부터 분리되지 않아야 한다는 사실을 언급하는데, 이 때 어떤 불가시적인 교회를 언급하는 것으로 보이지 않는다.

---

112) W. Van 't Spijker, "De Kerk bij Calvijn: Theocratie," in: Van 't Spijker, Balke, Exalto, Van Driel, De Kerk, (Kampen: De Groot Goudriaans, 1990), 149v.
113) J. Calvijn, Institusie IV.1.3.

그리하여 종교개혁은 교회가, 비록 불가시적인 차원을 가지며 그 참된 모습이 하나님에 의해서 알려진다고 하더라도, 가시적이며 인지할 수 있는 것으로 간주하였다. 항상 참된 교회는 구별되어야 하며, 이로써 그들이 회집하여 교리와 훈육을 통하여 교회의 일치를 보존하고, 그리스도의 멍에를 매고 각자의 은사를 따라 믿음 안에서 형제를 세워가야만 한다. 이런 교회일 때, 키푸리아누스(Cyprianus)와 함께 이 교회밖에는 구원이 없다는 말을 할 수 있는 것이다.[114]

4.6.2.2. 가시적 그리고 불가시적

종교개혁의 경우, 참된 신자들의 회중으로서 하나님 앞에 서 있는 교회와 세상 안에 실존하는 가시적인 교회를 간접적으로 동일시하였다.

가시적 교회와 불가시적 교회의 구별은 사람들의 눈앞에 서 있는 가시적인 교회 회중과 하나님 앞에 서 있는 교회의 자명한 정체성을 드러내는데 있어서 좋은 기능을 수행하였다.

땅 위에 자신을 교회로서 드러내는 것은 오랜 기간에 걸쳐서 진정성에 대한 의문을 불러일으켰다. 이런 면에서 교회와

---

114) W. D. Jonker, Aandag vir die Kerk, (Potchefstroom: Die Evangelis, 연대 미상), 26-30.

관련하여 불가시적이라는 용어를 사용하는 것은 비평적인 면을 지닌다. 그러나 이 말이 세상에서의 교제로서 교회의 가시성을 부인하려는 의도를 갖는 것은 전혀 아니다.[115]

4.6.3. 교회연합

네덜란드신앙고백서가 하나의, 보편적이며, 개별적이며, 가시적인 교회의 맥락으로부터 사고를 전개한 것은 분명하다. 이 회중을 제28조항에서 구원받은 자들의 회중으로 묘사했다. 종교개혁은 아직도 교회들의 다양성(pluriformiteit)에 대하여는 충분히 인식하지 못했으며, 이로부터 세계에 흩어져 있는 그리스도의 참된 교회는 지역교회의 교제 혹은 회중으로서, 서로 협력하여 참된 신자들의 한 교회를 형성함으로써 거짓된 교회와 이단적 분파들로부터 구별되어야만 했다.

교회 사이의 교제를 통하여 형성된 가시적인 통일성은 교회연합으로 표현되었다. 비록 이에 대하여 네덜란드신앙고백서가 언급하지는 않았지만, 이미 형성된 것을 예로 들자면, 불란서의 개혁교회 회중과 네널란드에 있는 개혁교회 회중 사이의 연합의 형태를 거론할 수 있을 것이다. 따라서 구원받은 자들의 의무를 언급하는 제28조항에 비추어볼 때, 하나님께서 정하신 그 장소에 모인 회중이 지역적으로 가시화하는 보편적 교회의 회중으로 이어진다. 그러나 보편적 교회는 지

---

[115] W. D. Jonker, Aandag vir die Kerk, 33-34.

역에 설립된 교회들을 묶음으로써 이루어지는 것은 아니다. 지역에 설립된 교회들은 이를 선행하는 보편적 교회의 계시 혹은 현존(openbaring)으로서 하나님의 선택에 근거하며 그분의 성령과 말씀으로 회집된 것이다. 따라서 그들은 보편교회의 통일성에 호소함으로써 그들 상호간의 교제를 추구하고 형성했던 것이다.

4.6.3.1. 분리와 분열을 정죄하다

칼뱅은 교회의 통일성을 가시화하기 위해서 엄청난 노력을 쏟아 부었다.[116] 진정한 교회로부터의 분열 못지않게 진정한 교회에 속하지 않는 것도 정죄하였다. 따라서 실제적인 신자들의 의무는 참된 교회에 속하지 않은 사람들로부터 분리하는 것이다.

여기서 16세기의 특별한 상황, 즉 신자들이 로마가톨릭교회를 나와서 개혁교회로 옮겨가야하는 그 상황을 인지할 필요가 있다. 거기에 신자들의 참된 교제가 있으며, 서로 받은 은사를 통하여 신앙을 세워가야 할 형제들이 있었기 때문이다.

---

116) O. Weber, Die Einheit der Kirche bei Calvin, in: J. Moltmann (hrsg.), Calvinstudien, (Neukirchen: Neukirchener Verlag, 1959), 130v; W. Nijenhuis, Calvinus Oecumenicus, ('s-Gravenhage: Martinus Nijhoff, 1959).

종교개혁은 아직도 여러 개의 진정한 교회가 양립할 수 있다는 후대의 개념을 몰랐으며, 그것을 고려하지 않고서는 교회의 분열을 제대로 이해하지 못한다는 사실도 충분히 인지하지 못했다. 네덜란드신앙고백서는 두 개의 주요 개념을 중심으로 구성되었는데, 참된 교회와 거짓된 교회가 바로 그것이다. 신자들은 교회로부터 분리되어서도 안 되었으며, 심장에 손을 얹고 교회가 거짓된 교회가 되었다고 말할 수도 없었던 것이다.

4.6.4. 교회의 표지

진정한 교회와 거짓된 교회 사이를 구별할 수 있기 위해서는 제19조항이 제기하는 것처럼 매우 신중하게 구별을 수행할 수 있는 표지가 요청되었다. 그리고 이것을 앞선 두 조항에서 언급했던 가시적인 교회에 적용하였다.

물론 가시적인 교회는 신앙을 통하여 규정된 교회이다. 따라서 위선적인 사람들은 실질적으로 교회에 속하지 않으나, 또한 그들 모두는 처음부터 교회에 속한 자들이다. 이것은 이 교회가 참된 교회인지 아닌지 하는 물음은 그 교회의 지체들이 볼 수 있도록 답변될 수 없으며, 모든 신자들이 참된 신자인지 아닌지의 질문도 마찬가지의 경우가 되고 만다는 사실에 이르게 된다. 동일한 내용이 이단적 분파들에게도 적용된다. 그러나 종교개혁은 이런 닮음 꼴이 잘못된 것임을 알았다. 말인즉 누군가 진정한 교회 여부를 확정하려 할 때, 그는 진정한 교회의 지체와 공동체를 구별해야만 했던 것이다.

4.6.4.1. 객관적인 기준

말하자면, "객관적" 기준은 공동체, "유기체" 혹은 조직체로서의 교회와 연관된 것으로서 이런 빛에서 이 교회가 진정한 교회인지 여부를 확정해야만 한다는 것이다. 이것이 소위 교회의 표지(notae ecclesiae)이다. 그 내용은 복음의 건전한 선포, 그리스도의 제정에 따른 성례의 시행, 교회 교육 및 권징(kerklike tug)의 신실한 시행이다.

이 세 표지들이 제29조항에 나타나는데, 교회 공동체 내에서 그리스도의 머리되심을 인지하며, 모든 이가 하나님의 말씀에 순종하는 것과 긴밀하게 연결되어 있다. 그러나 사실상 참된 교회는 하나의 표지를 갖고, 그것은 하나님의 말씀이 그 안에서 지배적인 역할을 하는가 하는 것에 달려 있다. 거짓된 교회는 말씀을 여러 가지 방식으로 더럽히며 자신과 자신의 결정에 더 많은 권위를 부여하곤 한다.

이 관점의 전제는 하나님의 말씀은 결코 열매 없이 존재하지 않는다는 사실이다. 말씀이 진정으로 들려지는 바로 거기에 교회가 회집되는 것이다.

4.6.5. 교회의 지체를 구별하는 특성

그러나 드 브레가 이에 대하여 충분히 언급했던 것은 아니라는 사실을 지적할 필요가 있을 것이다. 위에서 이미 언급한 것이 로마가톨릭교회와의 분명한 차이를 드러내는데 충분하지 못한 것은 교회의 지체를 구별하는 특성을 판별하는 기준(kriterium)과 여전히 연결되어 있다. 이것을 소위 믿음의 표지(notae fidelium)라고 한다.

교회의 지체를 구별하는 특성 아래 참된 신앙과 성화를 위한 노력을 포괄하며, 이 모든 것은 연약성과 쌍을 이룬다.[117] 이 기준을 적용하는 이유는 분명하다. 로마가톨릭교회는 교회의 지체됨을 신앙으로부터 기술하지 않는다. 로마가톨릭교회라는 조직체와의 결속이 필요로 하는 모든 것이다. 그러나 종교개혁은 교회를 신자들의 회중으로 정의하기 때문에 교회가 외적인 기준에 따라 성립하는 것이 아니다. 이것이 "객관적"인 기준인, 말씀, 성례, 그리고 교육과 권징의 실천보다 더 나은 것일 수는 없다. 그러나 가시적인 공동체로서 참된 교회 안에조차도 위선자들이 들어설 수 있기 때문에, 교회의 지체를 구별하는 기준으로서 참된 신앙을 확고하게 붙잡아야 한다. 물론, 하나님의 예정과 성령의 중재하시는 사역이 가시적인 교제공동체로서 교회의 경계선을 통째로 무너

---

117) W. L. Tukker, Geloof en verwachting, (Kampen: De Groot Goudriaan, 1978), 160-162.

뜨리는 것은 아니다.

여기서도 로마가톨릭교회와 재세례파 사이의 중간지점을 취하였다. 믿음의 표지(notae fidelium)도 재세례파에서처럼 참된 교회를 위한 유일한 기준은 아니었다. 또한 로마가톨릭교회에서처럼 전혀 상관없는 것도 아니었다. 교회가 이 세상에서 신자들의 공동체로서 알려져야 한다는 것이 본질적인 관심사였다. 그러나 이것은 공동체로서 교회를 위한 "객관적"인 기준을 제시한 후에, 언급되는 이차적인 것이다. 여기에서 재세례파와의 차이가 분명해진다. 이 개념은 여전히 연약한 신앙을 가진 사람들, 혹은 심지어 실질적인 신자가 아닌 사람들 때문에 교회가 진정한 교회가 되기를 중단한다는 사실은 거절한다.

4.6.5.1. 주관주의로 미끄러지는가?

여기서 문제가 되는 것은 제29조항의 표현이 개혁신학에서 전면에 부상한 실천적 삼단논법(syllogismus practicus)과 신비적 삼단논법(syllogismus mysticus)의 방향으로 우리의 논의를 발전시키는지 여부이다. 이로부터 지체를 구별하는 특성으로서 신앙고백에 만족하지 않고, 참된 그리스도인을 구별하는 특성으로서 신앙고백을 취해야 한다는 사실로 돌아선다는 사실을 보게 된다. 이 사실로부터 우리는 네덜란드신앙고백서에서 비교적 후기에 등장하는 주관주의가 이미 전면에 부상한다는 사실과, 이 안에서 신앙의 진정성이 믿을만한 기준과 결합되어 신앙의 확실성의 교리에 고통스러운 열매를 남긴다는 사실을 알게 된다.[118]

이 질문에 확고한 답을 제시하는 것은 어려운 일이다. 드 브레가 교회의 지체로서 인간은 생활이나 성례에 참여함에 있어서처럼 신앙고백에 있어서도 그리스도 안에 계신 하나님께서 우리와 함께 머무신다는 사실을 인식할 수 있어야 한다고 말한 칼뱅의 의도 그 이상의 어떤 것도 의도하지 않았다는 사실은 설득력이 있다.[119]

또한 교회의 거룩성을 언급하면서 칼뱅이 교회의 지체는 흠결이 없지 않을지라도 모든 부지런함으로 거룩성과 완전한 순수성을 획득하기 위해서 노력해야 한다고 설명한다.[120] 이런 면에서 볼 때, 여전히 후기 주관주의의 방향을 가리키지 않는 것이 자명하다.

4.6.6. 교회 정치와 질서

마지막으로 네덜란드신앙고백서가 교회의 정치와 질서에 대해서도 세 조항을 배정했다는 사실이 놀랍다. 개혁교회가

---

118) R. T. Kendall, Calvin and English Calvinism to 1649, (Oxford: Oxford University Press, 1979), 13-14.
119) J. Calvijn, Institusie IV.1.8.
120) J. Calvijn, Institusie IV.1.17.

이 일에 무관심했던 것은 아니었다.

개혁교회는 이에 대하여 성경에 분명한 원리가 주어졌을 것으로 생각하였다. 비록 교회정치의 로마가톨릭교회적 체계는 거절했을지라도, 개혁교회는 마치 성경으로부터 완전한 교회질서를 이끌어낼 수 있는 것처럼 성경지상주의(biblisisties)를 추구하지는 않았다. 종교개혁은 재세례파가 했던 것처럼, 첫 3세기동안의 교회적 발전을 무시하지 않았다.

칼뱅은 고교회에서의 발전을 상당히 학문적인 것으로, 동정적으로 대했으며, 매우 평가할만한 것으로서 이에 대하여 긍정적으로 평가하였다.[121] 이로써 분명한 것은 종교개혁은 교회의 갱신을 실제적인 문제로 여겼으며, 재세례파처럼 첫 번째의 진정한 교회를 세우는 것인 양 가장하지 않았다. 뿐만 아니라 로마가톨릭교회의 위계질서적 체계도 부패한 것으로 여겨 거절하였다.

4.6.6.1. 특별한 직무

칼뱅은 그의 『기독교강요』 제4권에서 상당한 분량을 이것에 할당하였다.[122] 그는 성경으로부터 교회정치를 위한 확실한 근거를 이끌어냈으며, 교회 안에서는 모든 일이 질서정연

---

121) J. Calvijn, Institusie IV.4.
122) J. Calvijn, Institusie IV.5-7.

하게 이루어져야만 한다는 필연성을 강조하였다. 이를 위하여 교회 안에서 세 가지 (혹은 네 가지) 직무를 두어 회중을 섬기며, 훈련과 권징을 신실하게 수행하도록 하였다. 로마가톨릭교회의 규율은, 무엇보다도 목회서신에서 확연하게 표현된 첫 회중의 양식으로부터 유래하는 선례(先例)를 단순하게 대체해버린 것이었다.[123]

드 브레는 목회서신의 선례를 따랐다. 특별한 직무의 수행이 전방에 위치하게 되었으며, 이로써 로마가톨릭교회의 위계질서적인 직무는 거절되었다. 그리스도는 교회의 유일한 머리이다. 모든 목회자는 동등한 권위를 가지고 있다. 따라서 감독체계는 사라졌다. 교회의 직무를 맡은 자는 회중을 통하여 자신의 고유한 기능에로 소명된다. 장로와 집사가 회중의 소명이 선한 질서를 따라 성취되도록 하는 일에 치심하는 교회 위원회의 지체로서 등장한다.

교회법의 목적은 말씀을 봉사하고, 성례를 집례하며, 교육과 권징을 신신히게 수행함으로써 지체들 사이에 규모 있는 관심과 섬김을 형성하는데 있다. 양심을 결박하는 인간적인 법은 교회에 속하지 않는다. 말씀의 사역자와 장로들은 그들이 해야 하는 사역이 적절한 존경을 받을 수 있도록 하고, 회

---

[123] A. D. R. Polman, *Onze Nederlandse Goloofsbelijdenis IV*, (Franeker: Wever, 연대 미상), 7-68.

중 가운데서 지체들 간의 화평을 이루어내는 일에 관심을 기울여야 한다.[124]

4.7. 성례

4.7.1. 신앙고백의 중심
성례론이 이 신앙고백서의 중심이라는 사실은 아주 자명하다. 세례와 주의 만찬 조항의 길이가 이 주제에 대한 관심을 잘 보여준다.

로마가톨릭교회는 탁월하게 성례적인 교회이다. 로마가톨릭교회는 성례를 구원의 수단으로 이해한다. 이에 반하여 재세례파는 성례에 대한 개념조차도 없다. 그들이 세례의 가치를 인정하지만, 성례(sakrament)로서가 아니라, 순종의 행위로서, 하나님을 위한다는 증거로서, 그리고 죄의 용서를 믿는 회중을 위한 증거로서 이해할 뿐이다.

그러나 프로테스탄트의 지체들 내에서도 루터계열과 츠빙글리계열 사이에 상이함이 있다. 비록 개혁교회가 로마가톨릭교회와 재세례파의 교리는 거절하였지만, 종교개혁 흐름 내부에서는 루터와 츠빙글리 사이의 중간 입장을 취한다.

---

124) O. Noordmans, Beginselen van kerkorde, in: Verz. Werken v, (Kampen: Kok, 1984), 172v.

4.7.1.1. 말씀이 유일한 구원의 수단이다

종교개혁계열과 로마가톨릭과 재세례파계열 사이의 근본적인 차이는 하나님의 말씀을 구원의 수단으로 이해하는 문제와 관련되어 있다. 로마가톨릭교회의 관점에서는 말씀 그 자체가 구원의 수단이 아니며, 오히려 성례가 구원의 수단으로 명백하게 받아들여진다. 재세례파의 경우, 전반적인 맥락에서 구원의 수단과 같은 것이 아예 없고, 말씀 없이 역사하시는 성령의 직접적인 사역이 모든 것을 대체한다.

그러나 종교개혁은 말씀을 구원의 유일한 수단으로 삼았으며, 제33조항에 따르면, 성례는 가시적인 말씀으로서 우리의 어리석음과 연약성을 인하여 주어진 것으로 나타난다. 이것은 하나님께서 그의 말씀을 통하여 알리고자 하는 것과 그의 성령을 통하여 우리 안에서 행하고자 하는 것을 우리의 감각기관을 통하여 드러내시는 방편이다.

성례는 말씀을 재현(prentjie)하는 것이다. 그러나 그것 자체로는 제 기능을 하지 못한다. 이것은 구원의 표식일 뿐만 아니라 구원을 인치는 것이기도 하다. 이것은 말씀이 우리에게 전달한 구원을 인격적으로 취하는 방편이다. 이런 면에서 성례는 독특한 방법으로 구원의 수단으로서 기능한다. 즉, 성례는 믿음을 강화시킨다는 면에서 구원의 방편으로 기능한다. 하나님께서 성례의 수단을 활용하셔서 우리 안에 성령의 능

력을 일으키신다. 예수 그리스도께서 성례 가운데 현존하시는 진리이다.[125]

4.7.2. 세례

당연히 성례를 두 가지, 즉 세례와 주의 만찬으로 제한하는 것은 성경으로 돌아가려는 종교개혁의 결정에 근거한다. 신약성경은 오로지 이 두 성례의 제정만을 가르친다.

4.7.2.1. 하나님의 은혜언약의 표지와 인침

세례는 할례의 자리를 대신한다. 제34조항은 이것으로부터 시작하고 마친다. 그러므로 세례는 하나님의 은혜언약의 표지와 인침으로서 이해되어야 한다. 그리스도의 피와 영이 수세자 안에 내주함으로써 죄가 속량되고 중생한다는 사실을 증언하고 인치는 것이다.

세례는 또한 어떤 사람이 두 번 태어날 수 없는 것처럼, 반복 시행되어서는 안 된다. 이런 근거에서, 이미 세례 받은 사람을 다시 세례 줄뿐만 아니라, 언약을 오해하고 결과적으로 유아세례를 거절한 재세례파에 대하여 싸웠다. 세례는 유대민족이 행했던 할례와 동일한 일을 아이에게 시행하는 것이다. 골로새서 2장 11-12절이 세례를 그리스도의 할례로 불렀다는 사실이 이것을 증명한다. 세례와 할례 사이의 결합을 위

---

[125] G. C. Berkouwer, De sacramenten, (Kampen: Kok, 1954), 89-97.

한 또 다른 논증으로서 옛 언약에서 갓난아기를 대신하여 양을 제물로 바치는 것을 거론할 수 있는데, 이는 성례적인 측면에서 예수님을 지시하였기 때문이다.

4.7.3. 주의 만찬

주의 만찬을 다루는 제35조항은 세례에 관한 조항 못지않게 길다. 미사와 관련한 로마가톨릭교회와의 논쟁이 세례와 관련한 논쟁 못지않게 날카로운 것 또한 그렇게 놀랄 일은 아니다. 동시에 다양한 종교개혁유파들 사이의 성례 논쟁도 주의 만찬에 대한 논쟁에 불을 지폈다.

4.7.3.1. 이 조항의 목적

이 조항의 목적은 신비로 덧씌워진 로마가톨릭교회의 미사를 그리스도께서 제정하신 주의 만찬(maaltyd van die Here)의 단순성을 통하여 교정하려는데 있다. 동시에 이 만찬은 성례적인 속성을 드러낸다.

① 이 신앙고백서는 츠빙글리를 거절한다. 이는 그가 재세례파에 가깝게 다가서기 때문이다. 그에게서, 주의 만찬은 일종의 기념식사로서 그리스도인들이 그리스도의 죽음을 묵상하고 그들 상호간의 일치를 삶을 통하여 드러내는 방편으로 이해되었다. 그 이상의 의미는 없다. 이 때문에 네덜란드신앙고백서는 이 입장을 취하지 않

는다.

② 그러나 그럼에도 불구하고 또한 루터의 공재설적인 생각(idee van die konsubstansiasie), 즉 영광을 입으신 그리스도께서 이 가시적인 표식 안과 곁에 현존하시며, 따라서 입으로 씹어 먹을 수 있다는 그런 견해도 받아들이지 않았다.

따라서 칼뱅의 길이 결정적인 역할을 한다. 칼뱅은 루터의 길에 바짝 다가선다. 칼뱅은 아주 기꺼이 주의 만찬에서 우리가 그리스도의 몸의 참된 본질을 먹고 마신다는 사실을 강조했다. 그렇지만, 칼뱅은 그리스도의 진짜 몸과 피를 입으로 먹고 마시는 것이 실제로 일어나지 않으며, 영과 신앙으로 일어나는 일이라고 가르침으로써 로마가톨릭교회의 화체설(transsubstansissieleer)과 루터의 공재설 둘 다를 거절하였다. 떡과 포도주는 사실상 떡과 포도주로 머물지만, 그리스도께서 죽음에서 자신의 실재성을 우리에게 주신다는 사실을 표징하고 인치는 일이 발생한다. 따라서 주의 만찬에서 그리스도 자신을 받는다. 떡과 포도주는 그리스도의 진짜 살과 피의 실재성을 이것이 수반하는 모든 것과 더불어 우리에게 보장한다. 이로써 우리는 교제를 향유한다.[126]

---

126) G. P. Hartvelt, Verum Corpus, (Delft: Meinema, 1960), 190v.

4.7.3.2. 신앙을 통한 영적인 식사

떡으로 말미암는 육체적인 삶의 관계와 천상의 그리스도의 떡으로 말미암는 영적인 삶의 관계 사이를 간략하게 비교하면서, 네덜란드신앙고백서는 주의 만찬에서 그리스도의 고유하고 참되며 자연적인 몸과 피를 믿음으로 말미암아 먹고 마신다고 정의하였다. 그리하여, 실제적 임재(praesentia realis)라는 강력한 용어를 사용함으로써 로마가톨릭교회 그리고 심지어 루터와 다른 방식으로 그 실상을 드러냈다. 네덜란드신앙고백서는 그리스도의 진짜 몸과 피를 입으로 먹고 마신다는 생각을 신중하게 피하였다. 바로 그 자리를 영적으로 그리고 믿음으로 먹고 마신다는 표현으로 대신하였다. 이 영적인 식사에서 성부의 우편에 계신 그리스도는 신자들로 하여금 믿음으로 자신과 자신의 모든 보화와 선물에 참여하도록 하신다.

주의 만찬을 바르게 사용한 열매는 하나님과 이웃을 향한 불타는 사랑이 일깨워진다는 데서 찾을 수 있다. 그러나 성례는 자동적으로 역사하지 않는다. 종교개혁은 로마가톨릭교회의 성례기계주의(ex opere operato), 즉 성례 그 자체가 은혜를 담지하고 있어서, 성례를 통하여 은혜가 전달되는 과정에 어떤 의식적인 방해도 받지 않는다는 입장을 받아들이지 않았다. 사람들이 입으로 떡과 포도주의 표식을 즐길 수는 있으나, 성례의 일, 즉 성례가 약속하는 영적인 복을 받지 못하는 경우도 있을 수 있다. 이런 일은 사람이 성례를 불신앙으로 받을 때 일어난다. 이로써 로마가톨릭교회나 루터교회의 불신자가 그리스도의 참된 몸과 피를 받을 수 있다는 manducatio indignorum 교리는 거절되었다. 이 사실은 주의 만찬을 위한 올바른 준비(voorbereiding)가 매우 중요하다는 사실을 일깨운다.**127)**

4.8. 교회와 국가

네덜란드신앙고백서에서 쟁점을 이루는 조항 가운데 하나가 제36조항으로서 교회와 국가의 관계를 다루고 있다. 쟁점이 되는 이유는 구약에서 이스라엘의 상황이나, 또한 유럽에서 기독교제국의 경우에서나, 그리고 칼뱅이 성경의 빛에서 이상적인 것으로 파악했던 것처럼,**128)** 교회와 정부의 관계를 신정정치적 관점('n teokratiese visie)으로부터 파악한데서 기인한다.

로마가톨릭교회는 국가가 교회에 종속된 것으로 보았다. 루터교회와 츠빙글리는 상당한 정도로 정부가 교회의 일을 돌보도록 양도하였다. 재세례파는 특히 뮌스터에서나 혹은 다른 어떤 곳에서도 역시 성령론적인 열광주의의 구호 아래 혁명적인 일을 시작하였다. 그러나 칼뱅은 그의 신정정치적

---

127) G. P. Hartvelt, Symboliek, (Kampen: Kok, 1991), 328-329.
128) J. Calvijn, Institusie IV.20.

인 비전 안에서 국가와 교회를 서로 긴밀하게 연결되어 있는 하나님 나라의 두 가지 자존적인 조직으로 파악하였다. 칼뱅에게 있어서 교회와 국가는 하나님께서 우리를 그리스도와의 교제에로 부르며 또한 그 안에 머물도록 하는 일을 도와주는 외적인 도움의 수단(uitelike hulpmiddels)으로 파악된 것이다.

칼뱅이 정부에 부여한 이 비전은 시민 통치를 위한 책임(율법의 둘째 부분)뿐만 아니라 하나님을 향한 진정한 봉사를 위한 책임(율법의 첫째 부분)과도 연결된다. 이로써 교회와 국가의 관계에 대한 그의 비전에 내적인 긴장이 드러난다.[129] 한편으로는, 제네바에서의 실험을 통하여 증명한 것처럼 그는 진정한 하나님을 향하여 드려질 예배에 대한 정부의 책임을 역설하였다. 그러나 그럼에도 불구하고 다른 한편으로는, 율법의 두 돌 판 사이의 인식을 명쾌하게 구별하였고, 결과적으로 영적인 영역과 정치-도덕적인 영역을 또한 구별하였던 것이다.[130] 칼뱅이 내놓은 이 내적인 긴장의 급진적인 결과는 개혁교회의 전통에서 한편으로 신정정치적인 국가의 이상을 선택하는 방향으로, 다른 한편으로 교회와 국가의 명쾌한 구별을 강하게 강조하는 방향으로 양분되기에 이른다.[131]

---

129) J. Calvijn, Institusie III.19.15를 Institusie IV.11.3과 비교하시오.
130) J. Calvijn, Institusie II.2.24.
131) D. Little, "Reformed faith and religious liberty," in: D. McKim (ed.), Major Themes in the Reformed Tradition, (Grand Rapids: Eerdmans, 1992), 196-213.

4.8.1. 칼뱅의 신정정치적 이상

네덜란드신앙고백서 제36조항에서 우리는 칼뱅이 전개하려한 신정정치적인 이상에 대한 명백한 발언을 보게 된다. 이것은 교회가 하나님께서 제정하신 정부를 존중해야 하며, 정부를 위하여 기도하며, 선지자로서 정부를 하나님의 말씀으로 권면해야 한다는 사실과 연결되어 있다. 그러나 이것은 또한 정부로부터 거룩한 말씀의 직무를 보호하고, 모든 우상과 거짓된 종교들이 난무하거나 적그리스도의 나라가 흥왕하거나 하는 것을 막고, 예수 그리스도의 왕국이 진흥하도록 하는 것을 기대하는 데까지 나아간다.

여기서 기술하고 있는 이상은 결코 실제로 실현되지 않았을 뿐만 아니라, 교회와 관련하여 국가에 부여된 임무의 불명확성 또한 오랜 토론의 쟁점이 되어왔다. 비록 이 조항에서는 분명하게 드러나지 않을지라도 칼뱅의 비전의 이면에는 교회와 국가의 명백한 구별이 있다. 까이퍼(Kuyper), 루트커스(Rutgers), 바빙크(Bavinck)를 비롯한 다른 사람들도 1896년에 열린 네덜란드 개혁교회 총회에서 이 조항에 대하여 불평('n gravamen)을 쏟아놓은 바가 있었다. 정부를 거론하는 이 조항에 대한 공정한 역사적 해석은, 필요할 경우 정부는 우상과 거짓된 종교를 검으로써 근절시킬 의무를 가지며, 교회는 정부를 향하여 이 의무를 솔선하여 수행하도록 기대하는 관계에 있다는 것이다.

1905년에 열린 네덜란드개혁교회(Gereformeerde Kerken in Nederland) 총회는 "모든 우상과 거짓된 종교를 근절하고 적그리스도의 나라를 멸망시키는 것"을 다시 선반위에 올려놓았다. 개혁교회 연합 총회가 이후에 이 문제를 다시 집어 들었으나, 의미 있는 논의에도 불구하고 회원 교회들이 이 조항에 대한 일치된 의견을 도출하는 데까지 진행하지는 못했다.[132]

4.8.2. 국가의 임무

개혁교회는 제36조항에 근거하여 중립적 국가를 지향하는 생각을 거절했으며, 정부의 임무를 하나님의 왕국을 위하여 봉사하는 것으로 보았다. 이것은 정부가 자기의 고유의 영역에서 하나님의 나라의 도래를 증진시키는데 요구되는 원칙을 준수해야 한다는 것을 의미한다.[133] 무엇보다도 하나님의 말씀 선포를 계속할 수 있는 자유가 사려 깊게 보호되어야 한다.

제36조항을 그대로 받아들이는 사람들은 무엇보다 이것을 중요하게 생각한다. 이로써 그들은 정부가 이단을 근절시키지 않고 단지 우상숭배와 이단을 사상적인 흐름으로 간주하는 것, 그리고 제36조항은 다만 정부가 자기의 고유한 영역에

---

132) A. D. R. Polman, Onze Nedetlandse Geloofsbelijdenis IV, 284v.
133) C. Bijl, Leren geloven. Een toelichting op de Nederlandse Geloofsbelijdenis, (Barneveld: De Vuurbaak, 1986), 221-222.

서 건전하게 일하기를 기대한다는 사실을 전면에 내세운 것으로 말하는 것은 저주받을 일로 여긴다. 후더마꺼(Hoedemaker), 하이쩌마(Haitjema), 그리고 판 룰러(Van Ruler)는 이 조항의 원래 내용을 유지하지만, 정부는 교회를 위하여 말씀을 선포할 공간을 마련하고, 모든 압제를 걷어내며, 그 결과로서 교회의 노력을 통하여 모든 우상숭배를 근절하고 적그리스도의 나라를 질식시키는 것으로 이해한다.[134] 신앙고백문서의 새 아프리칸스 번역본은 실제로, 역사적 본문에 "그렇게 함으로써"(sodoende)라는 단어를 "모든 우상숭배와 거짓 종교를 반대하며, 근절시킬 것"이라는 단어 앞에 써넣음으로써 이 해석을 취하여 읽었다. 따라서 이렇게 이해하는 사람은 신정정치적인 비전과 교회와 국가의 구별을 동시에 취하는 것이다.

4.8.3. 정부에 대한 순종

제36조항에서 큰 강조점이 정부에 대한 순종에 놓여있다. 이는 거의 확실히 이 조항의 말미에서 지적한 것처럼, 재세례파의 반역적인 경향을 거절하는 것으로 보인다.[135] 이것은 국가에 대한 교회의 비판적인 기능과 관련된 문제를 제기하

---

134) S. Van der Linde, Twee gestalten van het Rijk, in: Woord en Werkelijkheid, (Nijkerk: Callenbach, 1973), 105-107.
135) G. Th. Rothuizen, Artikel 36, in: Altijd bereid tot verantwoording. Kort commentaar op de Nederlandse Geloofsbelijdenis, (Aalten: De Graafschap, 연대미상), 216.

되, 혹자가 기대하는 것처럼, 교회와 국가의 명백한 구별이 그렇게 첨예하게 제기되지 않는다는 사실을 보여준다. 이 조항을 역사적인 맥락 밖에서 해석할 경우 조심스럽게 할 필요가 있다. 치밀한 논의의 과정을 거치면서 20세기에는 이것이 질서와 관련한 교회의 정치적인 책임이라는 주제와 연결되었다.[136] 그러나 분명한 것은 16세기에 형성된 이 조항이 교회와 국가 사이의 관계 문제를 급진적으로 뒤틀어서 매우 다른 내용을 제안할 수 있을 것이라고 기대할 수는 없다는 사실이다.

4.8.4. 현대국가의 영향

계몽주의가 공고해진 이후로 교회와 국가의 관계는 상호결합보다는 두 큰 권위 사이의 구별을 강조하는 바른 방향으로 발전하였다. 현대 민주주의는 사실상 교회와 국가를 분리하려 하고, 시민들을 위한 예배의 자유를 보장하려는 경향을 뚜렷하게 노정한다. 예배는 개인적인 일로 파악되었으며, 국가와 교회의 관계는 국가와 자발적인 시민단체들 사이의 관계와 비슷한 경우가 되었다. 주일과 다른 기독교적 기념일에 대한 인식 등등의 기독교적인 것들은 가장 안락하게 지킬 수 있도록 되었으며, 시민 대다수의 문화적 유산에 속하는 것으로

---

[136] E. Busch, Church and Politics in the Reformed Tradition, in: D. McKim(ed.), Major Themes in the Reformed Tradition, (Grand Rapids: Eerdmans, 1992), 192-194.

받아들여졌다. 어떤 사람들은, 기독교 신앙을 견지하는 대다수 시민들로 구성된 미국과 같은 땅에서 볼 때, 교회와 국가의 분리는 그리스도인들을 차별하는 것에 해당한다며 제한적이지만 비판적인 입장을 취하기도 한다.[137]

이 변화된 상황은 그 속성상 제36조항에서 파악된 교회와 국가 사이의 적극적인 관계를 어려움에 처하게 하였다는 사실을 의미한다. 그러나 이런 풍경은 제36조항에 나타난 그 원리를 논쟁거리나 제공하는 쓸모없는 것으로 만드는 것을 의미하지 않는다. 교회는 여상히 하나님의 말씀이 인간의 삶의 모든 영역이 하나님의 법을 따라 운용되어야 한다는 사실을 요구한다는 입장을 견지한다. 이것은 정치적인 삶에서도 마찬가지다. 교회는 여전히 정부가 하나님을 통하여 주어진 기관으로서 악을 억제하고 심판하는 일에 봉사해야 한다는 제36조항의 내용에 부착한다. 교회는 또한 정부는 교회를 평안히 보호하기 원하시는 하나님께서 내신 것이며, 국가의 봉사를 통하여 자신의 나라가 임하도록 의도하신 것이라는 사실에 머문다. 이것은 기독교적인 정부이든 아니든 간에 모든 정부에 해당하는 것이다. 이로써 제36조항은 이 땅에서 실제로 일어날 상황을 염두에 두고 있다는 사실을 상기시킨다.[138]

---

137) N. De Jong/J. Van der Slik, Separation of Church and State. The Myth revisited, (Ontario: Paideia, 1985), 170v.
138) J. H. P. Van Rooyen, Kerk en Staat, (Groningen: VRB, 1964), 326v.

4.8.4. 국가에 대한 교회의 기대

교회는 모든 시대에 걸쳐서 국가가 율법의 두 번째 돌 판의 계명을 확실하게 지킬 것을 기대한다. 국가가 예배의 자유를 보호하고, 교회가 자신의 소명을 성취할 수 있는 자유와 공간을 만들어야 한다는 사실에도 불구하고, 모든 교회는 상황의 차이, 즉 16세기와 20세기의 차이를 분명하게 인식하기에, 율법의 첫 번째 돌 판과 관련하여 책임 있는 국가의 모습을 기대하지는 않는다.

교회는 또한 예배의 자유라는 명목으로 기독교 예배를 차별화하여 대항하는 일이 없도록 권고해야 할 책임이 있다. 그리고 교회는 국가에 대하여, 국가가 살아계신 하나님께 대하여 신실한 것은 그가 행하는 일에 대하여 신실한 것이라는 사실을 일깨워주어야 한다. 시민들의 다양한 신앙적 경향들이 용인되는 민주정치적인 국가의 상황에서 이 꿈을 꾼다는 것이 얼마나 낯설고 엉뚱한 것으로 보이겠는가 하는 것도 생각해야 하지만, 교회는 정부가 스스로 그리스도의 나라를 인식하며 고백하게 될 것이라는 사실에 다가설 것이라는 꿈을 잃지 않아야 할 것이다.

4.9. 최후의 심판

제37조항은 기독교의 종말론적 기대의 통상적인 내용을 담고 있다. 재림, 죽음으로부터 부활, 그분의 위로와 공포스

러운 심판이 펼쳐질 마지막 심판, 역사의 두 종류의 결말, 구원 받은 자들의 영원한 축복과 같은 것이 명백하게 고백되고 있다. 종교개혁의 교리에서 로마가톨릭교회의 종말론에 속한 것 가운데 앞으로 더 세를 얻을 수 있는 모든 종류의 교리, 예를 들어서 연옥설(leer van die vaevuur)과 같은 것은 신속하게 제거되었다.139)

이 조항에서 두드러진 것은 종말론이 개인적인 종말론적 관점으로부터 시종일관 서술되었다는 사실이다. 칼뱅에게 있어서, 미래의 삶에 대한 묵상은 그리스도인의 삶의 본질적인 측면이다. 그러나 명백한 사실은 이것이 종말이라는 핵심적인 측면에 부착되어 사유되지 않고 있다는 것이다. 이점에서 드 브레는 칼뱅의 입장을 따른다. 종말론의 측면이 여기에 단순하게 연결되어 있지 않다. 민족과 역사에 대한 심판은 이 조항에 나타나지 않는다. 이스라엘의 미래에 대하여는 일언반구도 없다. 이것은 흐라플란트(C. Graafland)가 이스라엘과 관련한 칼뱅의 양손잡이적인 관계라고 불렀던 사실로 이끌어간다.140) 분명한 것은 하나님의 구원 계획에 있어서 이스라엘의 위치를 규정하는 것은, 루터가 유대인에 대하여 언급하지 않았던 것과 같은 방식에서도 볼 수 있는 것처럼, 종교

---

139) L. Ott, Grundriss der Dogmatik. Negende druk, (Freiburg: Herder, 1978), 563v.
140) C. Graafland, (저자가 빠트렸기 때문에 정확한 책명을 찾을 수 없음, 역자 주), 1978, 104.

개혁에 있어서는 아직 실제적인 문제가 아니었다는 사실이다.**141)** 이 조항의 전반적인 특징은 명백하게 반(anti)천년왕국적이라는 사실이다. 이 사실은 그 자체로 환영할 일이다. 그러나 그럼에도 불구하고 이에 대하여 적극적으로 더 말해야 할 것이다. 사람들은 하나님의 영원한 왕국의 도래와 관련한 일에 대하여 기꺼이 듣고 싶어 할 것이다.

좀 더 가까이 다가서면, 이 조항이 이 신앙고백서의 상황적인 성격의 어떤 측면을 드러낸다는 사실을 보게 된다. 최후의 심판을 말할 때면 언제나, 불법을 행한 자들과 신앙이 없는 자들을 법에 따라 공포와 심리적인 고통으로 심판하는 반면에, 경건한 자와 선택된 자에게는 간절함과 위로를 허락하신다고 언급된다. 이에 덧붙여, 신자들의 경우, 만사와 관련한 그들의 무죄성이 알려지게 되며, 하나님의 공포스러운 진노가 이 세상에서 불경건하게 살았던 불신앙의 사람들에게 할당된다. 이때에 이단들과 불경건한 자들을 심판했던 많은 재판관들과 권력자들의 그 일이 신앙의 사람들의 일이요, 동시에 하나님의 아들의 일이라는 사실이 알려지게 될 것이다. 그러므로 이 위대한 날을 강렬한 열망과 더불어 고대한다.

---

141) H. O. Obermann, Die Juden in Luthers Sicht, in: Kremers, H. (hrsg.), Die Juden und Martin Luther. Martin Luther und die Juden, (Neukirchen-Vluyn: Neukirchener Verlag, 1985), 136v.

4.9.1. 한계를 벗어나지는 못함

신앙고백문서들은 속성상 한계를 갖는다. 네덜란드신앙고백서도 마찬가지다. 이 신앙고백서가 복음의 모든 측면을 영원히 보존하며, 열매 있는 증언에 도달할 수 있다고 기대하는 것은 공정하지 못하다. 재림에 대하여 이 조항은 신앙고백서들 가운데 가장 강력한 조항을 갖지는 않았다. 전체적인 면에서, 이 신앙고백서는 구원과 관련하여 진리에로 초대하는 명쾌하고 확신 있는 선포를 매우 분명하게 담고 있으나, 또한 개혁교회가 이를 위하여 지금까지 추구해왔던 가치와 관련된 부분을 필요에 따라 적절하게 다루는 일에는 다소 성공적이지 못하다.

> 개혁교회는 교회의 보편성의 교리를 매우 강조하고, 타교단과의 형제애를 이루려는 진지한 태도를 가지고 있다. 또한 자신의 몫이 무엇인지 선명하게 드러내는데도 두려움이 없다. 이 책을 읽으면서 개혁교회의 이런 태도가 신앙고백서에 분명하게 드러나 있다는 사실을 발견하게 될 것이다.

제4장
하이델베르크신앙고백서

하이델베르크신앙교육서

1. 신앙교육서의 형성

하이델베르크신앙교육서는 1563년 1월 19일에 팔츠(Pfalz)의 개혁교회 총회를 통하여 청년들을 위한 교리핸드북으로서, 그러나 또한 문자 그대로(de facto) 신앙고백문서로서 받아들여졌다.

이는 복음에 대한 개혁교회의 이해가 가장 건전하다는 확신을 가졌던 선제후인 프레드릭 3세(Frederik III)의 후원으로 가능하였다. 그는 이것을 학교에서 가르치도록 하였으며, 결과적으로 개혁교회가 추구하는 종교개혁을 주 전체에 전파할 수 있게 되었다.

1.1. 공동의 작품

이 신앙교육서는 하이델베르크 행정당국, 하이델베르크대학교 신학교수들, 감독들과 설교자들, 또한 총회의 결의를 망라하는 공동의 노력의 산물이다. 전통적으로 이 가운데 대표적인 인사들로는 교수인 우르시누스(Ursinus), 설교자인 올레비아누스(Olevianus), 그리고 선제후 프레드릭 3세(Fredrek III)를 지목한다. 공동의 연구 결과물인 이 신앙교육서와 관련하여, 현재 이 모습으로 만들어지기까지 다양한 공동연구자들이 각각 어떤 역할을 담당하였는지를 정확히 한정짓는 것은 불가능하다.142)

하이델베르크신앙교육서는 동시대의 종교개혁적인 신앙교육서의 기존의 전통을 존중한다. 이 신앙교육서의 최종판이 형성되는 과정에서 직접적인 예비적 작품인 세 문서가 우

---

142) J. F. G. Goeters, Entstehung und Freuhgeshichte des Katechismus, in: Handbuch zum Herdelberger Katechismus (hrsg. L. Coenen), (Neukirchen: Neukirchener Verlag, 1963), 11-15; G. P. Hartvelt, Inleiding, in: Alees in Hem. Nieuwe Commentaar Heidelbergse Catechismus (red. Th. Delleman), (Aalten: De Graafschap, 1966), 14-17; W. Hollweg, Neue Untersuchungen zur Geschichte und Lehre des Heidelberger Katechismus, (Neukirchen: Neukirchener Verlag, 1961), 124v; W. Hollweg, Neue Untersuchungen zur Geschichte und Lehre des Heidelberger Katechismus. Zweite Folg, (Neukirchen: Neukirchener Verlag, 1968), 38v; W. Neuser, Dogma und Bekenntnis in der Reformation: Von Zwingli und Calvin bis zur Synode von Westminster, in: Handbuch der Dogmen- und Theologiegeschichte II, (hrsg. Carl Andresen; Gottingen: VH&R, 1980), 288-290; J. P. Oberholzer, "Die Heidelbergse Katechismus in sy eerste jare," HTS(45/3)1989, 598-610.

르시누스의 손에 들려 있었다. 신학총람(Summa Theologiae), 323개의 질문으로 구성된 대요리문답(Groot Kategismus), 그리고 108개의 질문을 포함하는 소요리문답(Klein Kategismus)이 그것이다.143) 우르시누스는 기존의 신앙교육서들로부터 다양한 자료를 사용하였으며, 또한 제네바신앙교육서로부터도 영감을 얻었던 것이 분명하다. 그러므로 하이델베르크신앙교육서를 우르시누스의 이런 예비적인 작품들과 직접 관련시킬 수는 없다. 첫 개념을 형성하는 일은 누가 책임을 졌는지, 최종판은 긴장 가운데서 이루어진 결과물인지, 더 나아가서 제 때에 잘 마친 것인지 아니면 조금 시간이 더 걸린 것인지 등등의 다양한 측면들이 복합적으로 고려됨으로써, 최종판이 형성된 것이다.

1563년 11월에 이 책이 출판되었을 때, 여전히 참고문헌이라든지 무엇보다도 원본에는 없었던 제80문과 관련한 변화가 있었으나, 현재의 형태로 최종적으로 그리고 합법적인 형태로 받아들여졌다.144)

1.2. 넓은 진입로를 발견한 신앙고백서
하이델베르크신앙교육서는 가장 넓은 진입로를 가지고 있

---

143) A. Lang, Der Heidelberger Katechismus und vier verwandte Katechismen, (Darmstadt: Wiss. Buchgesellschaft, 1967), III-CIV.
144) P. Jacobs, Theologie reformierter Bekenntnisschriften in Grundzugen, (Neukirchen: Neukircehner Verlag, 1959), 60.

는 개혁교회 신앙교육서이다. 출간된 이래로 가장 짧은 기간 동안 사실상 전 유럽으로 퍼져나갔다. 이것은 시간의 흐름과 함께 전 세계에 성공적인 과정을 통하여 전파되었다. 네델란드교회와의 연결은 제네바신앙교육서와 나란히 다떼인(Datheen) 네덜란드 번역판을 받아들인 1568년의 베쩰(Wezel)의 비밀집회에로 소급된다. 1574년에 도르트레히트 총회는 이것을 네덜란드에 있는 교회와 학교의 교재로 승인하였다. 1578년에는 홀란드 주로부터도 후원을 받게 되었다. 1586년에 흐라벤하게('s Gravenhage)에서 열린 국가 의회이래로, 마침내 이 신앙교육서는 오후예배에서 강해하도록 허락되었다.

이러한 방법으로 이 신앙교육서는 전 교회의 삶에 깊은 흔적을 남겼다. 설교자들은 네덜란드신앙고백서와 더불어 이 문서를 자명한 것으로 받아들여 서명하였다.[145]

하이델베르크신앙교육서는 남아공화국이 네덜란드로부터 받은 유산 가운데 일부이기도 하다. 이 신앙교육서는 개혁교회의 다른 신앙고백문서들 기운데 단순히 하나 그 이상의 가치를 가진 것으로서, 교회의 지체가 되는데 필요한 세례자 입문교육에 사용되었으며, 예배 시에 또한 빈번하게 설교자들이 이 신앙교육서의 손을 빌어서 설교하곤 하였다.

---

145) G. P. Hartvelt, Inleiding, in: Alles in Hem. Nieuwe Commentaar Heidelbergse Catechismus, (red. Th. Delleman; Aalten: De Graafschap, 1966), 28-29.

1.3. 범세계적인 연결

하이델베르크신앙교육서를 통하여 개혁교회는 범세계적인 상호간의 관계를 형성하게 되었다. 아마도 이것이 모든 시대를 통틀어서 가장 많이 번역된 신앙고백문서일 것이다. 독일어판과 라틴어판을 비롯하여, 서부와 동부 유럽의 다양한 언어들, 심지어 아시아의 다양한 언어로도 번역이 되었다. 나우타(D. Nauta)는 하이델베르크신앙교육서의 번역 및 출판과 관련한 이러한 인상적인 현상을 소개하면서도, 이것의 불완전성을 인식하였다.[146] 네덜란드개혁교회(Nederduitse Gereformeerde Kerk)와 다른 개혁교회의 선교사역을 통하여, 이것이 또한 아프리카의 심장에도 깊이 박혔다. 이런 것들이 이 신앙교육서가 16세기부터 지금까지 얼마나 사랑을 받아왔는지, 그리고 상황의 변화 및 현대화에 직면하면서도 교회가 여전히 이 신앙교육서의 실제적인 내용을 사용하고 있다는 사실에 대한 괄목할만한 증거인 셈이다.

2. 신앙교육서 구성상의 특징적 요소

이 신앙교육서는 종교개혁시대에 현저하게 발전했던 신앙교육서 문학의 특별한 장르에 속한다. 교회의 교리적인 기준

---

146) D. Nauta, Die Verbreitung des Katechismus. Übersetzung in andere Sprechen, Moderne Bearbeitungen, in: Handbuch zum Heidelberger Katecismus, (hrsg, L. Coenen; Neukirchen: Neukirchener Verlag, 1963), 39-62.

을 형성하고 젊은이들의 교육의 가장 이른 시기에 필요한 교회의 가르침을 제공하려는 목적에 부합한 방식을 택하였다. 이로써 제한된 최소한의 필요에 부응하였으며, 기독교 신앙을 표현하는 기본적인 신앙고백문서들과의 신뢰 형성을 특히 강조하였다. 종교개혁이전에 이미 있었던 십계명(dekaloog), 사도신경(Apostolicum), 주기도문(Ons Vader)과 같은 세 요소들을 신앙교육적인 내용으로 받아들였다. 그러나 종교개혁이전의 아베 마리아(Ave Maria)와 같은 것이 이로써 축소되었다.

청소년들을 위한 교리서라는 개념에서 볼 때, 그런 첫 신앙교육서는 보헤미안 형제단을 통해서 1502년에 만들어진, 『아이들이 품는 질문』(Kinderfragen)과 같은 작품을 꼽을 수 있다. 종교개혁교회도 청소년들의 신앙교육에 매우 큰 관심을 기울였으며, 로마가톨릭교회의 형식 못지않은 공개적인 신앙고백문서를 형성하게 되었다. 루터는 1526년 대/소요리문답서를 작성하였다. 이와 더불어 구두로 사용할 수 있도록 한 종교개혁적인 신앙교육서들이 등장한다.

루터는 신앙교육서가 세 자료를 꼭 반영하여야 한다고 생각했는데, 그것이 십계명, 신앙고백(Credo, 혹은 사도신경), 주기도문이었다. 이 자료들 안에 그리스도인이 알아야 할 모든 것이 담겨 있다고 본 것이다. 더 나아가서, 그는 자신의 신앙교육서들 안에 성례를 또한 포함시켰다. 모든 종교개혁시대의 신앙교육서들은 그의 작품을 본보기로 하여 작성되기에 이른다. 이런 예를 좇은 첫 신앙교육서는 1538년에 칼뱅의 손에서 이루어졌으며, 또한 1545년 작성된 제네바신앙교육서도 이런 윤곽을 반영하였고, 하이델베르크신앙교육서가 나타날 즈음에는 종교개혁신앙의 대중적인 표현 양식으로 자리 잡았다.

2.1. 주일에 따른 분류

제네바신앙교육서에서 취급하는 주제는 55개의 다양한 주일 분류를 따라 배정되었다. 하이델베르크신앙교육서도 제네바신앙교육서의 이런 예를 따랐으며, 52개 주일을 따라 분류되었다. 이것은 청소년들이 한 해 동안 매 주일 반드시 알아야 할 내용 하나하나를 접할 수 있도록 하기 위함이었다. 이것은 또한 두 번째 목적, 즉 한 해에 걸쳐서 신앙교육서의 교리적인 내용을 다루는 동안 회중이 신앙고백서를 전체적으로 배울 수 있는 기회를 갖도록 하는 목적에도 부합하였다.

2.2. 교육학적으로 신중한 배려가 반영됨

하이델베르크신앙교육서는 고교회의 신앙교육서들이 포함했던 네 가지 구성 요소[147]를 다루었다. 이것은 고유한 방

---

[147] 여기서 말하는 네 구성 요소들은 이 글의 전개로 볼 때, 삼위일체론적 신앙고백의 내용인 12조항들, 십계명, (주)기도와 성례를 의미하는 것으로 판단된다. 역자 주.

식으로 진행되었다. 즉시 파악되는 사실은 이 구성 요소들이 루터의 두 신앙교육서와 심지어 칼뱅의 작품의 경우에서처럼, 그렇게 단순하고 질서정연하게 배열되어 있지 않다는 점이다. 이 요소들은 포괄적이고 일치된 개념 안에서 다루어져야 한다. 이런 사실은 하이델베르크신앙교육서가 고교회의 신앙교육서들보다 교육학적으로 더 나은 형태로 구성되어야 할 뿐만 아니라, 더 나은 사고의 흐름과 더 나은 깊이와 완성도를 보여주어야 한다는 점을 일깨워준다.

이미 제네바신앙교육서는 맨 처음부터 교리 내용을 직접적으로 다루었던 루터의 신앙교육서와는 달리, 첫 주일을 앞으로 전개될 모든 내용의 서론적인 윤곽을 소개하는데 할당한다. 하지만, 교의학자로서 칼뱅은 신학서론(prolegomena)에서 볼 수 있는 추상적이고 철학적인 분위기를 풍기는 질문, 즉 인간의 삶의 가장 중요한 목적이 무엇인가? 하는 질문과 더불어 시작한다. 그런가 하면, 하이델베르크신앙교육서는 "삶과 죽음에 있어서 당신의 유일한 위로(enigste troos)가 무엇입니까?"라는 실존적인 물음으로 시작한다. 이것은 인간의 구원과 관련한 문제에 깊은 관심을 기울인데서 기인한 것이다.

신앙교육서가 첫 주일로 배정한 이 물음은 상당히 광범위하게 알려지게 되었다. "삶과 죽음에 있어서 유일한 위로"라는 지시어 아래 신앙교육과 모든 기독교 신앙고백문서의 출발점으로서 복음 실천의 실존적인 의미가 다루어지게 된 것이다. 신앙교육서의 네 구성 요소가 이 질서를 따라 배열되었으므로, 모든 해석학적인 시도는 구원과 관련된 질문에 답변하려는 집중력 있는 태도를 견지해야 한다는 중요한 결정이 더욱 분명하게 드러나게 되었다. 그래서 삼위일체론적 신앙고백의 내용인 12조항들, 십계명, 기도와 성례가 "위로"의 필요성이라는 제한된 맥락 안에서 다루어졌다. 위로가 확보되며, 견지되며, 확실하며, 보장되어야 한다는 것이다. 이것은 경건을 위한 전형적인 요소일 뿐만 아니라, 종교개혁 영성의 구원론적인 관심사였다. 이로써 하이델베르크신앙교육서는 종교개혁이 재발견한 복음의 해방에로 초대하는 진리를 탁월한 방식으로 잘 표현하게 된 것이다.

제2문에서 보는 것처럼, 이 관점은 그 자체로 인간이 삶과 죽음에서 이 위로를 경험하기 위해서 알아야 할 것이 무엇인가라는 물음에로 진행한다. 이에 대한 답변은 인간이 그리스도론을 알아야 한다거나 혹은 네 구성 요소를 순서를 따라서 알아야 한다는 것에 있지 않고, 인간의 죄가 얼마나 크고, 이에 상응하게 인간이 또한 얼마나 비참한 자리에 있는지, 그리고 어떻게 이런 현실로부터 해방되며, 이로 인하여 하나님께 어떻게 감사해야 하는지를 아는 것이라고 한다. 이것이 하이델베르크신앙교육서의 핵심을 구성하는 세 부분이다. 이 큰 구조를 반영하여, 먼저 제2-3주일에서 죄에 대하여(oor die sonde) 다루고, 다음으로 제5-31주일에서 구속에 대하여(oor die verlossing) 다루며, 마지막으로 제32-52주일에서, 감사에 대하여(oor die dankbaarheid) 다루었다. 이 세 부분의 내용을 다루는 과정에서 신앙교육서의 전통적인 요소들이 전면에 등장하게 된다.

2.3. 긴장의 해소

이로 인하여 하나의 확실한 긴장이 일어난다는 사실을 파악해야 한다. 신앙교육서의 구원론적인 근본 계획은 로마서에서 드러나는데, 로마서 1:1-3:20에서는 비참에 대하여(oor die ellende), 3:20-8:39에서는 구속에 대하여(oor die verlossing), 12:1-15:13에서는 감사에 대하여(oor die dankbaarheid) 다룬다.[148] 이러한 구원론적인 개요는 언급했던 네 가지 구성 요소를 따라 움직인다. 이것이 고교회의 신앙교육서와의 일치를 유지하는 가운데 신앙교육서의 구성을 확실하며 공교한 성격을 갖도록 만든다. 달리 말하여, 세 부분-비참, 구속, 감사-과 네 요소들-12조항, 십계명, 기도, 성례-이 서로 어울리며 조화로운 운율을 이루어낸다. 구속은 율법의 두 기능을 언급하도록 이끌어간다.

① 죄 인식을 다루는 첫 부분에서 사랑의 이중계명으로 율

---

[148] O. Noordmans, Het Koninklijk der Hemelen, in: Verz. Werken II, (Kampen: Kok, 1979), 446, 455.

법을 요약함으로써 율법의 몽학선생적 의미(usus paedagogicus-교육적인 용도)가 드러난다.

② 십계명의 형식을 갖춘 하나님의 율법은 또한 제3의 용도(usus normativus-규범적인 용도)로서 감사를 어떻게 표현할 것인가에 대한 기준으로 다루어진다.

비록 신앙교육서의 끝부분에 이르면 감사를 언급하는 부분으로서 기도가 언급되기는 하지만, 신앙고백(Credo)과 성례는 구속을 다루는 두 번째 부분에서 다루어진다. 이런 방식으로 세 구조의 윤곽이 형성되는데, 결과적으로 볼 때, 율법은 먼저 죄를 인식하도록 하는 것과 다음으로 감사를 표현하는 준거틀로서 기능하게 된다.[149]

그러나 이로써 문제가 다 해결된 것은 아니다. 하이델베르크신앙교육서의 중심적인 역할을 하는 신앙교육서의 구원론적인 질서가 또한 신앙고백(Credo)의 삼위일체론적인 질서와 서로 긴장을 이룬다는 사실이 그대로 남아 있다. 이 문제는 신앙교육서를 강요하여 창조와 예정과 같은 문제에 대하여, 그러나 또한 개인의 구원 문제에 대답하는데 직접 필요하지 않은 다른 신학적인 문제들에 대하여 다루도록 한다.

---

[149] 쉽게 말하면, 고교회 신앙고백서의 네 요소가 하이델베르크신앙교육서의 세 부분에 흩어져 배열되어 있다는 것이다. 역자 주.

노르트만스(O. Noordmans)는 종교개혁은 성격상 일차적으로 개인의 구원이라는 실존적인 문제와 관련하여 일어난 종교적 운동이었다는 사실을 언급한다. 로마서는 신실한 구원의 길과 깊숙하게 연결되어 있고, 집요하게 그 방향으로 이끌어간다. 복음은 구원의 사실이라는 면에서뿐만 아니라 신앙이 안식할 수 있는 구원의 약속이라는 면에서 해석되어야 한다. 구원의 사실은 신자들을 위한 은덕을 증명하는 것이며, 구원의 말씀은 이것을 이루어내는 중심적인 과업인 것이다.

2.4. 공교회적 신조(ekumeniese simbole)에 대한 신뢰

그러나 이로써 종교개혁이 필연적으로 유지되는 것은 아니다. 보편적 기독교의 신앙에 대한 신뢰가 이것을 분명하게 유지하도록 한다. 그러므로 공교회적인 신조에 얼마나 천착했는지를 증명해야 한다. 아우구스타나 신앙고백서(Confessio Augustana), 칼뱅의 『기독교강요』, 그리고 네덜란드신앙고백서에서 우리는 고교회의 신조가 핵심적인 약속을 담고 있는 것으로서 전면에 등장한다는 사실을 보았다. 여기서도 구원론적인 요소와 삼위일체론적인 요소가 서로 긴장을 유발하면서 하나의 사고유형으로서 존재한다는 사실을 보게 된다. 노르트만스에 따르면, 하이델베르크신앙교육서에서도 이런 경우가 발견된다.[150]

---

150) O. Noordmans, Het Koninklijk der Hemelen, 454-455.

2.5. 느슨한 삼위일체적 구조

비록 하이델베르크신앙교육서의 세 부분 그 자체는 삼위일체론적 구조를 가지고 있다고 하더라도, 삼위일체론적 구조 그 자체가 하이델베르크신앙교육서를 통하여 전면에 충분히 등장하지는 않았다. 죄와 비참을 다루는 부분에서, 하나님을 창조주, 율법의 수여자, 정의로운 재판관으로서 제시하지만, 아버지로서는 언급하지 않는다. 그럼에도 불구하고 그리스도 안에 있는 구원의 인간론적인 진술을 율법의 요약이라는 관점에서 파악하는 것은 적절한 시도이다. 이로써 하나님의 심판하시는 의가 핵심적인 관심사가 된다.

그렇다면 하나님께서 긍휼하시지 않습니까? 하는 제11문의 질문도 정당하게 다루어짐으로써, 로마서 1장 20절에서 발견되는 것처럼, 죄에 대한 하나님의 심판에 충분한 무게가 주어질 수 있다. 아버지에 관하여는 12조항의 두 번째에서 우선적으로 다루었으나, 창조와 예정이라는 측면에서 파악할 뿐 구원론적인 관심사가 충분하게 반영되는 방식으로 다루어지지는 않았다. 노르트만스가 생각하기에는 하이델베르크신앙교육서의 세 부분과 신앙고백(Credo)의 삼위일체론적 관심사가 느슨한 방식으로 서로 관련됨으로써, 사실상 하이델베르크신앙교육서가 하나님 나라의 관점에서 생각하는 것을 방해하고, 따라서 종교개혁에 의해서 주목받은 성경적인 사신의 구원론적인 협소화(versmalling)가 일어난 것으로 보인다

고 주장한다.[151]

3. 신앙교육서의 구조

구분된 두 구조의 연관성이라는 문제에도 불구하고 하이델베르크신앙교육서의 저자들은 탁월하게 네 가지 전통적인 구성 요소들을 구원론적인 구조 안으로 끌어들였다. 이 구성 요소들을 다루는 과정에서 비롯되는 질서가 개혁교회가 율법과 복음의 관계를 이해하는 전형적인 맥락에서 두드러진다. 이것은 그 자체로 이미 천재적인 파악으로 간주되고 있다.

3.1. 율법과 복음

루터는 십계명을 전방에 위치시킨다. 이것은 율법을 그리스도를 향하도록 하는 고발인(aanklaer) 혹은 몽학선생(tugmeester)으로 이해하는 그의 관점과 조화된다. 그러므로 신앙고백(Credo)에서 그런 것처럼, 율법은 필연적으로 은혜로운 복음의 선포보다 먼저 다루어져야 한다. 그런 후에 주기도문(Ons Vader)을 다루고, 마지막으로 성례를 취급해야 한다.

그러나 칼뱅은 제네바신앙교육서에서 먼저 신앙고백(Credo)을 다루고, 다음으로 율법을 다루고, 그 다음으로 기도, 그리고 마지막으로 성례전을 다루었다. 이 차이는 칼뱅이 율

---

151) O. Noordmans, Het Koninklijk der Hemelen, 458 이하.

법을 통한 회개에로의 부르심을 믿지 않았고, 신앙고백에 있는 것처럼, 복음을 통하여 이런 일이 일어난다고 믿었다는 사실에서 비롯된다. 칼뱅이 율법이 그리스도를 향하게 하는 고발인과 몽학선생이라는 사실을 몰랐다기보다는 복음으로부터 명확한 내용이 먼저 주어져야 완전한 인식에 이를 수 있다고 생각했던 것이다. 그러므로 그는 율법을 신앙고백 직후에, 구속을 인한 감사의 실제적인 지표로서 배정했던 것이다.

하이델베르크신앙교육서는 샛길을 모색한다. 율법의 두 기능, 즉 그리스도에게로 이끄는 몽학선생으로서의 기능과 감사를 표현하는 실제적인 지침으로서의 기능을 강조함으로써 그렇게 한다. 이렇게 볼 때, 루터와 칼뱅 모두는 동일한 작업을 수행한 셈이 된다. 루터와 칼뱅은 꼭 거론해야 할 요소를 전면으로 끌어낸다. 이것은 율법이 인간을 고발하는 방식에서 드러나는 내적인 변증법적 조화에서 비롯된다. 달리 말하여, 네 구성 요소가 다소간 상호 밀접한 관계에서 다루어지는 과정에서 루터와 칼뱅에게서 나타나지 않는 진리의 순간들(waarheidsmomente)이 바른 관점을 보여주는 것으로 서로 연관되어 작용한다는 것이다. 이것은 하이델베르크신앙교육서라는 통일성 있는 공간 안에서 가능한 일로서, 이런 윤곽은 네 구성 요소 그 자체를 통해서는 제공되지 않으며, 구원론적인 세 부분을 통해서 즉시 파악될 수 있다.

3.2. 말씀을 지향하는 그리스도인

하이델베르크신앙교육서에서는 인간의 삶이 연대기적인 방식, 이를테면, 먼저, 아직 구원에 참여하지 않은 죄인에서부터 자신에 대한 죄의 인식에로 진행하고, 은혜에 대한 인식에 도달하며, 마침내 최종적으로 감사의 인식에 이르게 된다는 식으로 진행하지 않는다는 일종의 일치된 개념이 있다는 사실을 기억할 필요가 있다. 이런 요소들은 신자들의 삶에서 항상 서로 연결되며 상호 침투한다.

제1문에서, 말씀을 접한 사람은 이미 그리스도를 인식함으로부터 말하고 있는 그 사람이라는 사실이 매우 분명해진다. 제3문에서 보는 것처럼, 율법으로부터 죄를 인식한 그리스도인은 감사의 실제적인 지침으로서 율법을 알고 있는 동일한 그리스도인임을 발견하게 된다.

루터나 칼뱅에 의해서 잘 개진된 바 있는 하이델베르크신앙교육서의 이 구조는 네 구성 요소들과의 상호관계나 혹은 세 부분의 맥락에도 잘 반영되어 있다. 이 사실은 신앙고백(Credo)에 나타난 신앙에 대한 언급들이 하나님의 약속으로서 해석되어야 한다는 내적인 틀(raamwerk)을 제공한다. 동일한 약속이 복음의 설교와 성례의 사용을 통해서도 제공되어야 하며, 또한 감사를 표현하는 삶의 근본적인 틀 역시 하나님의 계명과 기도라는 맥락에서 파악되어야 한다. 이런 통일성 있는 관점은, 첫 질문에 대한 포괄적인 답변을 통하여, 그리고 다양한 구성 요소들 사이의 변화의 과정을 자연스러운 상호 연결로 이끌어내며, 다른 구성 요소와의 관계를 일관성 있는 흐름을 따라 배정하는 탁월한 방법을 통하여, 형성되어질 것이다.

3.3. 구성 요소들과 의미의 연관성
신앙교육서의 구조는,

① 율법의 요약,
② 신앙고백(Credo),
③ 성례,
④ 십계명,
⑤ 주기도문

으로 되어 있으며, 이 구성 요소들 사이의 의미의 연관성은 다음과 같다.

3.3.1. 율법의 요약과 신앙고백의 관계
율법의 요약과 신앙고백과의 관계에는,

① 안셀무스적인 방식으로 참 하나님이면서 동시에 참 사람이신 중보자를 통한 대속적인 만족의 필연성이 다루

어지고 있으며(제5-6주일),

② 중보자로서 예수 그리스도가 지목되고 있으며(제18-19문),
③ 그리스도 안에서 이루어진 구원을 받아들이는 길로서 신앙이 제시되고 있으며(제20-21문),
④ 신앙고백이 복음의 약속의 요약과 동일시되고 있다(제22문).

3.3.2. 신앙고백을 다루는 것과 성례와의 관계

신앙고백을 다루는 것과 성례 사이의 관계는,

① 당신이 믿는 이 모든 것이 당신에게 어떤 유익을 주는가? 라는 물음(제59문)을 통하여 제기되며,
② 오직 믿음으로 말미암는 칭의론을 통하여 설명되며(제60-63문),
③ 이 신앙은 어디에서 옵니까? 라는 물음에 대하여 성령으로 말미암아 우리 마음에 주어진 것일 뿐만 아니라 구원의 수단이 성례를 통하여 그 신앙을 강화시키기도 한다는 사실을 언급하였다(제65문).

3.3.3. 성례와 십계명 사이의 관계

아직도 세 번째 과정이 남아 있는 데 그것이 바로 성례와 십계명 사이의 그것이다. 이 관계는 다음과 같이 형성된다.

① 주의 만찬을 거행할 때 교회의 권징을 관련시킴으로써 관계가 형성되며(제31주일과 제81문),
② 또한 은혜로 말미암아 칭의를 받았음에도 불구하고 우리가 왜 선행을 해야 하는지에 대한 물음을 통하여 이 관계가 형성된다(제86문).

이는 제64문에 이미 나타난 것처럼, 은혜로 말미암는 칭의론은 무관심하고 사악한 사람들을 양산할 수 있다는 비난에 대하여 주목할 수 있는 기회를 갖게 한다. 선행 혹은 성화는 참된 회개의 열매로서 전형화되었으며, 하나님의 율법에 따라 사는 것에서 비롯되는 기쁨이며 사랑인 것이다(제86-91문). 바로 이 사실로부터 십계명을 다루어야 할 길이 열리는 것이다.

3.3.4. 십계명과 주기도문 사이의 관계

마지막 과정은 십계명과 주기도문 사이의 필연적인 관계이다. 이 관계는, 율법에 완전하게 순종하는 것에 대한 신자의 무능함이 그로 하여금 성령의 은혜를 간구함으로써 더욱 새로워지도록 만든다는 사실에서 성립한다(제115문). 이 사실이 일반적인 의미에서 기도를, 그리고 특별한 의미에서는 주기도문을 다루어야 할 길을 열어주는 것이다(제45-52주일).

3.4. 인위적인 의미의 연관성

이러한 네 가지 의미의 연관성을 통하여 이 신앙교육서의 다섯 가지 구성요소[152]가 서로 긴밀하게 연결된다. 이로 인하여, 한 인간이 알아야 할, 여기저기 흩어져 있는 내용들이 잘 연결된 의미체계를 형성하게 된다. 무엇보다도, 그 자체의 문맥에서 볼 때, 의미의 연관성 문제가 다음과 같은 구성요소의 배열을 통해서 제시된 것을 항상 방어할 수 있는 것은 아닙니다.

① 참된, 즉 구원에 이르는 신앙이 무엇인가? 하는 물음은 전체 신앙고백(Credo) 안에서 제시되었던 것처럼, 또한 성경의 빛에서도 짤막하게 답변될 수 있을 것이다.
② 또한 참된 믿음은 어디로부터 오는가? 라는 물음에 대하여 성례라는 창고에서부터 오지 않으며, 성례는 단지 신앙을 강화시킬 뿐이라고 말한 것도 토론의 여지가 없지 않다.
③ 우리 자신의 성화의 불완전성 때문에 기도해야 한다는 개념은 주기도문에 나타난 완전한 기도의 의미를 충분히 예상하게 하는데 잘 어울리지 않는다.
④ 최고의 연결은 의심할 것 없이 성례와 십계명 사이의 그 것이긴 하지만, 이것 또한 교회의 권징과 성화론을 연관

---

[152] ①율법의 요약, ②신앙고백(Credo), ③성례, ④십계명, ⑤주기도문을 의미한다. 역자 주.

지을 수 있을 만큼 포괄적인 사고의 영역을 갖는다.

아마도 사람들은 이 신앙교육서의 첫 물음의 예를 따라서 요약적이며 결론적인 물음과 답을 기대하려 할 것이다.

그러나 이런 종류의 관찰은 하이델베르크신앙교육서 그 자체의 관심을 반영하고 있는 가장 중요한 내용이 무엇인지를 발견하는 데에는 거의 도움이 되지 못하며, 영성과 복음적인 성격이 무엇인지도 파악하지 못하며, 또한 형식적인 약점이 여러 세기를 통하여 신자들이 가졌던 생각을 전개할 수 있는 틀에 심각한 영향을 항상 주는 것도 아니다.

4. 하이델베르크신앙교육서의 일반적인 유형

4.1. 가장 교회일치적인 개혁교회 신앙고백서

하이델베르크신앙교육서의 일반적인 유형을 거론할 때, 빠트릴 수 없는 것이 바로 교회일치적(ekumeniese)인 개혁교회 신앙고백서라는 사실이다. 이것은 종교개혁시대로부터 가장 중요한 특징을 취함으로써 거두어진 열매이며, 종교개혁시대를 열었던 루터가 1529년에 작성했던 대/소요리문답서이래로 형성되었던 다양한 신앙교육서로부터 비롯된 가장 최선의 요소들을 받아들인 결과이다. 비록 이 신앙교육서가 개혁교회가 의도하는 것과 하등 다른 것이 없을지라도, 칼뱅의 작품이나 혹은 제네바신앙교육서를 통하여 특별한 영향을 받았으며, 이것이 일반적인 종교개혁적인 특징에 덧붙여 하이델베르크신앙교육서의 고유한 특징을 형성하게 한 것이다. 로쳐(G. W. Locher)는 "하이델베르크신앙교육서는 종교개혁운동의 가장 잘 익은 열매이며, 그들의 노작을 포괄하여 맺은 열매이다"라고 말한다.[153]

물론 여기서 하이델베르크신앙교육서의 형성에 영향을 미친 모든 내용을 다 추적하는 것은 불가능하다. 여기에 유입된 모든 내용과 그것에 대한 상세한 연구는 이미 행해진 바가 있다.[154] 그러나 이 연구는 여전히 계속되어야 한다. 여기서 우리의 목적은 하이델베르크신앙교육서의 큰 흐름과 그 특징을 언급하는 것으로 만족해야 하겠다.

이 신앙교육서가 독일에서 이미 작성되었다는 사실은 의미

---

153) G. W. Locher, Das vornehmste Stuck der dankbarkeit, in: Handbuch zum Heidelberger Katechismus, (hrsg. L. Coenen, Neukirchen: Neukirchener verlag, 1963), 172.

154) M. A. Gooszen, De Heidelbergsche Catechismus, (Leiden, 1890); A. Lang, Der Heidelberger Katechismus und vier verwandte Katechismen III-CIV, (Darmsradt: Wiss. Buchgesellschaft, 1967); W. Hollweg, Neue Untersuchungen zur Geschichte und Lehre des Heidelberger Katechismus. Zweite Folge, (Neukirchen: Neukirchener Verlag, 1968); W. Neuser, Dogma und Bekenntnis in der Reformation: Von Zwingli und Calvin bis zur Synode von Westminster, in Handbuch der Dogemen und Theologiegeschichte II, (hrsg. Carl Andresen; Gottingen: VH&R, 1980), 288-290.

있는 일이었다. 루터의 정신과 그의 확고한 복음의 발견은 독일의 모든 복음주의교회에서 깊은 영향을 주었음이 분명하다. 오랜 동안 하이델베르크신앙교육서의 흐름이 종교적인 풍토에 영향을 미쳤고, 독일 루터교회의 종교개혁적 영성의 형성과도 가까운 거리를 유지했다고 말할 수 있을 것이다. 달리 말하여, 개혁교회와 루터교회 사이의 중요한 다리(brug)로서 역할을 했을 것이다. 또한 하이델베르크신앙교육서가 형성되던 시기에 팔츠에 살았던 회중들이 상당 정도 루터의 증거에 머물렀다는 사실도 중요하다.[155] 그러므로 개혁교회 신앙고백서는 이것이 정부와 그렇게 생소한 것이 아니라, 함께 할 만한 것임을 고려하면서 응답하였다. 바로 이런 이유로 하이델베르크신앙교육서는 탁월하게 성공하였다. 개혁교회의 신앙교육서의 전통과의 관계를 형성함에 있어서도, 개혁교회의 종교적이고 윤리적인 근본 동기와 결합하였으며, 단순한 성경의 명료성에 호소하였다.[156]

4.1.1. 다양한 영향들

결론부터 말하면, 하이델베르크신앙교육서와 이에 미친 다양한 영향을 항상 서로 구별한다는 것은 쉽지 않다. 비록 칼뱅의 신앙교육서와 『기독교강요』가 결정적인 영향을 미쳤다

---

155) J. J. Steenkamp, Ursinus, die opsteller van die Heidelbergse Katechismus, Olevianus en die Heidelbergse teologie HTS (45/3) 1989, 617-619.
156) A. Lang, Der Heidelberger Katechismus und vier verwandte Katechismen CII-CIV.

는 사실은 누구도 부인하지 않을지라도, 다른 영향도 거론하지 않을 수 없는 것은 분명한 사실이다. 중요한 내용을 작성하는데 결정적인 역할을 한 우르시누스(Ursinus)도 멜란히톤(Melanchton)의 제자였다는 사실을 간과해서는 안 된다. 이런 배경에서 볼 때, 이 신앙교육서에서 멜란히톤을 떠올리게 하는 특유의 풍취를 발견하는 것은 낯선 일이 아니다. 노이저(W. Neuser)는 이 신앙교육서가 멜란히톤의 학습 방법을 칼뱅의 교리 내용과 연결했다고 말한다. 바로 이것이 이 신앙교육서를 동시대에 동터오던 독일 개혁교회의 정신을 가장 잘 보여주는 증거로 만든 셈이다.[157]

후스젠(Gooszen)은 하이델베르크신앙교육서가 주로 불링거(Bullinger)의 영향을 받았다고 생각했으나, 그의 논의는 더 이상 바른 관점으로 거론되지 않는다. 비록 불링거의 간접적인 영향이 발견되지 않는 것은 아니지만, 하이델베르크신앙교육서에 대하여 에라스투스(Erastus)가 협력했던 정도에 그친다. 이 신앙교육서가 출간된 이후로 츠빙글리적인 정신이 배어난다는 등등의 여러 이야기가 있었다.

또한 하이델베르크신앙교육서에 미친 미크론(Micron)이나

---

[157] W. Neuser, Dogma und Bekenntnis in der Reformation: Von Zwingli und Calvin bis zur Synode von Westminster, in Handbuch der Dogmen und Theologiegeschichte II, (hrsg. Carl Andresen; Gottingen: VH&R, 1980), 290.

아 라스코(a Lasco)와 베자(Beza)의 영향도 발견할 수 있다. 그런데 이 모든 평가들은 이 신앙교육서의 교회일치적인 속성이 얼마나 강력한 것인가를 명백하게 보여주는 역할을 할 뿐이다. 이 신앙교육서는 종교개혁 이후 두 번째 세대라는 상황 속에서 형성되었고, 이미 순환되고 있었던 종교개혁 일반의 개념과 사상들에 큰 영향을 받았다. 이렇게 볼 때, 이 신앙교육서에서 제한된 요소를 직접적으로 꼭 짚어서 강조하려는 것은 사실상 불가능하다. 오히려 우리는 이 신앙교육서가 가장 중요한 종교개혁적인 사상의 공동의 영향을 받았으며, 동시대에 종교개혁 일반이 공유하고 있었던 내용을 두드러지게 집대성한 것으로 말하는 것이 나을 것이다.

4.2. 실천적인 영적 필요에 집중함

하이델베르크신앙교육서는 특이하고 예외적인 특정한 신학적 문제와 더불어 씨름하는 일을 떠나서 개개 그리스도인과 회중들의 실천적인 영적 필요에 집중하였다.

물론, 이것이 그 시대의 문제를 끌어안고 씨름하는 일을 포기하였다는 것을 의미하지는 않는다. 엑살토(K. Exalto)는 신앙교육서의 각각의 장(章)에서 명시적으로나 암시적으로 로마가톨릭교회, 재세례파, 반삼위일체론자들, 심지어 루터교회와의 논쟁이 잘 드러나 있다는 사실을 보여주었다.[158]

---

158) K. Exalto, De enige troost. Inleiding tot de heidelbergse catechismus, (Kampen:

이것은 교회 안에 있는 성상들, 성인들, 선행의 공로적인 가치, 유아 세례, 정부에 대한 인식과 같은 문제들과 관련되어 있었다.

논란의 중심에 있었던 두 가지 중요한 예를 들자면, 제80문에 나타난 로마가톨릭교회의 미사를 흠집 내면서 거절하는 것과 제48문에서 매우 전문적인 토론의 형식을 따라 다루어진 소위 엑스트라-칼비니스티쿰(Extra Calvinisticum)에 대한 논의를 언급할 수 있다. 엑스트라-칼비니스티쿰은 그리스도의 신성이 그의 인성에 갇혀 있는 것이 아니라, 그의 인성 밖에서도 현존할 수 있다는 사실을 담아내는 신학술어이다. 이것은 주의 만찬에 대한 교리에 있어서 개혁교회와 루터교회 사이의 관점 차이와 연관된 중요한 함의를 담고 있다.

그럼에도 불구하고, 논쟁(polemiek)은 이 신앙교육서의 지배적인 요소가 아니다. 일관성 있게 개혁교회의 종교적 근본 증언의 긍정적인 내용에 보다 더 집중하며, 이 사실을 견고하게 붙잡고 그것을 증언하는 것이 주된 관심사이다.

저자들은 종교개혁교회 내부에 있는 차이점에 대하여 논의할 뿐만 아니라, 공동체적인 사귐의 증거를 공유하려는 강조점도 잃지 않았다. 선택에 대하여 반복적으로 회기하면서 언

Kok, 연대미상), 41-58.

급한 것에서 그 사실이 잘 드러난다. 선택과 관련한 우르시누스의 선행(先行) 연구에서 피하고 싶었던 질문은 단순하게 다루었다. 제52문과 제54문에서 선택을 이런 맥락을 따라 다루었다. 제54문의 경우, 선택이라는 개념을 망설임이 없이 회중에게 적용한다. 그러나 하나님의 경륜(die Raad van God)과 관련하여 선택을 특별하게 거론하진 않았으며, 유기와 관련하여서도 동일한 입장을 발견하게 된다. 베자가 연결한 제한속죄와 같은 후기에 등장하는 개념도 이 신앙교육서에는 추적되지 않는다. 제37문에 보면, 다만 그리스도는 모든 인간을 대신하여 하나님의 진노를 받은 분으로서 언급된다.

실제로, 랑(A. Lang)은 팔츠(Pfalz)의 교리서가 칼뱅으로부터 유래한 칼뱅주의(Calvinisme)와 같은 것과 일치하지는 않지만, 그럼에도 불구하고 어디에서도 이것과 더불어 다투지도 않는다고 말한다. 여러 부분에서 칼뱅과 불링거(Bullinger)의 신앙교육서와 일치하며, 여러 면에서, 자유롭게 그 시대의 정서를 고려하여 하나님의 구원계시의 중심과 관련시킨다.[159]

4.2.1. 대중적인 언어를 사용함

하이델베르크신앙교육서는 그리스도 안에 나타난 하나님의 은혜의 복음이 열매를 맺을 수 있도록 증언하기 위해서, 그 시대에 사용되던 대중적인 언어를 사용하였다. 이것은 실

---

159) A. Lang, Der Heidelberger Katechismus und vier verwandte Katechismen CIII.

천적인 교육을 위하여 기획된 것이며, 따라서 교의학적인 설명에 앞서 영적인 교훈을 주려는데 더욱 관심을 기울였다. 이것은 기독론 중심성을 견지하며, 그리스도의 속죄의 완전성과 사랑에 근거하여 생사간의 필요를 경험하고 있는 사람들을 위로하려는 위로의 책(troosboek)을 지향한다. 복음의 자유에로 초대하는 진리가 교회를 제한한다. 달리 말하여, 그 시대가 제기하는 신학적인 투쟁을 저버리지 않으면서, 이와 관련된 일을 필히 선택해야 하는 이중적인 과제 사이의 제한된 길을 걷는다. 그럼에도 불구하고 이 신앙교육서는 본질상 그 시대의 신자들의 귀에 들려져야 할 성경의 중심 사신이 건전하게 보존되도록 신중하게 편집된 경건 서적('n vroom boek)이다.

5. 신앙교육서의 실존적인 성격

5.1. 구원의 실존적인 메시지에 대한 강조

하이델베르크신앙교육서가 네덜란드신앙고백서처럼 교의학의 순서(loci)를 따라 상호관계를 배정한 교리서로 다루어져서는 안 된다. 이로써 말하고자 하는 바는 그 목적이 구원의 사신을 교육이라는 방식을 통해서 현재화하는데 있다는 사실이다. 바로 이런 이유로 교의학적인 언어를 피하고 실존적인 언어를 증언의 양식으로 택한 것이다.

말을 거는 수단으로서 집요하게 "당신은(jy)"이라는 단어를 사용한다. 복음이 나와 우리에게 어떤 의미가 있는지를 인격적인 언어로 제시하려는 목적 때문이다. 하이델베르크신앙교육서의 전반적인 구조는 "우리를 위한"(pro nobis)이라는 강조점으로 정당하게 꽉 차 있다. 신앙교육을 받는 사람들을 위한 제한된 용도를 가진 교리서로서, 구원의 의미에 대하여 집중하고 있다. 구원의 사실에 대한 참된 내용을 담고 있지만, 그것이 신앙교육을 받고 있는 나에게 어떤 의미가 있는 것인지에 대하여 한 걸음 가까이 다가선다.[160]

바로 이것이 하이델베르크신앙교육서에 실존적인 의미를 부여한다. 신앙고백(Credo), 율법, 주기도문을 다룰 때마다 인간은 이 사실과 대면하게 된다. 신앙고백의 내용이 삼위일체론적 방식을 채용해서 다루어진 것도 이런 목적을 두드러지게 하기 위함이다. 삼위일체적 구조는 "복음 안에서 우리에게 약속된 모든 것"(제22문)의 요약으로서 신앙고백의 내용을 일관성 있게 제시하는데 두드러진 유형이다. 신앙고백의 조항들은 순전히 학문적인 성격을 지닌 것이 아니라, 현저하게 약속과 관련되어 있다.[161] 이것은, 제네바신앙교육서가 제시하는 용어를 따라 말하면, 기독교 신앙을 거론하는 각 조항은

---

160) B. J. Engelbrecht, 'n Vergelyking tussen die teologie van die Nederlandse Geloofsbelydenis en die Heidelbergse Katechismus, HTS(54/3) 1989, 634.
161) G. Oorthuys, De Sacramenten. Toelichting op de Zondagen XXIII tot XXXIII van de Heidelbergsen Catechismus, (Nijkerk: Callenbach, 1948), 6, 48.

우리를 위하여 갖는 영적인 의미로부터 해석되어야 한다는 사실을 의미한다. 그러므로 신앙의 진리와 그 진리가 전달하는 구원의 의미 사이에는 어떤 차이도 없다. 신앙고백의 조항들과 구원의 의미는 함께 읽고 해석해야 된다.

5.2. 신앙고백은 인격적인 구원과 관련되어야함

이것은 삼위일체적 유형, 즉 성부 하나님과 창조(제9-10주일), 성자 하나님과 구원(제11-19주일), 그리고 성령 하나님과 우리의 성화(제20-24주일)라는 유형에서 볼 때 확연하게 드러난다. 이로 보건대, 삼위 하나님에 대한 신앙고백이 추상적인 방식으로 설명되어서는 안 되고, 우리에 대한 삼위 하나님의 관계, 우리에게 주어진 삼위 하나님의 은사, 그리고 우리 안에서 일하시는 삼위 하나님이라는 관점에서 설명되어야 한다는 사실이 분명해진다. 이로부터 종교개혁 신학에 있어서 사색적인 경향 혹은 신학의 선택에 있어서 추상성이라는 것이 얼마나 절대적으로 혐오의 대상이었는지, 동시에 모든 신앙고백이 얼마나 인격적인 구원과 직접적으로 연결되어야 하는지와 같은 물음의 답이 분명해진다.

5.2.1. 지속적인 특성

신앙고백(Credo)과 관련한 모든 내용이 이런 실존적인 관심사 안에서 다루어진다. 이런 관점이 적용된 예를 동정녀 탄생(제36문), 그리스도의 고난(제37), 본디오 빌라도의 역할(제38),

십자가에서의 죽음(제39), 음부에 내려가심(제44문), 부활과 승천(제49문), 다시 오심(제42문)과 같은 신앙고백에서 엿볼 수 있다. 실존적인 관심사가 보다 더 신중하게 주어진 예로서는, 그리스도께서 우리를 대신하여 죽었는데, 왜 우리가 아직도 죽어야만 합니까? 라고 묻는 제42문의 내용이나 혹은 음부에 내려가심을, 우리가 당할 가장 무거운 유혹을 우리를 위하여 당하셨다는 사실에서 비롯되는 위로를 전달하는 것으로 다루는 제44문과 같은 곳에서 발견할 수 있다.

5.3. 빠져서는 안 되는 교리적 소재가 넌지시 반영됨

이 신앙교육서의 실존적인 성격 때문에, 다른 신앙고백서, 예를 들어서 네덜란드신앙고백서 같은 것에서 폭넓게 다룬 내용을 제한된 내용으로 다룸으로써 빠트린 몇 가지 내용이 있다. 네 가지 정도를 거론할 수 있는데, 성경, 교회, 언약, 선택에 관한 교리가 그것이다.

5.3.1. 선택

우리는 앞서 선택을 다루지 않고 빠트린 이유는 종교개혁 교회 내부의 차이점을 가능하면 전면에 내세우지 않기 위해서였다는 사실을 거론한 바가 있다. 이런 점에서 볼 때, 선택이라는 신앙고백은 일관성을 가지고 넌지시 반영되어 있는 것이 분명하며, 신앙교육서에서는 이것을 교회와 관련된 신앙고백을 다룰 때에만 그 관련성을 지적하고 있을 뿐이다.

5.3.2. 성경

이것은 성경에 대한 교리에도 반영되었다. 신앙교육서의 모든 내용이 성경의 안내를 따랐으나, 신앙교육서의 구조 내에서는 성경론에 대한 교의학적인 논의는 반영되어 있지 않다.[162]

5.3.3. 교회

또한 교회론도 해당 문항인 제54문에서 단 한 번 묻는 것으로 대신하며, 회중(gemeente)이라는 지시어 아래서 취급하고 있다. 이 사실로부터 결과하는 것은 제도적인 교회를 염두에 둔 것이 아니라 지역교회 안에서 제공되는 말씀과 성례로 말미암아 선택되고 구속된 전 세계에 흩어져 있는 하나의 회중을 염두에 두고 있다는 점이다. 완전한 구원에 참여하고 각자에게 주어진 은사로 봉사하는 하나의 회중을 의미하는 것이다(제55문).

직분과 회중의 임직에 대하여는 아무런 언급이 없으나, 제75문과 제85문에서 권징과 성례와 관련하여 그들의 기능만을 지나가듯 언급하고 있을 뿐이다. 이것은 실제로 교회적 삶이 형성되었던 팔츠의 교회법을 신앙교육서가 존중하였기 때문이었으며, 따라서 이것이 어떻게 되어야 하는가를 자세

---

[162] L. Coenen, Gottes Wort und Heiliger Geist, in: Handbuch zum Heidelberger Katechismus, (hrsg. L. Coenen; Neukirchen: Neukirchener Verlag, 1963b), 82.

하게 언급할 필요를 느끼지 못하였던 것으로 보인다. 이런 점에서도 이 교리서의 실존적인 성격을 어김없이 볼 수 있다.[163]

5.3.4. 언약

언약론에 대하여도 상당한 관심이 반영된 것은 사실이다. 그러나 전체 신앙교육서를 언약개념에 따라 일관성 있게 저술할 정도로 언약론을 다루지는 않았다. 그러나 스위스의 개혁교회의 신학에서 중요한 역할을 하는 것처럼 그렇게 언약의 근본적인 의미로부터 교리서를 시작하지 않았다고는 생각할 수 없을 것이다. 다만, 언약을 두 곳, 즉 세례(제74문)와 주의 만찬(제82문)에서만 언급하고 있다는 사실을 의미하는 것이다.

이것은 또한 중보자로서의 그리스도 신앙고백(제15문)의 배경을 형성한다. 이 신앙교육서는 중보자 그리스도의 피로 인쳐진 구약과 신약을 포괄하는 "하나"의 은혜언약으로부터 사고를 전개한다.[164] 개혁교회의 경건에 있어서 언약의 실재성은 실존적인 의미를 부여하며, 현실적인 확신을 형성하며,

---

163) P. Ch. Marcel, Die Lehre von der Kirche und den Sakramenten, in: Handbuch zum Heidelberger Katechismus (hrsg. L. Coenen; Neukirchen: Neukirchener Verlag, 1963), 135.

164) L. Coenen, Gottes Bund und Erwahlung, in: Handbuch zum Heidelberger Katechismus (hrsg. L. Coenen; Neukirchen: Neukirchener Verlag, 1963), 128 이하.

구원을 이해하는 모든 방식에 풍취(風趣)를 더한다.

5.3.5. 성례

하이델베르크신앙교육서가 성례를 취급하는 방식도 신자들을 보호하려고 하는 실존적인 의미에 대한 물음과 나란히 함께 간다(제25-30주일). 이것은 신앙교육서의 두 번째 부분, 즉 구원론에서 다루어지는데, 이로써 성례가 사실상 구원의 수단으로 이해되고, 츠빙글리나 재세례파나 바르트(K. Barth)가 취했던 것처럼 회중이 자신의 신앙으로 머무르거나 혹은 하나님을 향한 감사를 표현하는 인간적인 수단으로 간주되지 않는다. 핵심적인 관심사는 성례 안에서 하나님께서 인간을 향하여 행하시는 바에 있다는 것이다. 그러나 더 중요한 것은 성령의 사역이라는 주제 안에서, 성례가 우리의 성화를 정연하게 형성하는 사실상의 구원의 수단으로 이해되어야 하지만, 로마가톨릭교회에서처럼 그것을 통하여 우리가 구원에 이르는 구원의 수단이 되어서는 안 된다는 점이다. 달리 말하여, 성례는 우리의 신앙을 강화시키며, 우리를 더 깊은 성화에로 이끌어가는 구원의 수단으로서 기능한다는 사실은 받아들인다.

실제로 성례는 말씀과의 관계에서는 이차적인 지위를 가지지만, 말씀 안에서 언급된 것을 성례가 인친다는 점(제66문)에서 볼 때 열등한 위치('n minder waardige posisie)에 있다고는 할 수 없다. 이로써 성례에 대한 강조점이 확신을 불어넣는데 있다는 사실을 파악할 수 있다(제67). 성례는, 바르트가 파악하는 것처럼 회중의 행위이거나 혹은 하나님께서 성령을 통하여 행하시는 어떤 초상('n afbeelding)과 같은 것이 아니다.[165] 회중들이 그 상징을 받을 때, 그리스도께서 성례를 받아먹는 자들에게 그의 피와 성령으로 임하셔서 가시적인 상징이 의미하는 바를 새겨 넣으심으로써 그들의 영혼을 보다 더 강하게 하시는 것이다.[166] 로마가톨릭교회와 루터교회와는 달리 개혁교회는 츠빙글리적이거나 혹은 재세례파적인 성례관을 받아들이지 않았으며, 주의 만찬에 동반되는 말씀이 선포될 때 고유하고 실질적인 임재가 형성된다는 관점을 분명하게 받아들였다. 이런 관점에서 로마가톨릭교회의 미사예전을 제78문과 제80문에서 보는 것처럼, 저주받은('n vervloekte) 우상숭배로 정의하였다. 성례가 거행될 때 하나님께서는 성례를 통하여 회중들과 함께 하시되, 이 하나님의 행위는 성령을 통하여 일어나고 신앙에로 집중된다. 이런 면에서 성례는 오직 신앙 안에서만 의미 있는 행동이 되는 것이다.

---

165) K. Barth, Die christliche Lehre nach dem Heidelberger Katechismus, (Zolikon/Zurich: Evangelische Verlag, 1948), 88; G. Oorthuys, De Sacramenten. Toelichting op de Zondagen XXIII tot XXXIII van de Heidelbergsen Catechismus, (Nijkerk: Callenbach, 1948), 32.

166) 제69, 71, 73, 75, 77, 79문을 보라. 또한 유사하게, W. D. Jonker, In gesprek met Adrio Konig oor verbond en doop, NGTT, 1990, 564-565를 보라.

6. 개혁교회 경건(vroomheid)의 영적인 풍취

6.1. 율법을 향한 사랑으로서 개혁교회의 경건

아마도 개혁교회 경건의 고유한 속성은 계명과 관련하여 전면에 선명하게 부각되며, 하이델베르크신앙교육서에서도 동일한 맥락으로 구성되었을 것이 분명하며, 다른 어떤 시도가 드러나지 않을 것으로 보인다. 하이델베르크신앙교육서의 제3부는 개혁교회 경건의 핵심이랄 수 있는 "드러남"(bevindelikheid)이라는 특징적인 형식으로 구성된다. 제86문에서 보는 것처럼, 그 강조점은 성령을 통한 신자들의 성화와 새로워짐에 집중되고 있다. 은혜로 말미암는 구원론이, 마치 로마가톨릭적인 정죄로부터 해방을 추구하는 것처럼, 불경건한 자들과 마음이 건건하지 못한 자들을 위한 쉼터와 같은 것으로, 혹은 은혜의 복음이 오해되어서 본훼퍼가 비판했던 "싸구려 은혜"처럼 곡해되는 상황에 대하여, 하이델베르크신앙교육서는 선행이야말로 본질적으로 그리스도 안에서 향유하게 된 자유의 열매라는 사실을 강조하였다. 이런 파악에서부터 개혁교회의 경건의 심장에는 율법을 향한 사랑이 고동치게 된 것이다.[167]

제86문의 의미심장한 답에서, 하이델베르크신앙교육서는

---

167) J. Van dem Berg, De wetsprediking in historische perspectief, in: De thora in de thora, NCHC 4, (Alten: De Graafschap, 연대미상), Deel 1, 30-49.

하나님의 자녀들의 삶 가운데서 일하는 성령의 갱신하시는 사역과 관련한 세 가지 언급을 하고 있다.

① 하나님의 자녀들은 하나님께서 베푸신 은혜로운 일을 인하여 하나님께 감사하고 영화롭게 하는 삶을 일생토록 살아야 한다.
② 하나님의 자녀들은 그들이 구원받았다는 신앙의 확신의 열매를 맺어야 한다.
③ 하나님의 자녀들은 하나님을 경외하는 삶을 통하여 이웃을 그리스도에게로 인도해야 한다. 제87문의 답에서 보는 것처럼, 불경건하고 감사하지 않는 삶을 살며 또한 하나님께로 돌이키지도 않는 사람들은 구원 얻는 것이 불가능하다는 사실을 받아들여야 한다.

6.1.1. 칭의와 성화

이 답변에 담긴 강조점은 매우 분명한데, 개혁교회는 칭의와 성화를 나누지 않는다는 사실이다. 칭의에 신실한 자는 성화에로 나아간다. 이것은 칼뱅이 『기독교강요』 제3권에서 칭의론과 성화론을 다룰 때에 이미 나타났다.[168] 하이델베르크 신앙교육서의 구조에서는, 끄란(Kraan)의 용어를 빌린다면, 성화가 구원의 심장이며, 믿음으로 말미암는 칭의의 의도된 그리고 필연적인 열매인 것이다.

---

168) J. Calvyn, Institusie, 3.3.11.

6.1.2. 회개

이 문제는 제88문에서 언급되는 진정한 회개에 대한 물음에로 연결된다. 칼뱅과 네덜란드신앙고백서가 성화를 지시하는 용어로서 중생이라는 단어를 사용하였다면,[169] 하이델베르크신앙교육서는 제88문에서 성화를 지시하는 단어로서 회개를 사용하였다. 중생과 회개라는 두 용어는 구속된 자의 삶의 전적인 갱신을 지시하는데 사용되었다.

제89문과 제90문에서 회개는 옛사람의 죽음과 새사람의 부활로서 묘사된다. 하나님의 자녀의 삶은 욕망으로부터 선행을 위한 사랑에의 삶으로 전환된 것으로 이해되었다. 제91문의 답에서는 이 삶이 신앙으로부터 가능하며, 하나님의 율법에 순종하는 것으로 묘사되었다.

성화 혹은 삶의 갱신은 개혁교회에서는 하나님의 율법을 따르는 삶과 유사한 맥락에서 이해되었다. 이런 이유로 하이델베르크신앙교육서의 많은 부분, 즉 제34-44주일에 걸친 내용이 십계명을 해설하는데 배당되었다.

6.1.3. 도덕주의와 율법주의

역사적으로 보면, 개혁교회가 율법에 큰 강조점을 둔 것이 부정적인 열매를 가져온 일이 있었다. 도덕주의(moralisme)에

---

[169] J. Calvyn, Institusie, 3.3.9.

로의 경도(neiging)는 개혁교회가 의도했던 것이 결코 아니었다. 청교도주의(puritanisme)를 둘러싸고 일어났던 발전에서 개혁교회의 율법을 향한 사랑이 율법주의(wettisisme)로 흘러가는 것이 얼마나 쉬운 것인가 하는 사실을 보여주었으며, 성화를 하나님과의 행복한 산책('n vreugdevolle wandel)이라기보다는 오히려 멍에로 만들어버렸다.170)

또한 제86문에서 보는 것처럼, 신앙의 확실성을 자신의 신앙의 열매로부터 확인하려는 실천적 삼단논법이 등장하였는데, 이 원천이 개혁신학의 몫인지에 대하여 개혁신학 내에서 논의 중에 있다. 하이델베르크신앙교육서 자체가 드러내는 것처럼, 이것은 칼뱅이 성경의 빛에서 가르친 것과 완전히 일치된다.171) 이것은 주관주의가 동터오던 시대에 신앙의 확실성을 강화하기보다는 오히려 축소하려는 불건전한 내부적인 조율에 대하여 자극을 주는 공헌을 하였던 것이다. 이것이 또한 개혁교회가 기독교와의 관계에서 갖는 특징적인 면이다.172)

---

170) P. Miller, The New England Mind. The Seventeenth Century, (Boston: Beacon Press, 1954).
171) G. C. Berkouwer, De Verkiezing Gods, (Kampen: Kok, 1955), 345.
172) W. .D. Jonker, Die Gees van Christus, (Pretoria: N. G. Kerkboekhandel, 1981), 70-85.

6.2. 신앙교육서에서 율법의 용법

하이델베르크신앙교육서에서 율법의 용법과 관련할 때, 저자들은 율법의 세 가지 용도를 중심에 두었음이 분명하다. 즉, 정치적인 용도(usus politicus), 경책적인 용도(usus elenchticus), 교육적 용도(usus didacticus) 혹은 규범적인 용도(usus normativus)가 그것이다.[173] 다만 율법의 마지막 두 용도가 이 신앙교육서에서 전면에 등장한다.

6.2.1. 그리스도에게로 인도하는 몽학선생

경책적인 용법(usus elenchticus)은 신앙교육서의 첫 부분에서 기능하는데, 특히 제5-8문에서 사랑의 이중적 계명의 형식으로 하나님 앞에 선 인간의 전적인 부패성을 철저하게 드러낸다. 심지어 구원받은 인간일지라도 작은 순종을 시작할 뿐이라는 사실을 제114문은 말하고 있다. 그러므로 신자들은 율법의 설교에 주의를 기울이며 그리스도를 더욱더 바라게 되며, 성령의 은혜를 간구하여 계명을 이룸으로써 하나님의 형상으로 더욱더 새로워지도록 해야 한다고 제115문은 기록하고 있다.

6.2.2. 감사를 표현하는 지침

교육적인 용도(usus didacticus)에 대하여는 대략 25문답 정도

---

173) F. Busser, Die Dedeutung des Gesetzes, in: Handbuch zum Heidelberger Katechismus, (hrsg. L. Coenen; Neukirchen: Neukirchener Verlag, 1963), 160.

가 배정되었다. 이 내용을 주관하는 세 가지 동기는 다음과 같다.

① 율법에 순종하는 것은 구원에 대한 감사의 열매로서 파악되어야 한다.
② 나무와 그 열매의 관계를 알아야 한다고 강조한다. 선행은 본질적으로 참된 신앙에 속하며, 참된 신앙의 증거에 해당하는 것이다. 그러므로 신자들은 신앙의 열매로부터 자기 자신의 구원의 확실성을 파악할 수 있어야 한다.
③ 그리스도인은 거룩하게 행동해야 한다. 그러므로 제86문에 있는 것처럼 그 바른 행동을 통하여 이웃을 그리스도에게로 인도할 수 있게 되는 것이다. 이것은 단순한 실천에 대한 것만은 아닌 것이다.

6.2.3. 해석의 방법

계명들을 해석하는 방법은 계명의 부정적인 면을 먼저 묻고, 다음으로 우리를 향하여 계명이 갖는 긍정적인 면을 묻는 식이 되어야 한다. 이렇게 함으로써 회개에 있어서 계명의 통전적인 의미가 포괄적으로 드러난다. 이렇게 시작할 때, 사랑 안에서 전체 율법이 그 성취를 발견하게 된다. 산상수훈의 예를 따라서 순전한 문자를 넘어서 계명의 진정한 의미가 무엇인지를 질문해야 한다. 신약적인 논리를 구성하는 요소들이 말로 표현되어야 한다.

　예를 들어서, 하나님 이외에 다른 신을 내게 있게 하지 말라는 금지 명령도 우리의 하나님을 바르게 알고, 신앙하고, 사랑하는 것으로 해석되고 적용되어야 한다(제94문). 마찬가지로 살인하지 말라는 여섯 번째 계명도 우리가 이웃을 적극적으로 사랑하는 것이 무엇인지를 찾는 것으로 해석되어야 한다(제105-107).

　이것이 긍정적인 방식으로 계명들을 언급한다는 말의 의미이다. 금지된 것은 금지되어야 하지만, 명령된 것은 가장 중요하게 고려되어야 한다. 이렇게 할 때, 계명의 고유한 방향이 살아나고 건강하게 적용되는 것이다. 이것은 형상에 대하여 언급하는 두 번째 계명을 해석하는 로마가톨릭교회의 방식이나, 재세례파나 로마가톨릭교회가 세 번째 계명으로 맹세라는 문제를 거론하는 방식이나, 여섯 번째 계명과 관련한 정부의 손에 들려진 칼을 해석하는 방식이나, 혹은 사랑이 동반되지 않은 채 구체적인 죄를 다루는 방식에서 잘 드러난다. 여러 차례에 걸쳐서 계명은 행동 앞에 놓여 있는 의미가 무엇인지를 묻는 것으로 마무리되어야 한다는 사실을 보여준다. 하이델베르크신앙교육서가 율법은 이런 방식으로 해석되어야 한다는 사실을 보여주는 가장 아름다운 예는, 아마도 기독교의 주일은 영원한 안식일을 지시하는 축제의 날로 이해되어야 한다는 사실을 강조하는, 네 번째 계명을 설명하는 데서 발견될 수 있을 것이다(제103문).

하이델베르크신앙교육서는, 율법을 해석함에 있어서, 개인과 공동체를 향하는 하나님의 뜻의 사회적 의미가 강력하게 견지되는 가운데 진정한 사랑을 지향하며, 분명한 의미를 찾고, 실천적으로 해석되어야 한다는 입장을 제시한다. 가족, 사회, 국가와 교회는 하나님의 율법의 권고 아래서 형성되어야 하며, 이로써 그분의 통치의 광대함이 중요하게 간주되고 드러나야 한다. 이와 관련하여 여덟 번째 계명이 매우 중요한 의미를 갖는다.**174)**

6.3. 종교개혁적인 경건과 기도

하이델베르크신앙교육서가 성화와 율법을 향한 사랑을 강조하는 것은 주기도문을 실천하는 것과 매우 긴밀한 관계를 갖는다. 종교개혁적인 경건에 있어서 기도는 매우 중요한 역할을 한다. 이에 대하여는 우리가 이미 루터나 칼뱅에게서도 보았던 바이다.

로쳐(G. W. Locher)에 따르면, 종교개혁은 심리학적인 관점에서 볼 때 후기 중세적 회개운동이었다. 기도와 죄고백과 겸비

---

174) F. Busser, Die Dedeutung des Gesetzes, in: Handbuch zum Heidelberger Katechismus, (hrsg. L. Coenen; Neukirchen: Neukirchener Verlag, 1963), 167.

함뿐만 아니라 또한 용서를 감사함으로 받아들이며 아버지의 관심을 강조한다는 데서 이런 사실을 찾았다.[175] 종교개혁의 실천적인 경건은 기도의 삶에서 구체화되었다. 하이델베르크신앙교육서는 교리서나 혹은 고백서라기보다는 위로의 책이며, 신자들의 실제적인 삶을 돕는 성격을 갖는다. 기도와 관련되지 않은 부분이 거의 없을 정도이다.

감사와 관련한 부분에서 기도를 다룬다는 사실이 또한 중요하다. 제116문으로부터 우리는 하나님께서 우리에게 요구하시는 감사의 가장 중요한 부분이 기도라는 사실을 배운다. 기도는 인간에 반(反)하여 하나님께서 좋아하시는 것을 간구하는 수단이 아니라, 그리스도의 속죄와 성령의 내주에 근거하여 아버지와 신자들의 감사의 교제(dankbare gemeenskap)를 위한 수단으로 이해되어야 한다.[176]

하이델베르크신앙교육서는 이와 관련하여 세 가지 문제를 다루는데, 죄(sonde)와 구속(verlossing)과 감사(dankbaarheid)이며, 주기도문의 다양한 기도를 해석하는 가운데 이 문제들이 상당히 길게 다루어진다. 기도 그 자체는 신앙고백의 내용과 그

---

175) G. W. Locher, Das vornehmste Stuck der dankbarkeit, in: Handbuch zum Heidelberger Katechismus, (hrsg. L. Coenen, Neukirchen: Neukirchener verlag, 1963), 172.
176) S. F. H. J. Berkelbach van der Sprenkel, Het Gebed, (Nijkerk: Callenbach, 1948), 7-13.

고백으로부터 삶을 다시 새롭게 상기하는 것과 다르지 않다. 이런 방식으로 긍정적이고 즐거운 정신으로 기도하게 된다.

6.3.1. 인격적 신앙의 삶과 성화의 의미

하이델베르크신앙교육서는 주기도문을 해석함에 있어서 신앙교육서 전반에 걸친 각각의 문답에서처럼 인격적인 신앙의 삶과 인격적인 성화를 드러내놓고 강조한다. 이를 통하여 팔츠에 살고 있던 재세례파를 향하여 적극적인 대응을 함으로써 그 가치를 드러냈다. 이런 방식이 청교도들에게도 영향을 미쳐서 인격적인 자기 성찰을 강조하는 경향을 갖도록 하였다. 하이델베르크신앙교육서는 칼뱅의 『기독교강요』 제2권과 연결되어 있으며, 경건주의에 깊은 영향을 주었다.[177]

어떻게 이런 이해가 이후에 구원개념의 축소화와 개인적인 경건에 집중하는 것으로 파편화되었는지는 그렇게 자명하지 않다. "제2세대"의 작품으로서 이 신앙교육서는 개념을 상세하게 만드는 것을 걸러내도록 하였으며, 동터오는 스콜라주의와 경건주의 안에 씨앗(kieme)의 형태로 나타났던 일종의 합리성과 분석적인 방식을 받아들이지 않았다. 독일적인 경건과 멜란히톤의 가르침의 어떤 측면에서 비롯된 분석적인

---

[177] G. W. Locher, Das vornehmste Stuck der dankbarkeit, in: Handbuch zum Heidelberger Katechismus, (hrsg. L. Coenen, Neukirchen: Neukirchener verlag, 1963), 172.

경향을 연결함으로써 부주의하게 강조점의 균형이 깨지지 않도록 하였으며, 종교개혁의 열을 가함으로써 정통파의 분석적인 정신과 경건주의의 감정적인 성향을 연결하였다.[178] 다행스러운 것은 하이델베르크신앙교육서 자체는 이런 균형을 언급할 만한 독특한 표지들을 간직하고 있다는 사실이다.

6.3.2. 억누를 수 없는 종교개혁적인 정체성

전체로 본 하이델베르크신앙교육서는 자주 거론되는 형식과 내용의 약점에도 불구하고 작은 문서 안에 억누를 수 없는 종교개혁적인 정체성을 담지하고 있다고 말할 수 있을 것이다. 이런 정신 때문에 오늘날까지 살아남았으며, 오늘날도 여전히 비교할 수 없는 방식으로 종교개혁의 교리와 경건을 대면할 수 있도록 독자들을 도와주고 있다는 말로 마치려고 한다.

---

178) D. L. Van Niekerk, Geloof as cognitio en fiducia by Calvyn en die nareformatoriese ontwikkeling. Diss., Universiteit van Suid Afrika, 1991, 254.

> 개혁교회는 교회의 보편성의 교리를 매우 강조하고, 타교단과의 형제애를 이루려는 진지한 태도를 가지고 있다. 또한 자신의 몫이 무엇인지 선명하게 드러내는데도 두려움이 없다. 이 책을 읽으면서 개혁교회의 이런 태도가 신앙고백서에 분명하게 드러나 있다는 사실을 발견하게 될 것이다.

제5장
도르트레히트 정경

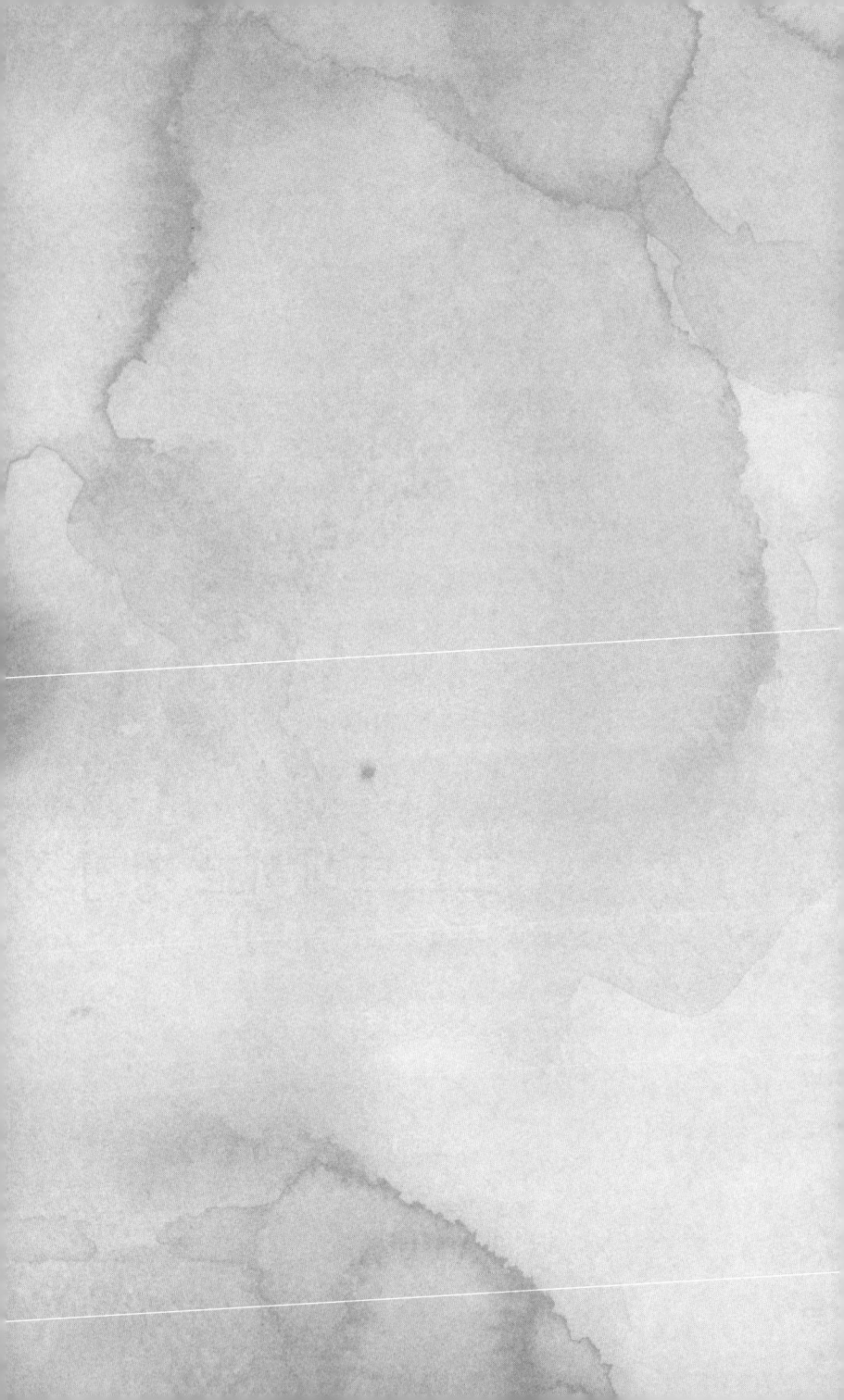

도르트레히트 정경

1. 역사적 윤곽

16세기의 마지막 25년은 스페인으로부터 자유를 획득하기 위한 시기였고, 개혁신학이 이 땅에서 지배적인 신학이 되도록 하기 위해서 노력하던 시기였다. 당시에 이미 교회적 삶이 두 큰 흐름으로 구별되었으니, 하나는 칼뱅의 전통과 일치된 개혁교회 신앙고백을 추구하는 흐름이요, 다른 하나는 관용과 도덕적이고 인본주의적인 해석을 지향하는 흐름이었다. 이 두 흐름은 이미 아주 뚜렷하게 자신의 정체성을 분명히 하여, 칼뱅주의와 리베르틴주의(Libertyne)로 나뉘었다. 리베르틴주의의 경우, 탁월한 도덕성으로 인하여 상당한 지지를 얻고 있었다. 칼뱅주의의 경우, 시민사회에서 그 시작은 미약하였으나 점차 공적인 삶에서 중요한 역할을 하기 시작했다.[179]

1.1. 칼뱅주의와 리베르틴주의

칼뱅주의는 교회의 신앙고백문서를 통하여 표현되었으며, 개혁교회의 정통적인 사상을 따라 해석된 건전한 교리에 확고하게 서 있었다. 이로써 그들은 교리를 다룸에 있어서 교회의 임무를 주로 증언하였다. 네덜란드신앙고백서 제36조항의 신정정치적인 이상을 따라 개혁교회의 신앙이 정부의 보호를 받고 후원을 받아야 한다는 생각을 가졌다. 당시에 그들은 모든 교회적인 일을 함에 있어서 정부로부터 완전한 자유를 향유하였다.

그들의 반대편에 있던 자들은 교회 안에서 교리적인 것과 관련하여 상당한 자유와 관용을 추구했었다. 그들도 또한 네덜란드신앙고백서의 제36조항, 즉 교회에 대한 정부의 보호를 요청하는, 교회와 정부의 아름다운 관계에 호소하였다. 한 걸음 더 나아가서 정부의 교회에 대한 임무를 교회 안에 즐거움이 유지되도록 하는 것으로 파악하는 언급을 구체화하고, 교회 안에서도 성경과 교회의 교리와 관련하여 자유롭고 관용하는 여지를 만듦으로써 한 그룹이 다른 그룹을 이단으로 정죄할 수 없도록 만들었다.[180] 네덜란드에서 관용을 추구하는 인본주의 정신을 변호하는 자들이 나타날 때는 항상 리베

---

179) H. Berkhof, Geschiedenis der kerk, (Nijkerk: Callenbach, 1941), 222 이하.
180) G. J. Sirks, Arminius' pleidooi voor de vrede der kerk, (Lochem: De Tijdstroom, 1960).

르틴주의자들의 전형을 따르곤 한다.181)

1.2. 국가 권위의 역할

리베르틴주의자들은 자신들의 이상을 펼치기 위해서, 다양한 주(provinsies)의 위엄과 권위를 옹호하며 리베르틴주의자들의 일을 보호해주어야만 한다고 주장하였다. 이와 더불어 교회들이 총회를 구성하여 교회의 교리와 정치와 관련된 모든 일을 결정하는 것을 임의로 조정하는 것을 방해하였다. 그들은 이 총회를 통하여 교리적인 강압과 개인의 자유를 부정하는 것으로 귀결되지 않을까 염려했던 것이다.

이런 와중에서 도덕주의적인 자유 개념이 교회 안에서 점점 더 중요한 문제가 되었다. 국가의 여러 영향력 있는 인물과 설교자들이 신앙고백문서에 서명하는 것을 반대하였다. 더 나아가서 여러 주를 관장하는 국가 권위는 자유라는 개념을 보호하는 것을 보장하도록 설교자들을 설득했다. 이것이 교회 안에 긴장과 불편함을 점차 증가시켰다.

1.3. 아르미니우스(J. Arminius)가 레이든대학교의 교수 자리에 오름

일치를 지향하는 흐름에도 불구하고 리베르틴주의자들을

---

181) W. Neuser, Dogma und Bekenntnis in der Reformation: Von Zwingli und Calvin bis zur Synode von Westminster, in Handbuch der Dogmen und Theologiegeschichte II, (hrsg. Carl Andresen; Gottingen: VH&R, 1980), 335.

무너트리려는 그룹들 사이에 큰 투쟁이 일어났으며, 야코브스 아르미누스(Jacobus Arminius)를 레이든대학교의 신학부에서 교수로서 일하도록 하는 일이 1603년에 일어났다.

1604년에 이미 그와 그의 동료인 프란치스쿠스 호마루스(Franciscus Gomarus)는 구원의 방법과 예정에 대하여 줄곧 다른 생각을 분명하게 표명하였다.[182] 이 차이는 급속하게 퍼져 나갔고, 운동의 형태로 분위기가 형성되었으며, 아르미니우스의 관점이 반영된 교리적 가르침이 강단에서 선포되기에 이르렀다. 아르미니우스 자신은 1609년에 이미 고인이 되었기에, 진정한 투쟁은 그의 사후에 일어났다고 보아야 할 것이다.

그 후에 위텐보하르트(Utenbogaard)가 아르미니안주의의 지도자가 되었다. 1610년에 그는 다른 40여명과 더불어 아르미니안주의의 입장을 화란의 정부에 설명하려는 항론('n Remonstrantie)을 만들었다. 1611년에 개혁교회는 설교자인 페스티우스 홈미우스(Festius Hommius)의 지도 아래 항론파의 입각점을 반박하는 반항론(Contra-remonstrantie)을 작성하였다. 이로써 아르미니안주의자(Arminiane)를 의미하는 항론파와 개혁교회 혹은 호마루스주의자(Gomariste)를 의미하는 반항론파라

---

[182] W. D. Jonker, Uit vrye guns alleen, (Pretoria: N. G. Kerkboekhandel, 1988), 32-34.

는 표현이 상용되게 되었다.

1.4. 도르트레히트(Dordrecht)에서 열린 총회

이러한 혼란스러운 투쟁의 과정에서 국가의 여러 관리들이 항론파의 편을 선택했다. 많은 개혁교회 그리스도인들은 더 이상 항론파의 목사들이 설교하는 교회에 출석하지 않았고, "애통하는" 혹은 슬픔에 잠긴 회중들이 자신들의 목회자를 모신 회중을 형성하였다.

다른 측면을 추구하도록 용인함에도 불구하고 화란 정부는 총회를 열어 그 차이를 함께 토론하도록 하였다. 일찍이 개혁교회의 관점과 관련을 맺었던 프린스 마우릿츠(Prins Maurits)의 중재와 그의 입장에 동의하는 사람들의 대성공을 통하여 국회는 1618년 5월 1일에 총회를 소집하였고, 다른 나라의 개혁교회 대표들도 참석하도록 요구하였다.[183]

그들은 중요한 차이점들에 관하여 교회일치적인 결정이 있기를 기대하였다. 네덜란드의 대표들과 나란히 팔츠(Pfalz), 나사우(Nassau), 헤센(Hessen), 동부 프리슬란트(Oos-Friesland), 브레멘(Bremen), 영국, 스코틀랜드, 스위스도 이 총회에 참석하였다. 프랑스의 교회는 왕 로데베이끄(Lodewyk) 13세의 방해로

---

183) D. Nauta, De Gereformeerde Kerken in het Na-Reformatorische Tijdperk, in: Geschiedenis van de Kerk 6, (Kampen: Kok, 1964), 72-130.

이 모임에 참여하지 못하였다.**184)**

1618년과 1619년에 걸쳐서 도르트레히트(Drodrecht)에서 열린 이 유명한 총회에서 항론파는 정죄되었으며, 도르트레히트의 정경(Canones van Drodrecht)**185)**으로 불리는 다섯 가지 조항이 제정되고 좋은 마무리가 이루어 졌다.

이에 근거하여 정화운동이 일어났다. 200명이 넘는 설교자가 제명되었다. 그들 가운데 몇몇은 정치적인 일로 받아들임으로써 기꺼이 박해를 받았다. 후에 이들이 항론파 형제단(die Remonstrantse Broederskap)을 만들었고, 이 모임은 지금까지도 네덜란드에 현존한다.

도르트레히트총회가 항론파의 입장에 대하여 호감을 가지고 모든 일을 진행했던 것은 아니었던 것으로 보인다. 이 투쟁의 열기 속에서 좀처럼 어떤 선한 것이 가능하지 않았을 것이다. 이 총회는 항론파 사상의 전반적인 경향과 소통하지 않았으며, 그들의 진보적인 주장은 주로 자유주의적인 개념을 향하고 있었다고 판단했다.

---

184) J. Rohls, Theologie reformierter Bekenntnisschriften, (Gottingen: VH&R, 1987), 27.
185) 우리말로는 주로 도르트신경으로 번역되었다. 역자 주.

2. 도르트레히트 정경의 교리적 내용의 배경과 입장

도르트레히트 정경을 이해하려면, 먼저 아르미니우스의 신학적인 관점과 그의 추종자들의 신학을 아는 것이 필요하다. 다행스럽게도 우리는 아르미니우스의 교리가 반영된 자료를 연구한 좋은 자료들을 손에 넣을 수 있다.[186]

2.1. 인간은 자신의 자유의지를 견지함

그의 가장 왕성한 시기에 예정과 관련한 논의에 집중했음에도 불구하고, 아르미니우스의 저작으로부터 명백하게 알 수 있는 것은 그가 종교개혁적인 복음 이해의 심장으로 알려진 오직 은혜(sola gratia)를 약화시켰으며 거절했다는 사실이다.

그는 무엇보다 인간의 책임성에 관심을 기울였으며, 인간의 자유의지가 죄로 인한 타락을 통하여 상실되지 않았다고 가르쳤다. 그는 인간은 신앙을 통해서만 구원을 받는다는 종

---

[186] C. Bangs, Arminius. A Study on the Dutch Reformation, (Grand Rapids: Asbury/Zondervan, 1985); G. J. Hoenderdaal, The Debate about Arminianism outside the Netherlands, in: Leiden University in the 17th Centuray, (ed. Th. H. Lunsingh Scheurleer en G. H. M. Posthumus Meyes; Leiden: Brill, 1975); N. Tyacke, Anti-Calvinists. The Rise of English Arminianism c 1590-1640, (Oxford: Clarendon Press, 1987).

교개혁적인 신앙고백에 동의하였으나, 죄에도 불구하고 은혜의 도움으로 말미암아 있게 된 상태에서 인간이 행하는 자유로운 행동으로 신앙을 이해하였다. 하나님은 모든 인간에게 그들의 의지를 사용하여 신앙에 도달할 수 있을 만큼의 넉넉한 은혜(genoegsaam genade om tot die geloof te kan kom)를 제공한다고 생각했다. 그러므로 인간은 할 수도 있고 하지 않을 수도 있는 자유로운 선택을 하게 된다. 인간이 이 은혜를 사용할 때, 하나님은 그에게 더 많은 은혜, 즉 유효적인 은혜(effektiewe genade)를 베푸셔서 신앙과 회개의 상태로 배정하신다.[187]

2.2. 공로적인 믿음

이런 방식에 따르면 아르미니우스의 관점에서 신앙은 자신의 구원의 근거를 이루는 인간의 성취와 공로가 된다. 아르미니우스에 따르면, 실제로 인간의 신앙은 그 자체로 하나님 앞에서 그가 칭의되도록 할 만큼 충족하지는 않다. 그의 신앙의 작은 행동이 그리스도의 공로를 통하여 보충되어야 한다. 그러나 하나님은 그리스도의 공로로 보충된 인간의 신앙을 그에게 의가 되도록 여겨주신다. 그러므로 신앙은 구속의 조건이 되며, 공로적인 성격을 갖게 된다.

---

[187] C. Graafland, Van Calvijn tot Barth. Oorsprong en ontwikkeling van de leer der verkiezing in het Gereformeerd Protestantisme, ('s-Gravenhage:Boekencentrum, 1987), 85 이하.

이것은 종교개혁의 오직 은혜로써라는 관점과 충돌을 일으키며, 신앙 그 자체는 우리를 의롭게 만들지 못하며, 신앙은 그리스도의 의를 끌어안는 수단이라고 언급하는 네덜란드신앙고백서 제22조항과도 충돌된다. 일찍이 칼뱅을 통하여 이해되었던 공로적인 의미가 텅 비어있는 신앙을 위한 어떤 여지도 아르미니우스에게는 없다.

2.3. 선택은 인간이 하고, 하나님이 하는 것이 아님

이것이 은혜로 말미암는 구원의 교리의 심층적인 차원과 그 엄정한 관점을 견지하는 개혁교회의 고백인 예정론에도 영향을 미쳤다. 아르미니우스는 오직 은혜로 말미암는 구원의 교리를 거절하기 위해서 또한 선택론을 거절해야만 했으며, 이 각각의 일을 해석하는 과정에서 핵심적인 논점을 흩트려놓았다. 이와 관련하여 아르미니우스는 또한 네덜란드신앙고백서 제16조항과 함께 가지 않는다는 사실을 공개적으로 천명하였다.

개혁교회에게 있어서, 예정은 그의 은혜로부터 나오며, 인간 안에서 어떤 이유나 근거를 발견할 수 없는 하나님의 절대적인 자유에 근거한 행동을 의미한다. 이에 대하여 아르미니우스는 그의 통상적인 구원의 의지 안에서 모든 인간에게 그의 은혜를 제공하시는 하나님께서 누가 이 은혜를 사용할 것인지를 미리 아셨으며, 바로 이에 근거하여 그들을 예정하신다고 주장하였다.

호마루스는 칼뱅과 더불어 하나님께서 인간을 신앙에로 예정하셨다고 가르친 반면에, 아르미니우스는 하나님께서 그가 믿을 것을 미리 아시고 예정하셨다고 가르쳤다. 이 사실은 하나님께서 자유 안에서 인간을 예정하신 것이 아니라, 인간으로 하여금 자유롭게 하나님을 선택하도록 하셨다는 것을 의미한다. 그리스도를 신앙하는 자들을 하나님께서 선택하는 것이다. 그리스도께서 예정의 근거이라고 말할 때, 아르미니우스가 의도하는 바가 바로 이것이다. 달리 말하여, 개혁교회가 이 교리를 설명하는 바대로 그리스도는 예정 결정의 집행자(uitvoerder)가 아니라, 예정의 기초(fondament)이므로, 결과적으로 그를 믿는 자는, 이에 근거하여 구원에 참여하게 된다는 주장을 아르미니우스가 하는 것이다.**188)** 아르미니우스에 따르면, 교회 혹은 신자들은 예정의 대상(voorwerp)이며, 이는 하나님께서 인간이 구원 받을 길로서 신앙을 선택하셨기 때문이다. 이로써 그는 신앙을 공로가 아닌 하나님의 선물로서 붙잡을 수 있다는 것이다. 그러나 그가 말하지 않은 것은 선택된 자들의 신앙 배후에 있는 하나님의 결정과 예정에 대한 것이다. 그에게 있어서, 그리스도를 신앙하는 것이 제한된 사람들을 향한 하나님의 예정의 기초이며, 그들의 신앙은 비록

---

188) C. Bangs, Arminius. A Study on the Dutch Reformation, (Grand Rapids: Asbury/Zondervan, 1985), 350-351.

하나님의 돕는 은혜와 더불어 일어나되 자신들의 자유로운 결정에서 비롯된다. 그러므로 예정은 인간 그 자신 안에 근거를 갖는다. 달리 말하여, 예정은 자유롭게 선택하는 인간의 주도적인 행동에 대한 하나님의 반응에서 비롯된다.

아르미니우스에게는 인간의 책임, 자유, 주도권이 매우 중요하며, 따라서 불가항력적인 은혜라는 사고와 함께 갈 수는 없다. 그는 은혜를 본질적으로 인격으로서 성령과의 관계로서 이해하고, 인격적인 관계에서 거절할 수 있는 것으로 본다.[189] 또한 그는 성도의 견인론도 거절한다. 그는 인간의 연약성과 더불어 하나님께서 붙드신다는 사실을 신뢰하는 구원의 인격적인 확실성과도 함께 가지 않으며, 따라서 전적으로 은혜에서 비롯된다는 사실도 거절한다.[190]

2.4. 다른 관점에 대한 이유

개혁교회는 오직 은혜(sola gratia)의 철저성을 약화시키는 관점과는 함께 하지 않는다. 칼뱅주의와 아르미니안주의 사이의 차이 배후에는 삶의 체계와 성경의 해석에 있어서 급진적인 차이가 가로놓여 있다.

칼뱅주의는 바울, 아우구스티누스(Augustinus), 종교개혁으

---

[189] C. Bangs, Arminius. A Study on the Dutch Reformation, (Grand Rapids: Asbury/Zondervan, 1985), 343.
[190] C. Bangs, Arminius. A Study on the Dutch Reformation, (Grand Rapids: Asbury/Zondervan, 1985), 343-349.

로 이어지는 사상적인 연속성에 서는 반면에, 아르미니우스주의는 펠라기우스(Pelagius), 반(半)펠라기우스주의, 에라스무스(Erasmus)와 그의 동료들의 인본주의로 이어지는 사상적인 기반에 서 있다. 이 두 흐름의 배후에 자기 평가에 대한 근본적인 차이가 가로놓여 있다.[191]

아르미니안주의자들은 인간이 타락한 것은 사실이지만, 그럼에도 불구하고 그 자신의 구원에 있어서 협력할 수 없을 만큼 그렇게 철저하게 부패하지 않았다는 낙관적인 생각을 견지한다. 칼뱅주의는 인간 본성의 전적인 부패로부터 시작하여 인간 쪽에서의 어떤 공로도 없이 오직 은혜로 말미암는 구원을 견고하게 붙잡는다. 구원의 확실성과 관련해서도 항상 인간의 주도권 밖에 있는 하나님의 은혜에 근거시키며, 그 안에서 쉼을 발견한다. 자연스럽게 은혜로운 선택의 교리가 그들의 해방의 원천과 확신의 근거가 된다.

이런 방식으로 구원을 생각하는 사람들은 자기 자신을 죄인으로 지목하는 것을 싫어하는, 로마가톨릭교회와 유사한, 아르미니우스주의자들의 관점을 비인간적이고 절망적인 것으로 파악한다.[192] 인간은 자신의 구원의 닻을 하나님의 경륜과 그분의 선택하시는 사랑에 영원히 확고하게 내리고 있

---

191) H. Berkhof, Geschiedenis der kerk, (Nijkerk: Callenbach, 1941), 223.
192) H. Berkhof, Geschiedenis der kerk, (Nijkerk: Callenbach, 1941), 223.

다는 사실을 알 때만 완전한 쉼을 알 수 있다고 믿기 때문이다. 아르미니우스가 옳았다면, 개혁을 위한 모든 투쟁은 헛된 일이 되었을 것이다.

2.5. 하나님의 자유로운 기쁨

성경이 항론파가 구원에 대하여 말하는 것과 다르게 말한다는 것을 강조하는 것을 개혁교회는 어려워하지 않았다. 성경이 인간과 책임적인 방식으로 대화하며, 그를 회개와 신앙과 견인에로 부르고 있다는 항론파의 주장에 대하여, 도르트레히트 정경은 이런 입장이 인간의 구원이 항상 하나님의 사역이라고 말하는 것과 충돌하지 않는다는 사실로 답변을 하였다.

도르트레히트 정경의 입장은 예정이 인간의 책임을 배제하는 것이 아니라, 오히려 포함한다는 것이다. 인간이 복음을 듣고, 선택하고 스스로 뉘우쳐 신앙 안에서 견인할 수 있는 것은 하나님께서 자유로운 은혜로부터 이렇게 할 수 있도록 하시기 때문이다. 그가 제한된 사람들에게만 이렇게 하시는 이유는 은혜로운 예정의 신비이다. 사실 이와 관련해서는 하나님의 자유로운 기쁨 외에 다른 이유를 거론할 수 없다. 아르미니안주의자에 대항하여 개혁교회는 철두철미하게 종교적인 입장을 명백하게 받아들이며, 하나님의 임재 앞에서 다만 그분의 선한 의지와 은혜를 높이고 찬양하는 그런 인간의 상황으로부터 발언하며, 이에 대하여 폄하하지 않는다.

2.6. 루터교회의 어려움도 고려함

도르트레히트 총회가 이런 입장을 취한 것이 다만 항론파 때문만이 아니라, 사람들의 기대를 저버린 루터교회의 불만족스러운 행동과도 관련이 있다는 사실을 지적하는 것은 의미 있는 일이다. 원래 루터파와 칼뱅 사이에 예정에 대해서는 의견 차이가 없었다는 것이 사실이다.

가장 오래된 루터교회 신앙고백서에는 예정이 특별하게 다루어지지는 않았으나 명백히 당연시되었다. Confessio Augustana 제5조에서 하나님은 성령을 통하여 하나님이 기뻐하는 곳이면 어디에서나 그리고 하나님이 기뻐하는 때이면 어느 때이든지(ubi et quando visum est Deo) 하나님의 말씀을 듣는 사람들 안에서 일하신다고 기록되어 있다. 논리적으로 볼 때, 예정된 자들만이 신앙의 선물을 받는다. 이런 빛에서 볼 때, 루터의 관점에 따르면 인간의 신앙이 예정의 근거가 될 수 없다는 사실이 분명해진다.

그렇지만, 후에 일치신조(Formula Concordia)에서는 하나님께서 그들이 당신의 말씀의 능력과 성령을 통하여 신앙하고 또한 그 신앙 안에서 마지막까지 견딜 때에, 그들을 보시고 선택하신다는 사실을 분명하게 선언한다. 달리 말하여, 일치신조를 근간으로 삼는 루터교회 정통파 시기에는 무조건적인 예정이라는 신앙고백이 오히려 폐기처분되었다. 이런 풍토 내에서 몇몇 루터교회 사람들은 이 총회가 그들을 정죄한 것이 무엇을 함의하는지 분명하지 않다고 생각하기도 하였다.[193]

2.7. 영국성공회와 독일개혁교회의 관점

루터교회는 도르트레히트 총회의 결정에 대하여 불쾌하게 반응하지 않았다. 그러나 영국의 성공회는 이에 대하여 강한 반응을 보였다. 영국성공회의 일반적인 분위기는 다소 아르미니안적이었다.[194]

이것은 또한 독일개혁교회도 도르트레히트 정경과 조심스러운 거리감을 유지하였다는 사실을 의미한다. 그들은 도르트레히트 정경을 베자(Beza)의 영향을 받은 합리주의적이고 아리스토텔레스적인 고압적인 정통주의의 산물로서 해석하였다. 야콥스(P. Jacobs)에 따르면, 도르트레히트 정경은 결과적으로 타락전 선택설적(supralapsariese) 방식으로 이중예정론

---

[193] J. Rohls, Theologie reformierter Bekenntnisschriften, (Gottingen: VH&R, 1987), 184-192; W. D. Jonker, Uit vrye guns alleen, (Pretoria: N. G. Kerkboekhandel, 1988), 31-32; G. P. Hartvelt, Symboliek, (Kampen: Kok, 1991), 172 이하.

[194] J. Van den Berg, Dordt in de weegschaal. Kritische reakties op de synode van Dorrecht(1618-1619), (Leiden: Rijksuniversiteit, 1988), 6 이하.

을 다루었다.[195]

나중에 우리가 살펴보겠지만, 이것은 본질상 도르트레히트 정경에 대한 정확한 판단이 아니며, 사실 독일개혁교회는 역사적으로 볼 때, 실제로 예정이 지배적인 역할을 하는 베자의 스콜라적인 사고를 통한 것보다 불링거와 우르시누스와 올레비아누스의 언약사상에 더 깊은 영향을 받았다. 따라서 처음부터 예정이 그들의 사고에서는 언약으로 탁월하게 구체화되었던 것이다.[196] 이런 맥락에서 볼 때, 소위 예정과 관련해서는 독일과 네덜란드의 개혁교회 사이에는 어떤 차이도 없다.

3. 도르트레히트 정경의 구조

도르트레히트 정경은 전반적으로 볼 때 1610년에 나타난 항론의 다섯 가지 조항과 일치하는 구조를 따라 항론파의 관점을 논박하는 형식을 갖추었다. 다섯 가지 항론은 아르미니우스의 관점과 연결된 것들이지만, 또한 그의 관점에 대한 개혁교회 쪽에서의 반대도 그 안에서 일정한 역할을 하고 있다. 이러한 사정 때문에, 아르미니우스의 관점에 대하여 제한된

---

195) P. Jacobs, Theologie refornierten Bekenntnisschriften, (Neukirchen: Neukirchener Verlag, 1959), 18.
196) J. Rohls, Theologie reformierter Bekenntnisschriften, (Gottingen: VH&R, 1987), 28-29.

이해를 갖게 됨으로써 약간의 약점을 드러내게 되었는데, 아래 ③/④에서 보는 것처럼, 자유의지와 관련된 발언에서 그런 구체적인 예를 발견할 수 있다. 어쨌거나 다섯 가지 내용은 다음과 같이 요약된다.[197]

① 믿을 자들에 대한 판단으로서 예정은 변경되지 않는 것이 아니며, 결과적으로 또한 예정된 자들은 다시 버려질 수 있다.
② 비록 믿고 죄 용서를 받은 사람들은 즐거움을 누리고 있을지라도, 그리스도는 모든 인간을 위하여 죽으셨다.
③ 구원하는 신앙은 인간 자신으로부터 비롯된 것이 아닐 뿐만 아니라 자유의지의 일도 아니나, 은혜로 인한 중생을 통하여, 인간은 믿을 수 있는 상태로 진입하는 도움을 받는다.
④ 이로써, 인간은 그가 결코 회개에 이르지 않을 수 있는 정도의 저항을 유지하면서 은혜와 협력할 수 있게 된다.
⑤ 성도의 견인은 하나님의 은혜의 선물이거나 혹은 예정의 열매가 아니라, 인간이 스스로 도달해야 할 언약의 조건이며, 그렇게 하지 않을 경우, 그는 그 은혜의 상태로부터 타락하고 떠나가게 된다.

---

[197] G. J. Feenstra, De Dordste leerregels, (Kampen: Kok, 1968), 10-11.

3.1. 다섯 가지 조항은 네 가지 주된 논제로 요약됨

도르트레히트 정경은 항론파의 다섯 가지 주장을 포함하며, 이에 대항하여 종교개혁이 이해했던 성경의 가르침을 대안으로 제시하였다. 그들은 제3조항과 제4조항을 하나로 묶어서 4가지 주된 논제로 만든다. 그리하여 다음과 같이 정리된다.

제1논제: 신적인 예정과 유기
제2논제: 그리스도의 죽음과 그의 죽음을 통한 인간의 구원
제3/4논제: 인간의 부패성, 하나님을 향한 회개, 그리고 회개를 발생시키는 방편
제5논제: 성도의 견인

3.2. 미국인들의 요약

도르트레히트 정경을 사용하는 미국인들의 관점에서 이 정경의 내용은 소위 "TULIP"으로 요약되었다. 환언하여, Total depravity(전적인 부패), Unconditional election(무조건적 선택), Limited atonement(제한된 속죄), Irresistible grace(불가항력적 은혜), Perseverance of the saints(성도의 견인)로 요약되었다. 항론파에 반대하는 도르트레히트의 다섯 가지 원리를 기억하기 좋게 기술하려는 목적이 반영된 것이다.

비록 이 형식이 도르트레히트 정경의 핵심적인 내용을 기억하기 쉽게 하려는 의도를 가지고 있다고는 하나, 어쩌면 이 정경이 의도하지 않은 입장을 드러내는 방향으로 기능할 문제점이 있다는 사실을 지적하게 된다. 이것은 제한된 속죄(Limited atonement)와 불가항력적 은혜(Irresistible grace)의 개념과 관련된다. 우리가 나중에 다시 이에 대하여 거론하게 될 것이다.

3.3. 도르트레히트 정경: 후대의 작품

내용적으로 볼 때, 도르트레히트 정경은 이미 존재하고 있던 다른 신앙고백문서에서 표현된 것과 다른 내용을 담고 있는 작품이 아니다. 도르트레히트 정경에 반영된 각각의 교리적인 진술은 이미 존재하는 다른 신앙고백문서로부터 알려진 내용을 특징적으로 발전시킨 것의 요약이라고 할 수 있다. 특히 논점이 된 것을 특징적으로 보완하는 형식을 취하였다. 각 논점의 배후에 깔려 있는 항론파의 잘못을 거절하는 좀 더 긴 설명이 성경적인 근거에서 주어짐으로써 이 일이 성취되었다.

4. 도르트레히트 정경의 내용

우리는 도르트레히트 정경의 네 가지 논제의 내용을 다음과 같이 요약할 수 있다.

4.1. 제1논제: 신적인 예정과 유기

여기에, 아담 안에서 모든 인간이 죄인이 되어 하나님 앞에서 죄책을 갖게 되었으므로 그들 모두가 버려짐을 당하는 것이 전혀 불법한 일이 아니라는 사실이 기록되어 있다. 그럼에도 불구하고 하나님은 복음을 믿는 자들을 은혜로 구원한다. 이와 반대로 믿지 않는 자들에게는 그의 심판이 임하게 된다. 몇몇이 복음을 믿지 않음으로써 버려진다는 사실이 하나님을 책하게 하지는 않으며, 오히려 인간 자신을 책하게 된다. 반면에 믿고 구원을 얻는 다른 사람들은 그들 자신의 덕 때문이 아니라, 하나님께서 그들에게 은혜로 선물하신 신앙이라는 선물 때문이다.

하나님께서 어떤 사람에게는 신앙의 선물을 제공하시고, 어떤 사람에게는 하지 않으신다는 사실은 그분의 영원한 결정으로서 예정과 유기에서부터 비롯된 것이다. 이 결정에 따르면, 하나님은 예정의 심장을 그의 말씀을 통하여 인상적으로 개방하지만, 그는 또한 당신의 의로운 심판을 따라 그들의 악과 고집 안에 머물러 있도록 하신다. 하나님께서는 예정된 자들을 당신의 말씀과 성령을 통하여 부르시고, 능력으로 영원한 중보자요 예정된 자들의 머리이신 그리스도와의 교제에로 이끌어내시며, 그들의 구원의 최종적인 완성에 이르게 하신다. 그분은 그들을 칭의하시고 거룩하게 하시며 그리스도와의 연합 가운데 영원한 영광에 이르도록 보호하신다.

예정의 원인은 하나님의 기쁨이 유일하며, 인간의 예지된 믿음이나 혹은 인간 안에 있는 어떤 특별한 것이 아니다. 예정의 반대편에 유기가 있으나, 하나님의 기쁨에서 비롯되는 예정과 동일한 방식으로 주어지는 것은 아니다. 이것은 어떤 사람들로 하여금 전적으로 본인들에게 속한 본인들의 죄 안에 머물러 있도록 하시는 하나님의 의로운 결정이며, 그 기원은 하나님께 있지 않고, 오히려 그런 삶 가운데 머물러 있는 그들에게 있다.

유기의 소식은 상실된 자들에게는 공포스러운 일이지만, 구원에 이르러 보호받고 있는 사람들에게는 그렇지 않다. 그들은 스스로를 유기된 자들로 간주하지 않으며, 은혜의 수단을 부지런히 사용하여 경건과 신앙에의 길을 통하여 아직 완전하게 도달하지 못한 곳으로 이르러 간다. 신자인 부모들은 자녀들의 구원과 예정을 마치 어린 시절에 구원의 길에서 제거될 것인양 의심해서는 안 되며, 오히려 자녀들이 언약 안에서 출생한다는 사실을 신뢰하여야 한다.

이 논제는 예정론에 반대하는 사람들에게 로마서 9장 20절에 나타난 바울의 "이 사람아 네가 뉘기에 감히 하나님을 힐문하느뇨?"라는 말씀과 로마서 11장 33절과 36절의 송영에 관심을 기울이도록 요청한다.

항론파의 오류를 거절한다고 할 때, 신앙을 예지하고서 예정한 것이라거나 혹은 인간 편에서의 견인을 추구한다거나 혹은 다중의 예정이 있다거나 하는 생각으로 인해서, 결과적으로 몇몇 사람들이 보편적인 예정에 참여할 수 있고, 그럼에도 불구하고 물론 버려질 수 있으며, 심지어 하나님의 예정의 결정에도 불구하고 버려질 수 있다는 그런 생각을 거절하는 것을 의미한다. 더 나아가서, 이 교리는 하나님께서 개인을 예정하신 것이 아니라는 생각을 거절하고, 다만 공로 없는 신앙과 인간의 결함 있는 순종을 인간을 구원하기 위하여 선택한 길로서 간주한다. 예정을 위한 조건이 있을 뿐만 아니라, 또한 인간은 본성의 빛을 바르게 사용하고 겸손함과 같은 것에 근거하여 예정에 이를 수 있다는 생각을 거절한다. 아울러 인간은 본인의 예정의 확실성에 거하지 못한다는 진술도 거절한다. 이와 관련하여, 예정은 다만 하나님의 은혜와 그분의 순전한 기쁨에 근거되어 있기에, 후회할 것이 없다는 사실을 강하게 강조한다. 또한 인간의 예정은 오직 한 민족으로부터 말미암지만, 그들이 다른 민족들보다 더 고귀한 것은 아니다.

4.2. 제2논제: 그리스도의 죽음과 그의 죽음을 통한 인간의 구원

하나님께서 죄인을 흠 없이, 심판당하지 않고 살도록 하기 위해서가 아니라, 순전한 긍휼로부터 그리스도를 죄인을 위한 완전한 속죄물로서 내어주셨다는 사실과 그를 믿는 자는 누구나 구원을 얻는다는 사실이 다시 한 번 언급되고 있다.

복음의 약속은 하나님께서 그의 복음을 나누어주시는 모든 사람들과 백성에게 미치며, 어떤 차별도 없이 회개와 신앙에 이르도록 선포되어야 한다. 몇몇이 믿지 않는다는 사실은 그리스도의 속죄로부터 분리되었기 때문이 아니라, 그들 자신의 죄책 때문이다. 이와 반대로, 신앙은 그리스도의 속죄의 죽음과 나란히 하나님의 영원한 결정에서 흘러나오는 은혜의 공덕이 모든 예정된 자들에게 이르러 적용되게 한다. 하나님께서 영원으로부터 사랑하신 모든 사람들은 성령을 통하여 신앙의 길에 들어서며, 그리스도 안에서 하나님과 더불어 생생한 화목을 누리게 된다. 그들은 또한 영원한 생명에로 보존된다. 거기에는 항상 그리스도의 피에 뿌리박은 신자들의 교회가 현존하게 될 것이다.

항론파의 오류를 폐기한다는 것은 앞에서 이미 거절했던 여러 가지 내용들을 다시 반복한다는 것이지만, 여기서는 무엇보다 그리스도는 모든 인간을 위하여 죽었고, 그 결과로서 누구도 하나님 앞에서 원죄(erfsonde)에 근거한 어떤 죄책도 갖지 않는다는 항론파의 사상을 폐기한다는 사실을 더욱 강조하고자 한다. 항론파에 따르면, 그리스도께서 모든 인간과 더불어 체결한 새 언약을 통하여 하나님을 위한 가능성을 마련하였고, 바로 이 조건에 근거하여 그분이 결정하신다는 것이다. 또한 인간의 자유의지에 의존하거나 혹은 그 혹은 그녀의 행위에 따른 구원의 가능성을 모색하는 그러한 생각을 거절한다.

4.3. 제3/4논제: 인간의 부패성, 하나님을 향한 회개, 그리고 회개를 발생시키는 방편

인간의 전적인 부패의 교리가 다시 한 번 언급될 필요가 있는 것은 인간 안에 남아 있는 미미한(Bietjie) 자연의 빛을 사용함으로써 혹은 모세의 율법을 준수함으로써 인간이 스스로 구원에 도달할 수 있다는 가능성을 주장하는 것 때문에 그렇다. 구원은 개인의 독특한 진리성에 근거하거나 혹은 한 민족의 사상적 고상함과 같은 것과 상관없이 다만 말씀을 통하여 역사하시는 성령의 능력을 통해서만 가능하다. 그러므로 인간을 통한 구원이라는 것은 심층으로부터 신중하게 다루어져야 한다.

복음을 통하여 소명을 받은 모든 자들은 모든 진지함으로 소명을 받으며, 하나님은 모든 진지함으로 자신의 뜻을 확증하심으로써, 자신에로의 부르심이 참된 쉼에 도달할 수 있도록 하신다. 그러나 비록 하나님의 예정하시는 은혜로부터 어떤 사람들이 나아와 믿는 자리에 들어갈지라도, 이런 자리에 도달하지 못한 사람의 경우는 그 자신의 죄책 때문이다. 바로 이런 믿음은 인간이 믿음에 실제로 도달할 수 있는 가능성 이전에 다만 그 인간을 중생하게 하시는 성령의 사역을 통해서만 주어진 가능성의 결과이다.

환언하여, 하나님께서는 단지 신앙의 가능성을 주신 것이 아니라, 성령의 능력을 통하여 인간을 강권하여 신앙하도록 의지를 어거하시고, 실제로 인간 안에 신앙의 현실이 조성되도록 하신다. 그러나 이 모든 일이 인간의 책임성 밖에서 일어나는 일이 아닌 것은 하나님께서 인간을 가두거나 혹은 막는 방식으로 대우하지 않고, 그의 의지를 자유롭게 하여 사실상 하나님을 선택하도록 지도하고 설득하시기 때문이다. 바로 이런 맥락에서 말씀, 성례, 권징과 같은 은혜의 수단을 사용함으로써 예정된 자들을 하나님과의 진정한 교제에로 이끌어낸다는 것이다.

항론파의 오류를 폐기한다고 할 때, 무엇보다도 타락한 인간의 철저한 부패와 예정된 자들의 마음에 역사하는 하나님의 강력한 능력, 즉 승리를 일구어내는 성령의 능력을 강조하였다. 이로써 알 수 있는 것은 도르트레히트 정경은 어떤 형태의 신인협력설(synergisme)을 거절하거나 혹은 오직 은혜로(sola gratia)를 축소하려는 시도를 거절하는 일에 전혀 의심스러운 태도를 보이지 않았다는 사실이 매우 중요하게 부각되었다는 점이다.

4.4. 제5논제: 성도의 견인

앞서 구원은 신자들이 이 육신의 삶에서나 모든 죄에서 전적으로 해방된 것을 의미하지는 않는다는 사실을 강조하였다. 환언하여, 그들은 여전히 누군가에게 의존해야 하며, 그들의 결정이 확고하게 지켜지지 않을 수 있는 그러한 연약성 가운데 있다는 것은 사실이다. 이런 면에서 볼 때, 그들의 "견인"은 하나님의 지키심의 결과이다. 그들이 보존될 것이라는 신자들의 확신은 교만하게 만들거나 혹은 유약함에로 끌어당기거나 혹은 기도를 쉽게 만들지 않는다. 그들은 기도를 통하여 하나님의 은혜를 견고하게 붙잡으며, 싸움과 넘어짐과 회개와 일어섬을 통하여 영생에로 보존된다. 구원의 확실성을 위하여 하나님의 어떤 예외적이고 특별한 계시가 필요한 것이 아니다. 이것은 하나님의 약속을 신앙하는 것과 함께 주어진 것이며, 따라서 신자들을 교만하게 만들 가능성은 없다. 오히려, 신중함과 어린아이 같은 경외심과 참된 경건에 그 뿌리를 내리게 된다.

항론파의 오류를 폐기한다고 할 때, 견인이 은사가 아니라, 구원의 조건으로 이해되어야 한다는 사실을 거절하는 것이다. 또한 그 혹은 그녀가 죄에 깊이 빠질 수 있다는 사실에 덧붙여서, 거듭난 자가 은혜로부터 떨어짐으로써 완전히 타락할 수 있다거나 혹은 죄인이 성령에 지속적으로 대항할 수 있다거나 하는 그러한 생각을 거절하였다. 또한 이 교리는 그 혹은 그녀가 과거 한 때 은혜로부터 타락하였기 때문에, 인간이 다시 반복적으로 거듭날 수 있다는 사실도 거절한다. 견인론이 불경건하고 제정신이 아닌 사람들을 지원한다는 사실을 다시 한 번 부인하는 것이다.

5. 도르트레히트 정경의 특성

우리가 도르트레히트 정경의 내용을 짧게 요약하여 제시했던 것처럼, 다음과 같은 점들도 간략하게 요약할 수 있을 것이다.

5.1. 전제되어 있는 예정의 위로

도르트레히트 정경은 깊은 관심과 목회적인 열정을 가지고 예정을 거론한다. 예정은 까다로운 교리라는 거부에 반하여, 저자들은 오히려 좋은 측면을 인식하였다. 말인즉, 이 교리에는 위로라는 측면이 전방에 자리 잡고 있으며, 경건에 부합하는 방식으로 언급되고 있다는 것이다. 도르트레히트 정경의 적절한 강조는 놀라울 정도이다. 전반에 걸쳐서 사색적인 경향과 하나님의 숨겨진 측면에 과도하게 몰입하는 것과 같은 영역에로 들어감으로써 비롯되는 오해를 의식하고 있으며, 예정론이 하나님의 선하심의 그늘진 측면을 파고들어 들추어내는 것이 목적이 아니라는 사실을 보도록 도와준다. 이에 반하여, 도르트레히트 정경은 보다 확실한 영역에로 관심을 이끌어간다. 일찍 죽은 언약의 자손들을 둔 부모들에게 예정은 그들의 자녀들의 예정과 구원을 의심하지 않도록 배려하였다.[198] 이것은 예정을 언약으로부터 생각하도록 함으로써,

언약의 사람들은 예정된 자들로 바라보도록 하였다는 것을 의미한다. 또한 구원의 확실성을 갖지 못한 자들은 자신들을 유기된 자들로 파악할 것이 아니라, 하나님의 약속에 더욱 견고하게 머물러야 한다는 사실을 일깨웠다. 하나님은 부러진 갈대를 아예 꺾어버리지 않으신다.[199]

5.2. 구원의 은혜의 성격을 강조함

도르트레히트 정경의 목적은 예정을 논리적으로 명확하게 증명하여 우리의 도덕성과 연결 지으려는데 있지 않고, 아르미니안주의의 신인협력설(synergisme)을 거절하고 오직 은혜로(sola gratia)를 보존하려는데 있다. 따라서 이 교리를 약화시키는 아르미니우스의 다양한 주장을 파고들어가서 인간의 전적 부패의 부정, 인간의 예지된 신앙에 근거하여 예정을 파악하려는 사상, 그리스도께서 모든 인간을 위하여 죽으셨다는 보편주의에 다가서는 태도, 구원을 인간의 의지에 개방하려는 생각, 은혜에 항거할 수 있으며 상실할 수 있다는 생각, 성도의 견인론을 부인하는 생각과 같은 것을 찾아 문제시하였다. 이 모든 것이 구원의 온전한 은혜의 성격을 강조하려는 목적에 따라 질서 정연하게 이루어졌다.

---

198) Dordtse Leerreels, 1.17.
199) Dordtse Leerreels, 1.16.

5.3. 타락 후 선택론적인 출발점

이런 사실은 도르트레히트 정경이 타락 전 선택설적인 입장에 반하여 타락 후 선택설적인 입장을 대변하고 있는 것과도 연결된다.[200] 타락 전 선택설(supralapsarianisme)에서는 하나님의 예정과 유기의 결정이 창조와 타락을 선행하는 하나님의 모든 여정의 출발점이 된다. 이에 반하여, 타락 후 선택설(infralapsarianisme)은 예정과 유기를 타락 이후로 배정한다. 이 관점은 타락 전 선택설의 결정론적이고 추상적인 논리를 피하도록 하며, 또한 정당하게 하나님께서 어떤 죄와 관계없이 임의적인 방식('n willekreurige manier)으로 예정과 유기의 결정을 하신다는 관념을 들추어내준다. 이것은 또한 타락 전 선택설이 직면하게 되는 난점으로서 하나님께서 악의 원인이 아닌가 하는 의심을 하지 않게 한다. 이는 도르트레히트 정경이 철저하게 인간 자신의 죄와 무능으로부터, 구원을 선물하시는 하나님의 은혜로부터, 하나님의 영원한 선택과 유기의 결정이 일어났다는 사실을 보도록 예정을 조망하고 있다는 것을 의미한다.[201]

5.4. 선택과 유기는 발맞추어 걷지 않음

이와 관련하여, 도르트레히트 정경이 선택과 유기의 결정

---

200) W. D. Jonker, Uit vrye guns alleen, (Pretoria: N. G. Kerk-boekhandel, 1988), 52-60, 64-66.
201) Dordtse Leerreels, 1.6.15.

사이의 평행성(parallelliteit)을 거절한다는 사실을 지적하는 것은 매우 중요한 일이다. 이 사실을 일관성 있게 적용함으로써, 선택은 단순히 하나님의 기쁨에서 유래한 것이지만, 유기는 하나님께서 몇몇 인간을 그 비참 가운데서 스스로 죽도록 하신 것임을 분명히 한다.202) 신앙은 하나님의 선물이며, 따라서 인간을 구원에로 선택하시는 그의 결정이라는 사실을 진지하게 강조함에도 불구하고, 어떤 사람이 믿지 않는 것은 하나님의 책임이 아니라는 사실이 강조되었다. 이로써 하나님의 결정이 신앙의 원인(causa)으로서 분명하게 이해되어야 하며, 동시에 그의 결정이 동일한 방식으로(eodem modo) 불신앙의 원인으로서 이해되어서는 안 된다는 차별(diskrepansie)이 분명하게 드러난다. 그러므로 선택의 결정이 하나님의 자유로운 기쁨에서만 비롯된다는 사실과 나란히, 유기의 결정과 관련하여서는 인간의 죄가 중요한 역할을 하게 된다는 사실을 취한다. 이와 관련하여, 베르까우워(G. C. Berkouwer)는 제한된 모호성(ondeursigtigheid) 혹은 비개방성(oneffenheid)을 거론함으로써 신앙과 불신앙을 동일한 방식으로 하나님의 예정에로 소급하는 일을 감행하였다. 그는 이런 종류의 모호성과 개방성이 신앙과 불신앙 둘 다 동일한 방식으로 하나님의 결정에로 소급되어야 한다는 결정주의적인 폐쇄적 논리나 혹은 하나님의 선택을 인간의 결정에 의존하게 만드는 예지된 신앙론보다는 더 낫다고 말한다. 이로써 죄와 불신앙에 관하여

---

202) 동일한 관점을 네덜란드 신앙고백서 제16조항에서도 발견할 수 있다.

전부 다 알 수 없음에 대한 더 나은 표현을 제공한다는 것이다.203)

5.5. 인간의 책임을 포괄하는 하나님의 큰 행동

도르트레히트 정경은 항상 다시 순환되는 신인협력설과 같은 정반대의 사고와 씨름을 한다. 여기에 게재된 논쟁은 인간이 하나님과 대항할 수 있는 자존적인 존재인가 하는 것이며, 결과적으로 하나님은 구원과 관련하여 제한된 일을 행하며, 인간은 그 나머지 일을 함으로써 구원에 이를 수 있게 된다. 이런 종류의 사고를 따르게 되면, 인간의 전적인 무능의 교리는 자력구원론으로 빠져나가며, 인간이 "이렇게 혹은 저렇게" 선택할 수 있다는 사실에 도달하게 된다. 도르트레히트 정경은 이런 관점을 책망하고 거절하였다.204) 비록 구원과 관련하여, 홀로 하나님이 주도권을 쥐는 것이 옳다고 할지라도, 이로써 인간이 수동적이 되거나 혹은 의지가 없지 않은 것은 그가 하나님의 은혜로 말미암아 해방되어 믿음을 통하여 구원을 받아들이고, 그 믿음으로부터 살도록 하기 때문인 것이다. 도르트레히트의 신학자들은 여기서 자연스럽게 한 문제와 맞닥뜨리게 되었다. 그들이 스콜라적인 사고인 하나님께서 일어나는 모든 일의 원인(causa)이라는 인과론적 구조

---

203) G. C. Berkouwer, De Verkiezing Gods, (Kampen:Kok, 1955), 212; C. Den Boer, De Uitverkiezing, in: De Religie van het Belijden, (Kampen: Kok, 1973), 92.
204) Dordtse Leerreels, 3; 4.16-17.

(kousaliteitskema)와 함께 하고 있다는 것이다. 이것을 정확하게 이해하게 되면, 인간은 사실상 이렇게 혹은 저렇게도 할 수 없는, 하나님의 손 안에 있는 꼭두각시처럼 나타난다. 이런 입장을 따르게 되면, 도르트레히트 정경은 모든 행동을 포괄하는 하나님의 행동을, 모든 인간의 행동과 순종이 작동하도록 스위치를 넣는 하나님의 행동을 의미하는 것으로 이해하는 것이 분명하다. 바로 이런 맥락에서 구원을 받아들이게 하는 복음의 선포와 구원의 수단의 필연성을 강조하는 것이 중요한 문제가 된다. 설교는 인간으로 하여금 믿게 하고 회개하도록 명령한다.[205] 이렇게 하여 인간의 책임성과 긴밀하게 연결된다. 그러나 인간의 전적인 부패와 죄인의 무능한 노예됨으로 인하여, 하나님께서 먼저 인간의 의지를 바꾸시고 그의 성령으로 역사하여 일하게 하심으로써 자신의 책임 있는 결단을 따라 듣고, 바른 선택과 행동을 하게 된다. 그러므로 하나님의 전 포괄적인 행동은 인간의 책임을 끌어안으며, 하나님이 하시는 일과 인간이 하는 일은 서로 충돌하지 않게 된다(빌 2:12-13).

5.6. 제한속죄

도르트레히트 정경은 아르미니안적인 보편주의, 즉 그리스도의 속죄는 모든 사람을 위하여 발생한 가능성이며, 그들이 조건으로서 이 가능성을 잘 사용하면 구원에 이를 수 있다는

---

205) Dordtse Leerreels, 2.5; 3; 4.8-10.

주장을 명백하게 거절한다. 그렇지만 이렇게 말하는 것이 도르트레히트 정경은 제한속죄(beperkte versoening; Limited atonement)를 가르친다고 말하는 것으로 이해된다면, 그것은 항상 정확한 것은 아니다. 사실상, 도르트레히트 정경은 그리스도의 속죄가 온 세계에 대하여 넉넉하다는 사실을 강조한다.[206] 성경은 그리스도께서 자신의 생명을 많은 사람을 위하여 주었다고 말한다. 따라서 복음을 모든 사람들에게 선포함으로써 믿도록 명령해야 한다.[207] 모든 사람들이 회개에 이르게 되는 것이 온 세계를 향한 하나님의 뜻이다. 또한 모든 사람들의 구원을 위하여 기도해야 하는 것이 당연하다. 도르트레히트 정경이 속죄를 그 자체로 제한된 일이라거나 혹은 복음의 선포가 모든 사람을 유익하게 하지 않는다는 말을 하는 것이 아니라, 다만 속죄는 예정된 자들의 경우에서만 유효적(effektief)이 되는 것일 뿐이라고 말하는 것이다. 이런 맥락에서 도르트레히트 정경은 항론파의 오류, 즉 그리스도는 모든 사람의 구원을 위한 가능성으로만 제시되었으며, 구원은 그들의 믿음의 선택을 통해서만 현실이 될 수 있는 가능성으로서 인간에게 제시되었다는 주장을 거절한다. 그러므로 도르트레히트 정경은 구원의 현실성은 다만 예정된 자들에게만 선한 결과를 가져온다고 가르친다. 그들이 하나님을 선택한 그 배후에 그들을 향한 하나님의 선택이 선행(先行)한다

---

[206] Dordtse Leerreels, 2.3.
[207] Dordtse Leerreels, 3; 4.8.

는 것이다. 회개에 이르지 않는 다른 사람들은 그리스도의 속죄가 충분히 넉넉하지 않아서가 아니라, 그들이 선포된 내용을 믿지 않기 때문이다.**208)**

5.7. 신자들의 견인과 관련한 하나님의 신실하심

아마도 항론파와 개혁교회 사이의 사고방식의 차이점이 도르트레히트 제5조항, 즉 성도의 견인에서 정점에 이르지 않나 싶다. 이 대목에서 우리는 종교개혁의 영성의 한 특징, 즉 인간의 연약성과 천박한 신뢰를 넘어서는 하나님의 완전한 신실성과 은혜의 한 예를 보게 된다. 성도의 견인은 인간적인 성취가 아니라 하나님의 사랑 가득한 지키심의 열매이다. 성도는 죄인으로 현존하지만, 다만 하나님의 은혜로 그들의 죄와 불신에도 불구하고 하나님에게 천착하게 된다. TULIP이라는 요약에도 반영된 것처럼, 불가항력적(onweerstaanbaar; irresistible)인 은혜는 신자들의 삶으로부터 직접 주어지는 것이 아니다. 이것은 항거될 수 있으며, 불신자들을 통해서 뿐만 아니라 하나님의 자녀들을 통해서도 항거될 수 있다. 그러나 하나님의 은혜는 예정된 자들의 경우에는 불가항력적으로 나타난다. 하나님께서는 그들의 항거와 불경건한 행위에도 불구하고 그들이 버려지도록 허락하지 않으신다. 당신의 성령을 통하여 하나님께서 그들의 마음을 감동하시고 다시 불

---

208) W. D. Jonker, Uit vrye guns alleen, (Pretoria: N. G. Kerk-boekhandel, 1988), 165-167; H. Bavinck, Gereformeerde Dogmatiek III, (Kampen: Kok, 1929), 460-466.

러내어 회개함으로 바로 서도록 하신다.[209] 이 모든 일이 권면과 징계의 긴장을 통하여 일어날 뿐만 아니라, 기도와 헌신된 신앙 안에서 일어난다. 하나님의 신실하심이 그의 자녀들을 그대로 방치하지 않도록 하며, 그들 모두를 천 번까지라도 기꺼이 섬기신다. 그러므로 성도의 견인은 하나님의 깨트려지지 않는 선택하시는 사랑과의 깊은 대면 가운데서, 그리고 그것에 근거해서 유지되는 것이다.[210]

6. 도르트레히트 정경에 대한 토론

도르트레히트 정경이 목회적인 방식으로 예정론을 다루었음에도 불구하고, 이 신앙고백문서의 개념적인 틀과 해석과 관련한 다양한 문제를 신학적으로 논의하는 시대적인 발자취가 있었다. 제한적인 입장을 남기게 된 신학적인 풍토와 상황과 같은 정황적인 이유들을 고려하면서 이 문제를 다루는 것이 필요할 것이다.

6.1. 도르트레히트 정경은 오랜 기간 동안 작성됨

여기에서 지적하고 싶은 첫 번째 내용은 도르트레히트 정경이라는 작품이 어떤 의심도 없이 오랜 기간에 걸쳐서 형성되었고, 전개된 오류들이 반복되면서 집적된 내용들이라는

---

209) Dordtse Leerreels, 5.6-8.
210) G. C. Berkouwer, Geloof en Volharding (Kampen: Kok, 1949), 20 이하, 33-38.

것이다. 도르트레히트 정경의 이런 형식상의 약점은 이것이 등장하게 된 정황적인 것과 연관되어 있다.

이것은 서로 경쟁하는 유파들 사이에서 유쾌하지 않은 논쟁이 벌어지는 정황 가운데서 형성된 문서이다. 이것은 총회의 절차에 따라 형성되었으므로 엉성한 형태를 갖고 있다. 이런 면에서 세 가지 네덜란드의 신앙고백서 가운데 가장 특이한 모습을 갖게 되었다. 쉽게 접근할 수 있도록 요약할 뿐만 아니라 각각의 명제를 보다 더 구체적이고 명료하게 만드는 과정을 수차례 거치면서 인상적인 형태를 갖추게 되었으며, 결과적으로 유능한 개인이나 혹은 자격을 갖춘 그룹, 즉 위원회나 혹은 신학자들을 위한 작품으로 간주되기에 이르렀다.

6.2. 신학적인 언어를 반대함

도르트레히트 정경이 아르미니우스주의와 타락 전 선택설에 대항하여 올바른 선택을 하였을 뿐만 아니라 또한 목회적인 방식으로 예정론을 거론했다는 사실에도 불구하고, 불더링크(Woelderink), 베르까우워(Berkouwer), 폴만(Polman), 부어(Boer), 흐라플란트(Graafland)와 같은 개혁교회 신학자들로부터 신학적인 언어를 반대했다는 비판을 받도록 했다는 것도 또한 사실이다. 이것은 주로 종교개혁 신학자들은 예정론에 깊은 관심을 기울였다고 주장한 칼 바르트(Karl Barth)의 예정론 때문에 도르트레히트 정경에 주어진 비판이었다.[211] 이 비평

배후에는 항론파에 대항하여 제기되었던 것과 다른 어떤 내용을 도르트레히트 정경이 담고 있어서가 아니라, 도르트레히트의 교부들이 전면에 내세웠던 일종의 합리성과 관련한 의견의 불일치가 가로놓여 있다.212) 종교개혁의 최상의 시기가 지나갔다. 스콜라주의의 영향과 새롭게 등장하는 경건주의는 이미 퍼져나가기 시작했다. 칼뱅에게서 나타났다가 베자를 통하여 발표된 이중예정론은, 이미 논의했던 것처럼 도르트레히트 교부들의 목회적인 관심사와 그들의 타락 전 선택설을 대한 부정에도 불구하고, 타락 전과 타락 후 선택설 사이의 사색적인 성격의 토론을 불러일으켰다. 불더링크(Woelderink)는 도르트레히트 정경은 예정을 추상적인 결정, 즉 하나님의 경륜에서 일어나는 일로 이해해야 한다고 생각했다.213) 시간에 앞선 결정이라는 생각과 인과론적 사고방식을 사용하는 것은 도르트레히트 정경의 명확한 내용을 다소간 왜곡하는 것이다. 흐라플란트(Graafland)는 도르트레히트 정경 1.6과 1.15에 근거하여, 영원한 유기라는 생각을 이차적인 것으로 간주하였으며, 다르게 해석할 수 있는 평가할만한 지시어에도 불구하고 도르트레히트는 암시적으로 이중예정론을 내용으로 갖는다고 생각했다. 그는 또한 도르트레히트 정경을 새롭게 읽을 것을 제안하면서, 선택과 유기를 다루기에 앞

---

211) K. Barth(1963). 저자가 책명을 빠뜨렸음.
212) G. C. Berkouwer, Vraagen rondom de belijdenis, GTT 63 (1-41) 1963.
213) J. G. Woelderink, De uitverkiesing, (Delft: Van Keulen, 1951).

서서 언약, 그리스도를 통한 세계와의 화해, 신앙의 결정적인 의미와 같은 내용으로 시작해야 한다고 주장했다.[214] 네덜란드 개혁교회는 도르트레히트 정경의 영원한 유기 사상에 대한 서론적인 불만이 제기된 1970년에 이미 거리를 두었으며, 도르트레히트 정경 안에 작동하고 있는 신학적인 구조에 대하여 베르까우워(Berkouwer)가 어려움을 토로하면서 의심 없이 핵심적인 쟁점이 되었다. 그 때로부터 그가 속한 교회를 위한 이 결정은 의미 있는 것이 되었다.[215]

6.3. 예정의 삼위일체적인 성격

도르트레히트 정경은 실제로 구원의 수단을 강조하며 무엇보다 복음의 선포를 구원을 받아들이고 선택의 확실성을 받아들이는 방편으로 강조하지만, 예정론의 삼위일체적인 성격을 규정지을 수 있는 보다 더 큰 개념의 틀이 발견되지 않아서 아쉽다. 달리 말하여, 성부 하나님께서 그리스도 안에서 그리고 성령으로 말미암아 예정하신다는 틀이 두드러지게 발견되지 않는다는 것이다.[216] 이것이 예정을 추상적인 구조로부터 끌어낼 수 있는 방편이 될 수 있으며, 예정을 부르심과 보다 더 긴밀하게 연결할 수 있는 방법이다. 이것은 또한

---

214) C. Graafland, Gereformeerden op zoek naar God, (Kampen: Kok, 1990), 209-215; W. D. Jonker, Spiritualiteit en Godsverduistering, NGTT XXXIII (170-178) 1992, 173 이하.
215) G. C. Berkouwer, Een halve eeuw theologie, (Kampen: Kok, 1974), 140-148.
216) W. D. Jonker, Uit vrye guns alleen, (Pretoria: N. G. Kerk-boekhandel, 1988), 120.

영원한 예정을 시간 안에서 실제적이며 효과적으로 이해함으로써 인간을 말씀의 선포를 통하여 어둠으로부터 놀라운 빛으로 불러낼 수 있는 가능성을 열어준다. 우리가 예정을 시간에 앞선 결정으로서 뿐만 아니라 현실적인 것으로 파악하는 것은 중요한 일이다.[217] 헤르만 바빙크(H. Bavinck)와 더불어 우리는 하나님의 경륜을 과거에 이루어진 어떤 추상적인 계획이 아니라, 살아계셔서 지금 결정하시는 하나님 자신의 행동으로서 이해함으로써 이 논의를 시작해야 한다.[218] 이것이 예정과 관련된 모든 논리적인 문제를 다 해결하는 것은 아니지만, 우리는 적절한 표현 방식을 발견함으로써 보다 적절하게 성경의 언어를 살아나게 하는데 관심을 기울여야 한다.[219]

6.4. 신앙의 경험을 강하게 강조함

도르트레히트 정경에는 후기 종교개혁(Nadere Reformatie)을 특징짓는 독특한 종류의 경건을 담아내는 측면이 있다는 사실이 자주 지적된다. 그것이 신앙의 경험(geloofservaring)에 대한 강력한 강조이다. 이것은 인간의 내면과 감정에 있어서 매우 중요한 것으로서 주관주의(subjektivisme)나 경건주의(Pietisme)의 형식을 가졌었다. 도르트레히트 정경 1.12에서 우

---

217) O. Noordmans, Het koninkrijk der hemelen, VW II, (Kampen Kok, 1979), 433-451.
218) H. Bavinck, Gereformeerde Dogmatiek II, (Kampen: Kok, 1928), 334.
219) G. P. Hartvelt, Symboliek, (Kampen: Kok, 1991), 154.

리는 예정의 확실성이 다만 우리가 참여한 신앙과 관련해서뿐만 아니라 이것을 통하여 인간 자신 안에 예정의 실패할 수 없는 열매로서 거룩한 기쁨과 즐거움이 동반된다는 사실을 언급하고 있다는 사실을 발견하게 된다. 그런가 하면, 도르트레히트 5.5.에서 항론파의 오류를 폐기하면서 인간이 자신의 구원의 확실성을 특별계시를 통하여 알 수 있는 것처럼, 그렇게 또한 구원의 확실성을 신자들을 통하여 경험되는 하나님의 자녀들에게 고유한 표지로부터도 알 수 있고, 하나님의 약속을 견고하게 붙잡는 것으로부터도 알 수 있다. 다행스럽게도 도르트레히트 정경 5.10에서 또한 다시 다른 형식을 보게 되는데, 확실성의 근거로서 약속을 성령의 증거와 신앙의 열매에 끌어당긴다는 사실이 그것이다. 그럼에도 불구하고 도르트레히트 정경은 개혁교회 스콜라주의에서 중요한 역할을 차지했으며, 도르트레히트 총회 이후로 깊은 영향을 끼쳐왔던 신비적 삼단논법(syllogismus mysticus)의 윤곽과 함께 하는 것이 분명하다. 구원의 확실성은 하나님의 약속의 확고함을 추구하는 것뿐만 아니라 주관적인 경험 또한 신중하게 고려되어야 하는 것이다. 비록 도르트레히트 정경이 베자의 타락 전 선택설을 넘겨받지는 않았으나, 그럼에도 불구하고 신비적인 삼단논법을 받아들임으로써 타락 전 선택설에 함께 속하는 일종의 주관주의를 자극한 것이다. 이것이 후기 종교개혁(Nadere Reformatie)에서는 구원의 확실성의 상실과 확실성의 근거로서 내면적인 경험에 함몰되는 것에 이르고 말았다.[220]

6.5. 혐오스러운 증언

이 모든 언급에도 불구하고, 누구도 지나칠 수 없는 사실은 도르트레히트 정경에서 공로가 배제되고 은혜로 충만한 구원의 성격과 그리스도 안에서의 영원한 예정이라는 성경적인 교리가 대담하고 공포스러운 증언이라는 고발 앞에 선다는 점이다. 도르트레히트 총회가 자기 시대의 구조나 동시대의 지배적인 사고방식 밖에서 미래에 이 신앙고백이 미칠 영향이 무엇인지 전혀 아무 것도 고려하지 않았을 것이라고 기대하는 것은 공정한 판단이 아닐 것이다. 도르트레히트에서 사용되었던 신학적인 장치(aparaat)는 사람들이 꺼려할 정도로 제한되고 취약한 국면이 있다. 그러나 신학적 사고 장치의 시대적인 제약에도 불구하고 도르트레히트는 예정과 관련하여 본질적인 일을 수행하였는데, 이를테면, 항론파의 매력적인 오류에 대항하여 하나님의 자유롭고 공로가 게재되지 않은 은총을 견고하게 드러낸 것이다. 이밖에도 피상적인 인본주의와 기묘하게 감추어진 반(半)펠라기우스주의의 위험을 드러냈다. 이와 관하여, 니꼴라스 스콧츠만(Nicolaas Schotsman)과 더불어 도르트레히트 총회의 기억을 떠올리며 환대하고 기념해도 좋을 것이다.[221]

---

220) J. De Boer, De verzegeling met die Heilige Geest volgens de opvatting van de Nadere Reformatie, (Rotterdam: Bronder-Offset, 1968), 69-76; R. T. Kendall, Calvin end English Calvinism to 1649, (Oxford: University Press, 1979), 29-41; A. A. Van Ruller, Ultra-gereformeerd en vrijzinnig, in Th. W. III, (Nijkerk: Callenbach, 1971), 104 이하.

오늘날까지도 도르트레히트 정경은 종교개혁의 존립의 근거로서 자유에로 초대하는 진리, 즉 구원은 오로지 은혜로부터 나오며, 그것을 믿음으로 받되 전혀 인간의 공로로 이해하지 않는다는 성경의 진리를 견고하게 붙잡고 확신과 감사와 더불어 표현하고 있다. 이 신앙고백이 고백하는 내용과 일치하는 내용을 증언할 뿐만 아니라, 도르트레히트 정경과 관련하여 어떤 의심할 내용도 없다는 사실을 승인하는 서명이 계속되고 있다. 그러므로 비록 우리 세대에서 그렇게 대중적인 인지도는 갖고 있지 않더라도, 어려운 상황과 무질서한 시대에서 하나님의 무조건적인 은혜의 진리를 대담하게 곧추세운 도르트레히트 정경을 존경심과 더불어 기꺼이 붙잡아야 할 것이다.

---

221) A. J. Rasker, De Nederlandse Hervormde Kerk vanaf 1795, (Kampen: Kok, 1974), 42-43.

> 개혁교회는 교회의 보편성의 교리를 매우 강조하고, 타교단과의 형제애를 이루려는 진지한 태도를 가지고 있다. 또한 자신의 몫이 무엇인지 선명하게 드러내는데도 두려움이 없다. 이 책을 읽으면서 개혁교회의 이런 태도가 신앙고백서에 분명하게 드러나 있다는 사실을 발견하게 될 것이다.

제6장
오늘날의 개혁교회 신앙고백서

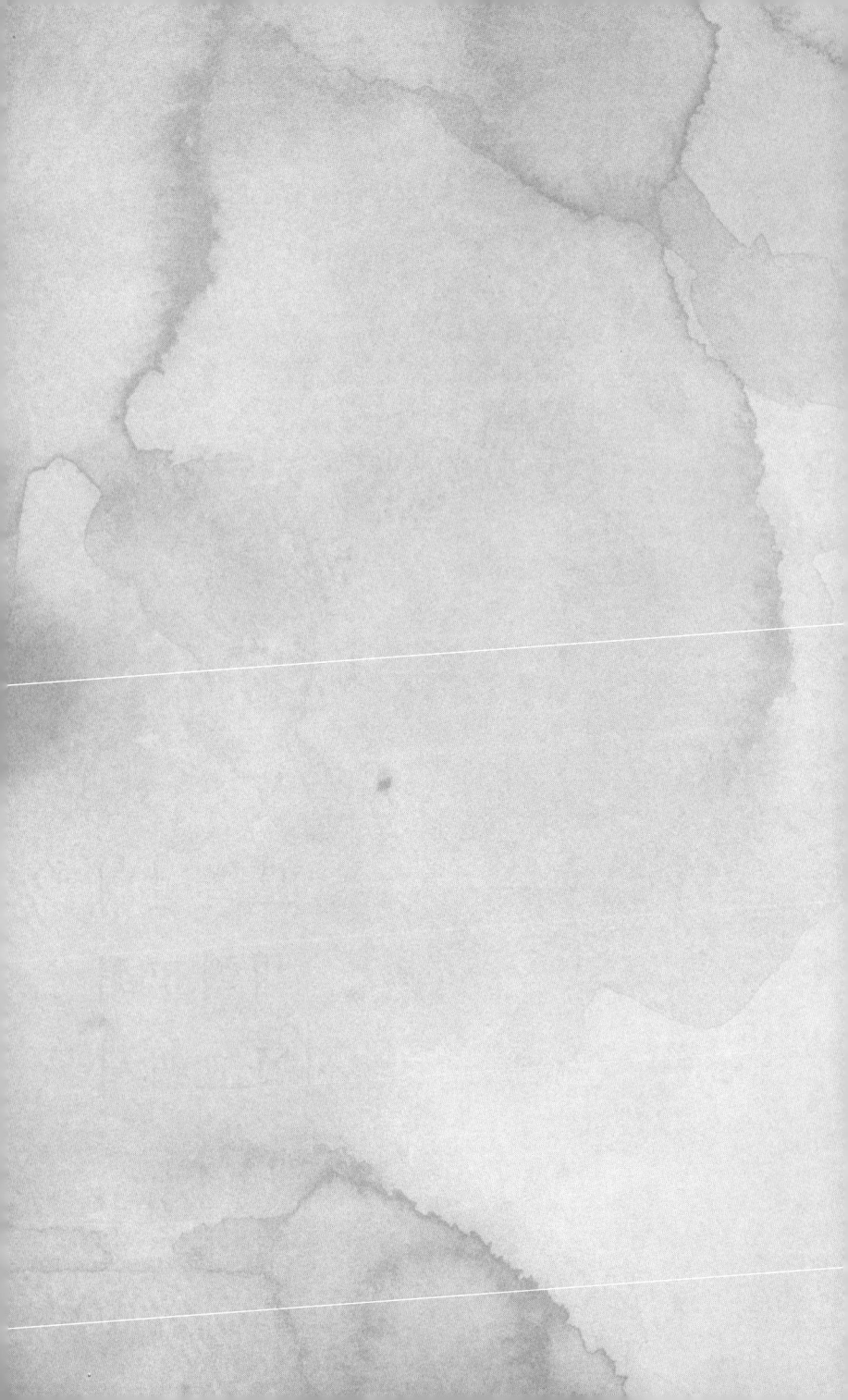

오늘날의 개혁교회 신앙고백서

1. 진전된 신앙고백서의 필요성

비록 조금 나중에 받아들이기는 하였지만 네덜란드 국가개혁교회(Nederlandse Hervormde Kerken)를 포함하여, 네덜란드 개혁교회(Gereformeerde Kerken in Nederland)의 역사에서 통일성을 내포하는 세 신앙고백문서들은 상당히 의미 있는 역할을 수행하였다.

1.1. 자유로운 정신

18세기이후로 관용과 자유의 정신이 등장하였으며, 결과적으로 신앙고백문서의 권위가 축소되기에 이르렀다. 19세기를 거치면서 네덜란드 국가개혁교회(NHK)에서 신앙고백문서와 관련된 큰 논란이 일었다.**222)** 국가개혁교회 내의 다양한 분파들의 역사와 분리(Afskeiding, 1834)와 애통(Doleansie, 1886)

의 역사는 슬픈 이야기를 들려준다.

분리와 애통으로부터 형성된 교회 안에서는 신앙고백문서의 권위에 대한 인식이 점차로 약화되었다. 또한 네덜란드 국가개혁교회 안에서도 신앙고백문서에 강하게 천착하고 그 의미를 방어하려는 강한 단체들이 남아 있었다. 그러므로 상황이 그렇게 정적이지 않았다. 그런가 하면, 분리와 애통의 산물인 네덜란드 개혁교회(GKN) 안에도 지난 10년 동안 신앙고백의 내적인 권위를 강하게 보존하려는 주목할 만한 변화가 있었다.

비록 우리 땅인 남아공화국에서 신앙고백문서의 의미에 대한 토론이 아직 전면에 등장하지는 않았지만, 사람들은 이런 경우들에서처럼 그렇게 신앙고백이 교회적 삶에서 항상 기능하고 있지 않다는 사실을 의식하기 시작했다. 신앙고백문서가 탐구되지 않았고, 그와 관련한 예도 제한되어 있기 때문에 많은 교회 지체들이 기대감을 가지고 지켜보고 있다.

---

222) D. Nauta, De Verbindende krachr van de belijdenisschriften, (Kampen: Kok, 1969); W. Volger, De leer der Nederlamdsche Hervormde Kerk, (Franeker: Wever, 1946); W. Volger, Om de vrijheid van de kerk, (Kampen: Kok, 1954); Th. L. Haitjema, De richtingen in de Nederlandse Hervormde Kerk, (Wageningen: Veenman & Zonen, 1953).

1.2. 신앙고백문서의 가치가 퇴락하게 된 이유

신앙고백서의 가치 퇴락은 교회공동체의 정신적인 몰락과 관련되어 있다는 관찰이 심심찮게 보고된다. 그러나 또한 다른 세기의 언어와 상황에서 형성된 신앙고백서의 형식이 갖는 문화 및 역사적인 요소도 간과할 수 없을 것이다. 이런 형식으로는 더 이상 새로운 상황 속에 있는 교회적 삶과 상관성을 갖고 소통하는 것이 쉽지 않을 것이기 때문이다.

특정한 사람들이 작업한 것이기에 제한이 뒤따르지 않을 수 없을 것이다. 이런 문제는 통일성을 견지하는 세 신앙고백서들도 예외가 아닐 것이다. 이 신앙고백서들도 16세기와 17세기 초라는 시대적인 한계 안에서 만들어진 것이다. 비록 복음의 재발견에서 비롯된 것이며, 특별한 기쁨과 영감을 통하여 형성된 것일지라도, 그것들이 특정한 상황에서 그리고 오늘과 다른 제한된 정황에서 형성된 것이라는 사실 자체는 바뀌지 않는다. 교회는 역사 안에 실존하고, 다시 새로운 상황에 직면하기에 앞선 세대에서는 없었던 문제와 물음에 직면하지 않을 수 없다.

종교개혁의 신앙고백서는 유럽의 기독교제국이라는 시대 정황에서 기독교 내부의 차이에 주목하면서 등장하였다. 오늘날 이것은 모든 대륙과 관련된 일이 되었다. 정신사적으로 볼 때, 종교개혁과 오늘 사이에는 간격이 있다. 따라서 현대의 교회는 16세기에는 아직 알려지지 않았던 현안 앞에 서게 된다. 오늘날 우리가 남아공화국에서 경험하는 문화적, 정치적, 사회적 현실은 아직 그렇게 안정적이지 않다. 현재의 이데올로기와 종교적인 위기는 16세기 교회가 복음의 빛에서 정리해냈던 것처럼 그렇게 정리되지 않았다. 이것이 이 시대의 교회가 감당해야 할 과제이다.

종교개혁 시대에 이루어진 위대한 결정은 자유에로 초대하는 진리인 복음에로 다시 돌아가는 것과 다르지 않은 한에서 모든 시대를 위한 가치를 갖는다. 그러나 새로운 오류와 문제들이 등장하고 있기에, 교회는 고백적인 말씀으로 다시 소명되어야 한다.

1.3. 오늘날 현실이 되고 있는 논제

그 시대에는 등장하지 않았던 다양한 신학적 논제들이 등장하고 있다. 성경의 역사적 속성이라는 문제와 이와 관련된 모든 것이 아직 그 진면목을 다 드러내지 않았다. 성경에서 중요한 자리를 차지하는 제한된 논제, 예를 들어서 하나님 나라와 같은 것이 아직 정신적으로 깊은 관심을 받지 못하고 있다. 교회와 이스라엘의 관계라든지, 실로 다양한 종족과 국가로부터 몰려든 사람들이 함께 모여 살아가는 이 세계에서 그리스도의 "한" 교회에 천착하여 교회의 통일성을 고백한다는 것이 무엇을 의미하는지 아직 실제적인 논제가 되지 않고 있다.

1.4. 신앙고백서의 한계

역사적인 신앙고백서는 확실히 한계가 있다. 바빙크(H. Bavinck)가 이미 강조한 것처럼 신앙고백서들 안에는 제한된 비개방성이 엄연히 뒤따르며, 이 사실을 사람들이 인식하면서 신앙고백서를 다루지 않는 한 그 가치는 상실되고 말 것이다.[223]

이러한 예로서 그는 네덜란드신앙고백서 제4조항이 히브리서의 저작권을 거론하면서 성경으로부터 증거본문을 취하였으나, 주석적으로 볼 때 논쟁의 여지가 있다는 사실을 지적하였다.

여러 신학자들이 신앙고백서를 향한 어떤 이의 충성심을 의심할 수 없게 되었는데, 이는 시대의 흐름에서 신앙고백서의 약점이 논리적으로 제기되었고, 신학적으로나 철학적으로 문제를 다루어 나가는 방식에서 깊은 성찰이 필요한 그런 소재들이 등장하였기 때문이다.

① 『교회의 신앙고백에 관하여』라는 책에서 폴텐(H. Volten)[224]은 이와 관련하여 전면에 제기된 일에 대한 비

---
[223] H. Bavinck, Modernisme en Orthodoxie, (Kampen: Kok, 1911), 14-15.

판적인 언급의 한 예를 제공하였다. 이에 대하여는 한 번 더 언급하게 될 것이다.

② 미스코테(K. H. Miskotte),**225)** 노르트만스(O. Noordmans),**226)** 불더링크(J. G. Woelderink)**227)**는 자료를 신학적으로 다루는 것, 이에 뒤따르는 숨겨진 방법론적 전제, 논리적 연결이 상실된 주석에 관한 문제들에 대하여 비판적인 언급을 하였다.

③ 베르까우워(G. C. Berkouwer)**228)**는 도르트레히트 정경의 목적과 관련하여 정체성을 분명히 하려는 시도를 하였으나, 예정론과 관련한 스콜라적인 측면을 거론하면서 받아들일 수 없는 것으로 선언하고 말았다. 흐라플란트(C. Graafland)도 이와 유사한 논의를 전개한 바가 있다.

④ 까이퍼(A. Kuyper)는 신앙고백문서를 교회의 사상의 다양성을 기능하지 못하게 한다는 이유로 비판하였다.**229)**

⑤ 다양한 측면으로부터 하이델베르크신앙교육서 제10주일의 내용인 섭리(voorsienigheid) 교리와 관련한 수동적인 태도에 대한 반대가 일어났다.**230)**

---

224) H. Volten, Rondom het belijden der kerk, (Kampen: Kok, 1962), 106-111.
225) K. H. Miskotte, De Blijde Wetenschap, (Nijkerk: Callenbach, 1947).
226) O. Noordmans, Het koninkrijk der hemelen, (Nijkerk: Callenbach, 1949).
227) J. G. Woelderink, De Uitverkiezing, (Delft: Van Keulen, 1951).
228) G. C. Berkouwer, Vragen rondom de belijdenis, in GTT 63(1-41)1963.
229) W. D. Jonker, Die pluriformiteitsleer van Abraham Kuyper, In die Skriflig September(12-23)1989, 16-17.
230) J. Verkuyl, De kern van het christelijk geloof, (Kampen: Kok, 1992), 74-75.

이런 종류의 반대는 습관적인 불평의 원인으로 간주될 것이 아니라, 까이퍼 자신이 우연히 표현했던 것처럼, 대개의 신학자들이 "각 신앙고백서에서 사람들이 고백하는 내용과 고백된 것을 표현한 형식 사이를 구별하는" 그런 입장을 표현하는 것이다.[231] 이로써 내용과 형식 사이에 놀만한 공간이 있다는 사실을 알게 되며, 이는 La Rochelle 총회(1607)에서 표현된 "신앙고백은 다만 담고 있는 내용과 관련해서만 힘과 권위를 갖는다"는 사실과 연결된다.[232]

1.5. 신앙고백서는 진취적인 행동임

이런 언급은 신앙고백문서의 실행력이나 혹은 영적인 권위를 축소하려는 목적에서 행한 것이 아니다. 신앙고백서의 목적이 무엇인가에 대한 해석적인 차이는 교회로 하여금 공식적인 결정을 하도록 유도한다. 총회가 한계가 있는 해석을 거절하거나 혹은 합법화하는 것은 제한된 경우에 일어날 수 있는 일이다.

네덜란드신앙고백서 제36조항(1905)과 도르트레히트 정경 제1.6과 15조항(1970)에 대한 반대문서가 상정된 후 네덜란드 개혁교회(GKN)는 이 조항들을 제한된 방식으로 해석하기로

---

[231] A. Kuyper, Confidentie, 91. H. Volten, Rondom het belijden der kerk, (Kampen: Kok, 1962), 130에서 재인용.
[232] A. D. R. Polman, Onze Ned. Geloofsbelijdenis I, (Franeker: Wever, 연대미상), 87.

공식적인 결정을 내렸다.[233]

 이것이 함의하는 내용은 분명한데, 역사적 신앙고백문서는 제한된 한계를 가지며, 다시 검토함으로써 보완되어야 한다는 것이다. 신앙고백서는 교회의 진취적인 행동이다. 프로테스탄트 교회의 오랜 역사 동안 이런 일에 다소 미진했던 것은 아쉬운 일이다. 성령의 인도가 종교개혁에만 매여 있는 것이 아니라 교회의 생에도 지속적으로 나타난다.

 그러므로 교회는 역사 내에서 제한된 시대성에 고착된 신앙고백서만으로 만족해서는 안 되며, 다시 새롭게 작성해내야 한다. 종교개혁 때에 여러 가지 신앙고백서를 작성하려는 요동치는 신앙고백에의 충동이 17세기에 이미 시작되었을 뿐만 아니라, 이미 존재하는 신앙고백을 보존할 수 있는 여지를 마련하였던 것이다. 도르트레히트 정경(Dordtse Leerreels)은 1618-1619년에, 웨스트민스터 신앙고백서(Westminster Confession)는 1647년에, 일치신조(Formular Concordiae)는 1675년에 작성됨으로써, 종교개혁 신앙고백서 작성의 마지막을 장식하였다.[234]

---

[233] H. Bavinck, Modernisme en Orthodoxie, (Kampen: Kok, 1911), 14; G. C. Berkouwer, Een halve eeuw theologie, (Kampen: Kok, 1974), 146-147.
[234] J. Rohls, Theologie reformierter Bekenntnischriften, (Gottingen: Vandenhoeck, 1987), 14.

1.6. 전통이 권위가 됨

정통파시대에 신앙고백의 최종적인 형식으로서 성경론(Bybelseleer)을 형성하려는 경향이 나타났다. 바빙크에 따르면, 이 시기에서, 신앙고백은 흔들리지 않는 절대적(onaantasbare) 권위를 획득하려고 하였다.235) 전통이 권위의 지위에로 높아졌다. 스콜라적인 사고방식은 새로운 신앙고백서를 작성하려는 매 경우에 그렇게 선호되지 않았다. 달리 말하여, 이미 존재하는 것을 더욱 조직적으로 만드는 데는 몰라도 새로운 것을 발견하는 데는 스콜라적인 방법이 그다지 선호되지 않았다는 것이다.

18세기 현대주의와의 대결을 통하여 교회는 이미 존재하는 것을 보존하고 방어하려는 강한 경향을 드러내었다. 19세기에 이르러 점증하는 자유에의 압박은 네덜란드나 영국이나 스코틀랜드와 그 밖의 나라들에게 분열을 안겨주었다.236) 이제 막 생겨난 교회들은 일의 성격상 새로운 신앙고백서를 작성하기보다는 이미 존재하는 고전적인 신앙고백서들을 보존하는데 더 가치를 부여하였다.

그런 이유로 무려 두 세기 반 동안 새로운 신앙고백서가 나

---

235) H. Bavinck, Gereformeerde Dogmatiek I, (Kampen: Kok, 1928), 155.
236) A. J. Rasker, De Nederlandse Hervormde Kerk vanaf 1795, (Kampen: Kok, 1974), 55 이하; 171 이하; W. Walker, A History of the Christian Church, (Edinburgh: T&T Clark, 1963), 495 이하.

타나지 않았다. 물론 이 시기 동안 신앙고백서에 관하여 진취적으로 언급하지 않은 것이 아니라 오히려 있었으며, 다만 발표된 신앙고백문서가 등장하지 않았다는 의미이다.

2. 바르멘신학선언문(Theologiese verklaring van Barmen)의 놀라움과 그 의미

이런 배경에 반하여 한 놀라운 일이 일어났는데, 독일에 있는 개혁교회, 루터교회, 그리고 연합측이 공동으로 신앙고백서를 작성하여 1934년에 발표한 바르멘신학선언문(Theologiese verklaring van Barmen)이 바로 그것이다.

1933년 이후 독일의 정치적인 상황으로 인한 이념적인 혼란은 교회로 하여금 아주 분명하게 말하지 않을 수 없게 만들었다. 그러나 이것이 그렇게 단순하지가 않았다. 민족사회주의 국가의 지도자는 교회로 하여금 자신들의 정치적인 계획에 참여할 뿐만 아니라 동화될 것(Gleichschaltung)을 요구하였다. 많은 교회의 지체들, 설교자들, 그리고 신학자들이 독일 민족사회주의의 파고에 몸을 맡겼다. 독일 그리스도인(Deutsche Christen)의 움직임은 공격적인 방식으로 신앙고백과 교회적 삶을 위협하는 민족사회주의적 이념에 동화되었으며, 적극적으로 교회의 지도자들이 참여하도록 노력하였다. 제한된 시간 동안 이런 동화가 일어났으며 또한 성공하였다.

공식적인 교회 지도자는 정치적인 이념에 저항하는 일을 아예 포기하고 스스로 타협하였다.[237]

2.1. 말씀 아래 선 고백하는 공동체

이런 상황에서 1933년이 이르자 저항운동이 전면적으로 일어났다. 청년개혁교회운동(Jungreformatorische Bewegung)이 맨 처음 등장하였다. 복음주의 지역교회의 많은 설교자들과 회중들이 이 사태가 무엇을 의미하는지 항상 분명하게 인식하였다.

이것은 민족사회주의적 정치에 동화된 교회에 대항한 저항이 전국적으로 확산되도록 한 고백운동에서부터 시작되었다. 1933년 마르틴 니멜러(Martin Niemoller)의 지도력 아래 결성된 목회자연맹(Pfarrennotbund)의 등장과 더불어 이 운동이 공식화되었다. 천 명의 설교자들이 이 모임에 참여하였다.

① 1933년 11월 이후 독일에서는 "말씀 아래서"(onder die Woord)라고 고백하는 회중들이 형성되었다. 이 고백운동에 참여한 설교자들과 지도급 인사들에 대한 압제의 파고에도 불구하고 급속하게 펴져나갔다.
② 1934년 1월에 자유개혁교회 총회가 바르멘에서 소집되었고, 167개의 회중들이 참석하였다.

---

237) W. Veen, Collaboratie en Onderwerping, (Gorinchem: Narratio, 1991).

③ 라인란트(Rynland)의 자유복음주의총회와 1934년 2월에 있었던 붸스팔레(Wesfaalse)고백교회총회가 뒤따라 일어났다.
④ 이와 더불어 이 운동은 중단할 수 없는 정점을 향하여 진전하였고, 결과적으로 국가교회 내부에 있던 자유로운 회중들과 단체들이 전국에 걸쳐서 고백교회(Bekennende Kirche)를 탄생시켰다. 이 고백교회가 1934년 바르멘신학선언문을 작성하는데 책임적인 역할을 수행하였다.[238]

2.2. 강렬한 개혁교회적인 강조점

칼 바르트(Karl Barth)의 신학이 이 운동 전반에 중요한 역할을 했다. 라인란트 출신의 개혁교회 회중들이 고백교회 안으로 고백적인 요소를 가지고 들어왔다. 이렇게 볼 때, 이 선언문의 주된 강조점이 루터교회보다는 개혁교회와 더 관계되어 있다는 것은 낯선 일이 아니다. 그러나 이 사실이 루터교회가 그 정체성에 공헌하지 않았다는 것을 의미하지는 않는다. 루터교회 일원인 한스 아스무센(Hans Asmussen)은 바르트와 브라이트(T. Breit)와 함께 이런 과정을 일구어내는데 동역하였다는 사실은 고려되어야 한다. 전략상의 이유로, 그는 또한 이 총회를 변호하였다.

---

[238] A. Burgsmuller/R. Weth, Die Barmer Theologische Erklarung, (Neukirche: Neukirchner Verlag, 1983), 9-19.

최종적인 선언문은 사실상 개혁교회와 루터교회의 일치를 이루었다. 그러나 여기에 반영된 정신과 특징으로 볼 때, 개혁교회의 영향권 내에서 바르멘신앙고백문서를 제거하는 것은 추구할 바가 아닌 것으로 보인다.[239]

2.3. 선언문의 내용

선언문[240]은 여섯 조항으로 되어 있으며, 각 경우에 하나 혹은 두 개의 성경본문이 먼저 언급되었으며, 뒤이어 신앙고백문이 제시되었고, 다음으로 이와 관련된 특정한 오류를 폐기함으로써 마무리하였다.

① 이 신앙고백서는 그리스도 안에서 주어진 계시의 탁월성을 증언함으로써 오직 이 기준에 따라서 신자들의 삶의 전 영역에서 잘못된 순종을 판가름하게 된다.
② 교회는 형제들의 회중이 자신들의 신앙과 순종과 선포와 질서를 이 세상 안에서 증언하는 것과 함께 하여야 하며, 회중들이 다만 그리스도의 소유이며, 그의 위로와 인도를 통해서만 산다는 사실에 머물도록 해야 한다. 교회 안에는 이런저런 다른 권위가 들어와서는 안 된다.

---

239) W. Niesel, Das Evangelium und die Kirchen, (Neukirche: Neukirchener Verlag, 1960), 4-20; J. Rohls, Theologie reformierter Bekenntnisschriften, (Gottingen: Vandenhoeck, 1987), 351-358.
240) H. Steubing(hrsg), Bekenntnisse der Kirche, (Wuppertal: Brockhaus, 1970), 287 이하에서 취한 본문을 사용한다.

③ 교회는 감사 가운데 바르고 즐거운 마음으로 봉사해야 할 하나님의 제도로서 국가의 유익한 점을 인정한다.
④ 그리스도의 교회는 그리스도의 이름으로 말씀과 성례를 통한 부르심을 받아들이고, 하나님의 자유에로 초대하는 은혜의 메시지를 모든 백성들에게 증언해야 한다.

이 선언은 그 자체로 전형적인 기독교의 메시지를 담고 있다. 이 고백들이 형성되는 그 상황을 고려하지 않는다면, 이 문서가 왜 그렇게 큰 영향을 끼칠 수 있었는지 파악하기 어려울 것이다. 이것은 또한 상당히 주의 깊게 형성된 것이며, 제한된 타협적인 성격을 고려함으로써 총회에 참석한 모든 그룹들을 통합하는데 성공하였다.

무엇보다도 놀라운 것은 전체 문서의 어느 곳에도 나치의 인종적인 이념, 반셈족주의, 차별주의의 부도덕성, 아니면 박해받는 유대인들과 함께 하자는 등등의 문제를 거론하는 단어가 전혀 없다는 것이다. 고백교회 자체 내의 다수가 자기들의 행위를 민족사회주의의 정치세력들을 저항하는 것으로서 파악하지 않기로 결정하였으며, 로마서 13장에 따라 정부에 대한 그들의 순종을 유지하기로 천명하였다. 중요한 내용은 그들이 교회의 자존성을 국가에 양도하고, 지배하는 정당의 이념에 봉사하는 독일 그리스도인(Deutsche Christen)에 대항한다는데 있었다. [241]

2.4. 바르멘신학선언문의 영향

그럼에도 불구하고 바르멘신학선언문은 이념 비판적인 성격을 수행하는데 큰 영향을 끼쳤다. 예수 그리스도와 복음에 집중함으로써 세상의 불경건한 연대들과 거리를 유지할 수 있었으며, 모든 삶의 영역에 그리스도의 권위를 선언함으로써 현실 속에 뚫고 들어온 계시를 증언하였다. 루터의 두 왕국론과 같은 제한된 관점에 반대하며, 교회를 향하여 공개된 계시적 부르심을 제기함으로써 정치인의 삶의 영역에서도 그리스도에게 순종하는 일이 성취되어야 한다는 사실을 드러냈다.[242]

이로써 바르멘신학선언문은 새로운 시대를 개시하였다. 이것이 직접적인 결과를 눈으로 확인할 수 있게 드러내지는 않았으나, 독일교회가 나중에 획득하게 된 의미로부터 증거를 삼을 수 있을 것이다. 제3의 제국이 멸망한 후 교회의 비전은 세계의 다른 영역을 바라보게 된 것이다. 국가와 관련한 교회의 자존성을 깊이 고려하면서 교회의 정의를 위하여 하나님의 말씀으로 돌아서며, 그리스도의 왕권에 근거하여 국가와 정치적인 질서를 불러내어 경계선이 어디인지를 생각하게 되었던 것이다.

---

241) W. Veen, Colaboratie en Onderwerping, (Gorinchem: Narratio, 1991), 346-353.
242) W. Huber, Folgen christlicher Freiheit, (Neukirchen: Neukirchener Verlag, 1985), 23-30.

무엇보다도 바르멘신학선언문의 이념 비판적인 성격은 정치적 저항문서로서 가치를 수행하는데 공헌하였다는 사실이, 고백교회의 많은 지체들이 그런 방향을 일차적으로 지향했었다는 사실을 의미하는 것은 아니다. 그러나 바르멘신학선언문의 이런 비전은 앞으로 나타나게 될 여러 새로운 신앙고백문서를 위한 영감을 불러일으키는데 공헌한 것은 사실이다.

2.5. 새로운 신앙고백서의 흐름

제2차 세계대전이 끝난 이래로 바르멘신학선언문을 통하여 많은 영감을 얻은 새로운 신앙고백문서와 간증이 세계 도처에서 일어났다. 무엇보다도 개혁교회가 새로운 신앙고백의 필요성을 공개적으로 드러냈다. 루카스 피셔(Lukas Vischer)는 많은 수의 새로운 신앙고백문서를 모아 Reformed Witness Today라는 이름으로 1982년에 출판하였으며, 나중에 이를 보완한 보다 완전한 독일어판인 Reformiertes Zeugnis Heute라는 책을 1988년에 출판하였다. 이런 모음집은 의심 없이 새로운 신앙고백문서가 나왔다는 사실을 알려 줄 뿐만 아니라, 개혁교회가 자각을 가지고 훌륭한 내용을 갖춘 현실적인 신앙고백서를 내놓아야 한다는 사실을 도전하는 것이기도 하다. 한스 게오르크 링크(Hans-Georg Link)는 "1934년 바르멘선언문을 시작으로 우리는, 첫 번째 네 에큐메니칼신앙고백문서 작성의 시기와 두 번째의 종교개혁 시기를 거쳐서, 신앙고백문서 형성을 위한 제3의 시기에 접어든 것으로 보인다. 전통적인 신앙고백문서를 통해서는 좀처럼 답변될 수 없는 기독교 신앙에 대한 새로운 도전들이 분명하게 나타났으며, 따라서 현시대적인 도전과 상황에 응전할 수 있는 우리 시대의 신앙고백서 작성이 필요하다"라고 진술하였다.[243]

2.6. 신앙고백서의 위상

이 문서들은 상이한 관점을 견지하고 있으며, 같은 이유를 가지고 등장한 것도 아니다. 어떤 것은 기존의 신앙고백서를 재형성하려는 목적을 가졌다. 부분적으로는 신앙교육서적인 목적을 가지고 형성되기도 하였다. 그런가 하면 개혁교회의 유산을 새로운 문화적 상황에서 재형성한 것도 있다. 그러나 무엇보다도 관심을 끄는 것은 비판적인 정치적 상황에 대한 그리스도인의 투쟁을 인하여 형성된 신앙고백서도 있다는 사실이다. 이런 신앙고백서의 목적은 교회로 하여금 그리스도를 신앙하는 것이 내포하는 의미가 무엇인지를 새롭게 인식함으로써 교회의 참된 임무를 분명하게 상기시키는데 있다.[244]

---

243) L. Vischer(ed.), Reformed Witness Today, (Bern: Evangelische Arbeitsstelle Oekumene, 1982), 10.
244) L. Vischer(ed.), Reformed Witness Today, (Bern: Evangelische Arbeitsstelle Oekumene, 1982), 7.

무엇보다도 마지막에 언급했던 그런 종류의 신앙고백문서들은 바르멘신학선언문의 예를 따랐으며 영감을 받은 것이다. 이 세상에 대하여 그리스도인의 비전을 선언하려는 것은 고백교회가 정치적인 상황에 대하여 응전했던 바로 그 인식을 담고 있으며, 잘못된 두려움에 사로잡히지 않고 삶의 모든 영역에 그리스도의 왕권을 증언하는 진리의 순간에, "신앙고백서의 위상"(status confessionis)이 경험되는 것이다. 특별히 바르멘신학선언문의 두 번째 조항, 즉 예수 그리스도는 우리의 전 삶을 향한 하나님의 능하신 요구이며, 그로 말미암아 우리가 경험하고 있는 이 불경건한 세상의 결박으로부터 해방되어 그의 피조물을 자유와 감사함으로 섬기에 되었다고 말하는 그 내용이 큰 역할을 한 것이다.[245]

3. 남아공화국에서의 신앙고백운동

바르멘신학선언문과 독일교회의 투쟁의 모험담이 남아공화국에서는 "해방의 상징"이 되었다.[246] 이렇게 될 수 있었던 내적인 정황은 아파르트헤이트라는 정치적인 상황과 이

---

245) A. Burgsmuuller/R. Weth, Die Barmer Theologische Erklarung, (Neukirchen: Neukirchener Verlag, 1983); Votum des Theologische Ausschusses der EKD der Union. Zum politischen Auftrag der Gemeinde, (Barmen II; Gutersloh: Gerd Mohn, 1974); W. Kreck, Grundfragen christlicher Ethik, (Munchen: Kaiser, 1975), 307 이하.

246) J. W. De Gruchy, Barmen: Symbol of contemporary Liberation? in: JTSA 6(59-71)1984, 64.

에 대한 저항적 상황 때문이다. 일반적인 말로 설명하자면, 60년대 이후로 남아공화국에서 일어난 일종의 해방운동과 연결되어 있다. 중요한 것은 바르멘신학선언문과 다른 신앙고백문서들을 이런 빛에서 파악하였다는 사실이다.

3.1. 코테스루(Cottesloe)가 거절됨

이 논의는 1960년 사르퍼빌레(Sharpeville)에서 있었던 사건과 그 해 말에 남아공의 네덜란드개혁교회(Nederduitsch Gereformeerde Kerken)와 네덜란드국가개혁교회(Nederduitsch Hervormde Kerken)에 소속된 세계교회연맹의 여덟 지체들이 중심이 되어 개최하였던 코테스루학술대회(Cottesloe-beraad)와 관련되어 시작되었다. 그 기회에 케이프타운 네덜란드개혁교회가 제안한 것과 관련한 선언문을 근거 짓고 법적인 기조를 유지하면서 아파르트헤이트 정치에 반대하는 사상을 제시하였다.[247]

이에 네덜란드개혁교회(NGK)와 또한 네덜란드국가개혁교회(NHK)는 이 선언문을 거절하였고, 한편으로는 아프리칸스 교회와 다른 한편으로는 남아공의 여타의 교회들 사이에 의견의 불일치가 강하게 대두되었다.[248]

---

247) J. W. De Gruchy/J. Villa-Vicencio, Apartheid is a Heresy, (Cape Town: David Philip, 1983), 148-153.
248) D. E. De Villiers, Kritiek uit die ekumene, in: Die N. G. Kerk en apartheid, (red., J. Kinghorn; Johannesburg: Macmillan, 1986), 144-152.

또한 네덜란드개혁교회(NGK) 안에 아파르트헤이트에 대한 첨예한 불일치가 있었다. 이후 30년 동안 아파르트헤이트에 대한 저항이 담긴 여러 증언과 선언문들이 나타나게 되었고, 이와 관련하여 바르멘신학선언문의 영감이 상당한 역할을 하였던 것이다.

3.2. 남아공화국 백성들을 향한 메시지(The Message to the people of South Africa)

이런 범주에 속하는 첫 문서는 1968년에 나타난 "The Message to the people of South Africa"이었다. 이것이 등장하는데 바이엘스 나우데(Beyers Naude)의 노력이 없었다면 불가능했을 것이다. 그는 남아공화국에서 일어난 "신앙고백운동"(belydenisbeweging)이 고백교회(Bekennende Kirche)의 역할과 비슷한 것임을 입증하였다. 비록 이 이상을 현실화하지는 못했을지라도 나우데와 남아공화국 교회 연맹(SARK) 기독교연구소(Christelike Instituut) 내의 다른 인사들은 고통을 걸머짐으로써 이 문서를 작성하는데 관여하여 바르멘신학선언문의 예언자적 정신을 글로 표현하기에 이르렀다.

이 문서로부터 바르멘신학선언문의 분위기뿐만 아니라 세계교회연맹의 분위기 내에 하나의 새로운 사고가 드러나고 있다. 이 사고는 1966년 제네바에서 열렸던 "교회와 사회"(Church and Society)와 관련한 컨퍼런스를 통해서 세계교회연맹 안에 철저하게 반영되었다. 사회에 대한 교회의 비판적, 정치적 역할이 나중에 리차드 샤울(Richard Shaull)과 같은 신학자들을 통하여 혁명의 신학으로 발전되었다. 이런 신학적인 영향을 이 문서에서 들을 수 있다.

결과적으로 볼 때, 이 문서는 바르멘신학선언문보다 더 직접적으로 정치적 상황에 영향을 끼쳤다. 주된 메시지는 아파르트헤이트가 단순히 실천적인 정치와 관련된 문제가 아니라 복음을 대체하는 이념적인 대안으로 파악되었으며, 이런 면에서 본다면, 이것은 이단과 방불한 것이라는데 있었다.[249]

3.3. 증언에의 열망
이 문서가 발표된 다음 해에 상당한 숫자의 증언문서들이 다양한 집단과 사상적 전통으로부터 쏟아져 나왔는데, 다음과 같은 것을 거론할 수 있다.

① 장로교회로부터 1973년에 A Declaration of Faith for the Church in South Africa가 발표되었다.
② 네덜란드개혁교회(NGK)의 형제회로부터 Theological Declaration이 1979년에 발표되었다.

---

249) J. W. De Gruchy, The Church Struggle in South Africa (Cape Town: David Philip, 1979), 121; 이 문서의 본문을 위해서는 J. W. De Gruchy/J. Villa-Vicencio, Apartheid is a Heresy, (Cape Town: David Philip, 1983), 154-59를 보라.

③ 남아공화국 혹인개혁교회연맹(Alliance of Black Reformed Christians in South Africa; ABRCSA)의 Five Articles of the Theological Basis가 1981년에 발표되었다.
④ 네덜란드개혁교회(NGK)의 123명의 설교자들이 1982년에 Ope Brief(열린 서신)을 발표하였다.
⑤ 1982년에 Belydenis van Belhar(벨하신앙고백서)가 출판되었다.
⑥ 남아공화국 혹인개혁교회연맹이 1983년에 Liturgical Confession and Draft Confession of Faith가 발표되었다.
⑦ 1985년 Kairos Dokument가 발표되었다.
1988년에 Evangelical Witness가 발표되었다.
1988년 The Relevant Pentecostal Witness가 발표되었다.

여기에 거론된 문서의 대부분의 본문은 J. W. De Gruchy/J. Villa-Vicencio, Apartheid is a Heresy, (Cape Town: David Philip, 1983)와 L. Vischer(ed.), Reformed Witness Today (Bern: Evangelische Arbeitsstelle Oekumene, 1982), 혹은 L. Vischer(hrsg.), Reformiertes Zeugnis Heute (Neukirchen: Neukirchener Verlag, 1988)에서 발견할 수 있다.

이 목록이 완전한 것은 아니다. 이 목록을 통하여, 다만 다양한 교회적 단체가 제기하는 명료한 증언과 관련한 여러 종류의 갈증을 해갈할 수 있는 신앙고백서를 열망하고 있었다는 사실을 지적하고자 하는 것이다. 바르멘신학선언문의 상징적인 가치가 의심의 여지없이 역할을 하였다.

분명한 것은 이 모든 문서들이 동일한 특성과 가치를 갖고 있지 않다는 사실이다. 또한 우리는 여기서 이 문서 모두를 언급하지도 않을 것이다. 우리의 목적에 부합하는 것으로서, 유일하게 교회의 공식적인 신앙고백문서로서 받아들여진 Belydenis van Belhar를 중요하게 고려할 것이다. 벨하신앙고백서의 내용은 물론이거니와 이 문서가 작성되게 된 과정 또한 잘 파악하도록 할 것이며, 다른 문서들도 간략하게나마 언급할 것이다. 당연히 Kairos Dokument의 결정에 대하여 관심을 가질 것이다. 여기서 거론하지는 않았지만, 이와 관련하여 네덜란드개혁교회(NGK)의 집단적인 항거 지체들을 통하여 형성되었으며, 다른 문서와 달리 아파르트헤이트라는 이념에 대하여 신앙고백서가 신앙적 권위를 갖고 증언해야 한다는 특징을 정당하게 거론했던 신앙과 항거(Geloof en Protes, 1987)에 대하여도 관심을 기울일 것이다.

4. 벨하신앙고백서

벨하신앙고백서는 1982년에 열렸던 네덜란드개혁파선교교회(Nederduitse Gereformeerde Sendingkerk, NGSK)총회를 통하여 개념을 잡고, 1986년에 신앙고백문서로서 최종적인 형식을 갖추어 교회의 승인을 받았다.

4.1. 벨하신앙고백서의 배경

벨하신앙고백서가 형성되게 된 배경에는 1978년에 네덜란드개혁파선교교회(NGSK)의 총회에서 결정된 아파르트헤이트에 대한 강한 반대 결정이 가로놓여 있다. 이 결정은 1982년 오타와(Ottawa)에서 열렸던 개혁교회세계연맹총회에서 큰 영향을 받았다.[250]

이 영향은 남아공화국으로부터 나온 두 가지 다른 증언을 거론할 수 있는데, 하나는 흑인과 아시아인과 인도인 설교자들의 모임인 네덜란드개혁교회(NGK)의 형제회로부터 1979년에 나온 Theological Declaration이며, 다른 하나는 남아공화국 흑인개혁교회연맹(ABRCSA)의 Five Articles of the Theological Basis이다. 이 문서들은 하나님 말씀의 최고의 권위와 그리스도의 주권을 고백하였으며, 올바른 사회를 위

---

250) G. D. Cloete/D. J. Smit, 'n Oomblik van Waarheid, (Kaapstad: Tafelberg, 1984), 13.

한 그리스도인의 책임을 강조함으로써, 시민정부의 의무는 하나님의 말씀에 반하지 않는 건전한 법에 순종해야만 한다는 사실을 드러냈다. 또한 교회의 가시적인 통일성의 필연성은 인종, 종족, 문화, 언어, 성이라는 모든 경계를 떠나서 고백되어야 한다고 하였다.[251]

개혁교회세계연맹은 이런 증언의 빛에서 아파르트헤이트의 상황은 신앙고백서의 위상(status confessionis)을 드러내는 상황, 즉 "우리가 이것에 관심을 기울일 때, 이것은 개혁교회의 공동의 신앙고백의 정체성을 위험에 빠트리지 않고서는 달라질 수 없는 그런 문제"라고 언급하였다. 이로써 아파르트헤이트는 개혁교회세계연맹을 통하여 죄로 선언되었으며, 이를 신학적으로나 도덕적으로 방어하는 것은 복음을 희화화하는 것으로서 정죄되었으며, 하나님의 말씀에 확고하게 불순종하는 신학적인 이단이라고 선언하였다.[252]

신앙고백서의 위상(status confessionis)이라는 용어 그 자체는 바르멘신학선언문에 관한 토론에서 나온 것이다. 남아공화국 상황과 관련하여 이 표현을 맨 처음 사용한 사람은 1977년 다르 에스 살람(Dar es Salaam)에서 모였던 루터교회세계연맹에

---

251) L. Vischer(hrsg.), Reformiertes Zeugnis Heute, (Neukirchen: Neukirchener Verlag, 1988), 11-12.
252) G. D. Cloete/D. J. Smit, 'n Oomblik van Waarheid, (Kaapstad: Tafelberg, 1984), 15.

참여했던 마나스 부텔레지(Manas Buthelezi) 감독이었다. 이 모임에서 그는 아파르트헤이트는 기독교 신앙의 핵심과 조화되지 않는 것이며, 따라서 그리스도인이 이것을 이단적인 것으로 판단하지 않을 수 없다고 길게 논증하였다.[253]

4.2. 벨하신앙고백서의 내용

네덜란드개혁파선교교회(NGSK)총회는 1982년에 개혁교회 세계연맹의 발언에 동의하면서 그 결론으로부터 신앙고백서를 작성하여 이런 증언의 형식을 제출하였다. 개념을 가진 신앙고백서가 교회의 회의 기구와의 몇 년간의 토론을 거친 결과 1986년에 네덜란드개혁파선교교회의 신앙고백문서로서 힘을 갖게 되었다. 이 신앙고백서는 단순한 윤곽을 지녔다. 교회의 행위와 관련하여 다섯 조항을 다루었다.

① 제1조항은 당신의 말씀과 성령을 통하여 당신의 교회를 모으시고 세상의 시작으로부터 마지막까지 보호하시고 섭리하시는 삼위일체 하나님을 신앙하고, 고백한다.
② 제2조항은 성경적인 논의에 관심을 크게 기울이면서 "교회의 통일성"을 모든 인종으로부터 부름 받은 성도의 교제로서 고백한다. 이 통일성은 가시적이 되어야 한다는 사실을 강조하며, 그 교리에 근거하여, 사람들을

---

[253] G. D. Cloete/D. J. Smit, 'n Oomblik van Waarheid, (Kaapstad: Tafelberg, 1984), 13.

자연적으로나 혹은 악의를 가지고 구별하는 것은 교회의 가시적인 통일성을 혼란에 빠트리는 것이거나 혹은 교회를 분열시키는 것이라고 하였다. 교회의 지체됨을 위한 유일한 조건은 예수 그리스도에 대한 참된 신앙이며 어떤 다른 것을 변호하는 교리는 거절되어야 한다.

③ 제3조항은 교회는 화해하는 공동체이지만, 불신앙적인 것을 기독교적인 것으로 이 나라에 강요하는 것은 안 되며, 사람들을 인종에 근거하여 강제로 분리하는 것도 제거되어야 하며, 증오할 것으로 이해되어야 한다고 고백한다. 복음에 근거하여 이 강요된 분리를 방어하는 어떤 교리도 오류와 이념으로서 거절되어야 한다.

④ 제4조항은 하나님을 억압된 자들, 가난한 자들, 불법한 자들을 특별한 방식을 따라 의롭다고 하시며, 당신의 교회를 불러 그들의 필요에 부응하고 곁에 있도록 하시며, 그 불법한 자들의 일을 떠맡으시는 하나님으로 고백한다. 불법을 합법화하는 어떤 이념과 복음으로부터 준비되지 않은 어떤 이념에 저항하지 않는 어떤 교리도 거절되어야 한다.

⑤ 제5조항은 네덜란드신앙고백서 제28조항이 다루었던 내용, 즉 "심지어 정부와 시민법이 이에 반대하고 그 결과로서 죽음과 고난에 결박된다고 할지라도" 교회는 이 일에 대하여 다만 그리스도에게만 순종하도록 소명을 받았다는 사실을 명료하게 제시함으로써 끝을 맺었다.

4.3. 벨하신앙고백서의 중요한 특징

벨하신앙고백서의 중요한 특징은 단순하고 송영적인 형태를 취함으로써 성경적인 표현들과 구절과 관련 본문을 정확하고 완전하게 사용하였으며 전통적인 개혁교회의 신앙고백서의 스타일로 마무리하였다는데 있다.

학식 있는 독자들은 즉시 여러 단어들과 형식들과 구절과 표현들 때문에, 하이델베르크신앙교육서를 상기하게 될 것이다. 전통적인 신앙고백서와의 큰 차이는 두드러지게 남아공화국의 특정 상황에 집중하였다는 점이다. 아파르트헤이트와 관련된 단어를 사용하지는 않았으나, 전체 신앙고백은 이 정치적인 이념의 내용과 이것이 교회와 사회적 삶에 미치는 영향을 반대하여 증언하고 있다. 교회의 통일성을 깨트리는 것에 집중하며 교회를 화해에로 불러내며 의를 추구하도록 한다.

이 신앙고백서에서 논쟁이 되는 부분은 제4조항의 하나님께서 특별한 의미에서 억압된 자들, 가난한 자들, 불법한 자들의 하나님이라는 진술과 하나님은 당신의 교회를 자신에게로 불러내어 그분의 길을 따르라고 주장하신다는 진술이다. 이것은 여러 사람들로부터 해방신학의 특징으로서 해석되었다.

4.4. 하나님께서 특별한 의미에서 억압된 자들의 하나님이신가?

이 문제와 관련하여 네덜란드개혁교회(NGK)와 네덜란드개혁파선교교회(NGSK) 사이에 토론이 이어졌다. 네덜란드개혁교회(NGK)는 이 문제와 관련하여 벨하신앙고백서를 하나님의 말씀이나 혹은 개혁교회의 신앙고백문서들에 반하는 것으로 간주할 수 없다는 입장을 드러냈다.[254] 실제로 네덜란드개혁교회(NGK)는 자신의 신앙고백서인 교회와 사회(Kerk en Samelewing, 1986) 제144조항에서 "하나님은 항상 탁월하게 억압당하는 자들과 불법한 자들의 일에 참여하신 분이었다"라는 표현을 택하였다.

하나님께서 특별한 의미에서 억압당하는 자들의 하나님이셨다는 증언은 해방신학에서 큰 역할을 한다. 사상적인 측면에서 이것이 기능하는 모든 면을 볼 때, 그럼에도 불구하고 이것은 성경적 메시지의 본질적인 요소이다. 성경은, 하나님은 항상 도움이 필요한 자의 피난처요, 반석이시며 대단히 선하신 분이라는 사실을 알고 있다(시 46편). 해방신학을 올바르게 평가할 때, 성경적인 메시지의 어떤 요소를 종종 축소된 구원론적인 경건에로 환원하려는 시도가 있다는 사실을 지적하고 보여준다는 점에서 무가치하다고 할 수는 없다. 해방

---

[254] Handelinge van die Algemene Sinode, Ned. Geref. Kerk. N. G. Sendingpers, (Bloefontein, 1990), 490.

신학은 하나님께서 모든 삶, 즉 몸과 영혼으로 구성된 전인적인 삶의 하나님이시라는 사실과 성경의 메시지는 삶 전반의 구원의 메시지라는 사실을 확실하게 하는데 공헌하였다. 개혁교회의 신학은 항상 진지하게 이 사실을 알고 있었다.

해방신학의 잘못된 점은 하나님의 구원을 통전적인 인간과 그 인간의 삶 전반과 관련하여 이해하였다는 사실에 있는 것이 아니라, 마르크스적인 사회분석을 사용하여 자주 성경적인 메시지를 정치적인 무기로 만듦으로써 복음을 이념에 봉사하도록 만들었다는데 있다.[255] 이와 관련하여 벨하신앙고백서가 실제적으로 잘못되었다고 고발하는 것은 아니다.

5. 카이로스 문서(Kairos Dokument)

1985년과 1986년에 남아공화국 무대에 상영된 것은 카이로스 문서(Kairos Dokument)였다. 이것은 카이로스 신학자들에게서 나왔으며, 브라암폰테인(Braamfontein)에 자리를 둔 상황신학연구소(Institute for Contextual Theology)를 통하여 확산되었다. 이것은 60년대 이후로 나타난 남아공화국 흑인상황신학의 가장 중요한 결실임에 의심의 여지가 없다.

---

255) W. D. Jonker, Die Kerklik-teologiese implikaties van die Kairos-dokument, in: Perspektiewe op Kairos, (red. Hofmeyr, Du Toit, Froneman; Kaapstad: Lux Verbi, 1987), 74 이하.

때를 맞추어 흑인들의 정치적 사고가 급진적이 되었으며, 흑인신학자들이 확정된 교회의 권력과 현실에 대한 그들의 신뢰를 상실하고 기독교신앙고백의 해방하는 능력을 진지하게 형성하게 된다. 그들은 남아공화국 백성들을 향한 메시지(The Message to the people of South Africa)와 바르멘신학선언문과 같은 문서들이 자신들이 해방투쟁을 전개하는데 사실상 의미가 없다고 느꼈다. 따라서 카이로스 문서(Kairos Dokument)에는 이런 속성이 완벽하게 드러났다.

5.1. 예언자 신학을 향한 선택

이 문서는 교회가 비전을 회복하고 자신을 돌아보게 될 시간이 동터오는, 즉 교회를 위한 진리의 순간(kairos)이 밝았다는 선언과 함께 시작된다. 이 문서에서 남아공화국의 신학을 세 부류로 나누었다: ① 국가신학(State Theology)은 시민적 국가에 봉사하는 것을 목적으로 하는 신학으로서 아마도 아프리칸스어를 사용하는 교회를 지목한 것으로 보인다. ② 교회신학(Church Theology)은 영국성공회의 신학을, ③ 예언자신학(Prophetic Theology)은 흑인해방운동의 신학을 각각 의미한다.

이 문서는 국가신학을 전제주의적인 국가를 통하여 사용되는 이념적인 무기로서 자신을 표현하는 것으로 규정하고 거절하였다. 또한 교회신학도 사랑과 속죄를 순진하게 말하며 정확한 사회분석에 근거하여 악을 드러내고 그것에 직면하지 않는 연고로 거절한다. 이 문서는 마르크스적인 사회분석과 계급투쟁 개념을 사용하여 정치적인 해방을 위한 무기로서 예언자신학을 선택한다.

자유를 위한 투쟁에서 그들의 공정함이 교회와 관련하여서는 등장하지 않고, 시대를 구별하고 그들의 능력으로 전제적인 국가에 저항하는 사람들을 편듦으로써, 이것을 전복하고 새로운 정권을 세워 모든 사람들의 관심을 사려고 하였다. 더 나아가서 교회는 고난당하는 백성들을 격려하고 하나님께서 그들의 편이라는 사실을 확신시킴으로써 희망의 메시지를 그들에게 가져다주어야만 한다고 주장함으로써, 교회의 설교, 실천, 예배가 정치적인 해방과 관련된 일에 편중되는 사태에 이르게 되었다.

5.2. 카이로스 문서(Kairos Dokument)의 신학

카이로스 문서(Kairos Dokument)의 신학은 무엇보다도 로마가톨릭교회의 신학자인 앨버트 놀란(Albert Nolan)[256]을 통하여 변호되었다. 남아메리카의 해방신학에 강하게 매력을 느꼈으며, 문자 그대로 온전한 의미의 상황신학을 드러냈다.

카이로스 문서(Kairos Dokument)는 교회의 신앙을 조직적인 신앙고백의 형태로 제시하려는데 목적이 있지 않고, 부당한

---

256) A. Nolan, God in South Africa, (Cape Town: David Philp, 1988).

구체적 상황에 대한 항거와 해방을 위한 정치적인 투쟁에 참여할 것을 종용하는데 그 목적이 있었다. 이 문서는 전략적인 도구로서 마르크스적인 사회분석을 사용하였으며, 기독교 신앙을 마르크스적인 사고에 기초하여 완전하게 재해석하려는 목적을 드러냈는데, 그 경우가 쿠바 장로교회 및 개혁교회의 신앙고백문서와 다르지 않다.[257]

그러므로 이 문서가 하고자 하는 바는 마르크스적인 분석을 지렛대로 삼아 사회의 악을 적의 진영 안으로 몰아넣고 복음과 하나님의 약속을 사용하여 압제당하는 자들로 하여금 정치적인 투쟁을 구체적으로 보게 하여 궐기하도록 하는데 있다. 이런 방식으로 이 문서는 이념적인 성격을 스스로 받아들였다.

5.3. 카이로스 문서(Kairos Dokument)에 대한 비판

개혁신학은 카이로스 문서(Kairos Dokument)가 단순히 정치적인 일과 연루되었다는 사실에 근거하여 비판을 제기하지 않았다. 개혁교회도 정치를 거룩한 일로 파악한다.[258]

---

257) J. A. Hebly, De Confessio Cubana, in: Wereld en Zending, 1983), 40; L. Schuurman, Contextueel Belijden, in: Wereld en Zending (1983), 41-47.
258) A. A. Van Ruler, Politiek is een heiligen zaak, in: Theologisch Werk IV, (Nijkerk: Callenbach, 1972), 119 이하; N. Wolterstorff, Until Justice and Peace Embrace, (Grand Rapids: Eerdmans, 1983), 10 이하, 65.

우리가 앞서 제2장에서 지적했던 것처럼, 개혁교회는 노르트만스(O. Noordmans)의 주장처럼 이 땅의 삶 속에 하나님의 나라를 도래케 하려는 꿈을 갖고 있다. 그가 개혁교회와 재세례파 사이의 비판적인 관계를 언급하면서, 후자는 하나님 나라에 대한 급진적인 희망과 지금 여기서 실현될 것을 강력하게 소망하였다는 사실을 지적한 바가 있었다.

개혁교회와 재세례파 사이의 차이는 급진성 혹은 철저성(radikalisme)에 있었으며, 따라서 재세례파의 일부는 기존의 정치질서에 대항하여 혁명적인 형태를 취하였는가 하면, 어떤 이들은 세계도피적인 형태를 취하기도 하였다. 이와 반대로 개혁교회는 모든 형태의 급진주의와 세계도피주의를 거절하였으며, 정치적인 질서에도 하나님의 통치가 임하기에, 이 영역에서 봉사하는 것이 필요하다는 인식을 하였다. 칼뱅의 뒤를 따라서 삶의 모든 영역을 그리스도의 주권 아래 두었다.[259]

이로 보건대, 칼뱅과 개혁교회는 반드시 필요한 일로서 정치적인 저항에 반대하는 어떤 원리적인 반대도 하지 않았다. 비일러(A. Bieler)는 이렇게 썼다. "칼뱅은 국가에 대하여 저항

---

259) A. A. Van Ruler, Das Leben und Werk Calvins, in: Calvinstudien 1959, (Neukirchen: Neukirchener, 1960), 92-94; A. Bieler, La pensee economique et sociale de Calvin, (Geneve: Georg &Cie 1961); A. Bieler, The Social humanism of Calvin, (Richmond/Virginia, John Knox, 1964).

할 수 있는 권리와 의무를 확정한 기독교 사상가들 가운데 한 사람이다. 어떤 정치적인 상황 아래 그리스도인이 있든지 간에 매 시대마다 국가가 요구하는 것이 하나님의 뜻에 반할 때에는 이에 대하여 반대해야만 한다. … 이러한 전형적인 칼뱅주의자들의 저항의 권리는 권위에 복종하도록 명령받은 그리스도인의 의무에 반하지 않는다. 반대로, 이 의무의 필연적인 한계를 표현해야 한다. 그 이유는 모든 시대와 모든 상황에서, 그리스도인들은 다만 한 분 주님과 주인을 가지며, 그는 예수 그리스도이기 때문이다."[260]

이런 근거에서 개혁교회는 신앙의 일이 사회에서 합법적이며 합리성을 따라 표현되어야 한다고 믿었으며, 부당한 정치적 상황에서는 신앙고백서의 힘을 통하여 반응하였던 것이다. 이런 관점으로부터 벨하신앙고백서 제3조항과 제4조항, 그리고 카이로스 문서(Kairos Dokument)에서 상당히 날카롭게 아파르트헤이트에 대한 신앙고백적인 거부를 드러낼 수 있었던 것이다. 개혁교회가 중요하게 여기는 하나님 나라의 비전으로부터 카이로스 문서(Kairos Dokument)의 정치적인 의를 증언하려는 열정이 주어진 것이다. 그들은 또한 이 세상에서 일어나는 악에 대하여는 눈을 감아버리는 경건주의, 정적주의와 일종의 비정치적인 경건을 견뎌내는 길에로도 부름 받

---

[260] A. Bieler, The Social humanism of Calvin, (Richmond/Virginia, John Knox, 1964), 24.

았다는 것을 인식한다.

그러나 그들의 가치가 제대로 평가받지 못하는 일은 없어야 할 것이다. 카이로스 문서(Kairos Dokument)에서 전적으로 수용될 수 없는 것은 계급투쟁에 기초한 이념적인 사고방식이다. 이것이 성경과의 일관성 및 올바른 상호 관련성이라는 문제를 발생시키며, 기독교적 항거를 타협하는 상황을 만들어낼 수 있다. 이런 관점에서 볼 때, 현재의 정권은 사탄의 종이나, 악한 자 곧 더 이상 회개하지 않는 적그리스도 자신의 도구로서 파악될 수 있다.[261] 이와는 반대로 압제자는 회개에로의 선포를 배제할 수 있는 선택을 하는 것이다.

5.4. 대안이 제시되어야 함

교회의 분리는 계급투쟁을 압제자와 압제당하는 자 사이의 문제로 도입할 때 이미 벌어진 것이나 다름없다. 투쟁 그 자체가 인종주의, 자본주의, 전제주의 안에서 해방투쟁으로서 역할을 할 때 이념적인 형태에로 전락하게 되는 것이다.

이에 대하여 제시되어야 할 대안이 압제당한 자의 끊임없는 승리로 귀결되는 한, 도덕적이고 영적인 관점으로 파악될 수 없을 것이다. 교회는 학문적인 사회분석을 사용하는 것을 거절하고, 마르크스적인 사회분석이 유일한 정당성을 갖는

---

261) Kairos Dokument, 2.1, 2.2, 2.4, 3.1.

것으로 선언될 때[262] 그런 순진함을 거절하였다. 이 경우, 교회로부터 기대하는 것은 계급투쟁에 참여한 그의 지체들을 옳다하고, 힘을 북돋우며, 격려하기 위해서 봉사와 설교와 예전을 사용하는 것이다.[263]

교회가 정치적 해방운동과 동일시되는 것은 받아들일 수 없다. 이렇게 되면, 비록 교회가 귀를 악과 현존하는 불의에 대하여 열어놓는다고 할지라도, 교회는 자신의 예언자적 자유를 잃게 되며, 역사에서 자주 그랬던 것처럼 교회가 그의 편에 서는 자들을 보존하는 무기와 다를 바 없게 되고 만다. 생명을 부여하면서 비판하는 하나님 말씀의 두 날이 머지않아 사라지게 되며, 무용지물이 되고 말 것이다.

카이로스의 신학이 더 이상 신학이 아닌 것은 우연이 아니다. 그리스도를 주로서 신앙고백하고 오직 그분에게만 순종하도록 하는 부름이 이 문서에서는 참된 자신의 자리를 상실하고 말았다.

그러므로 일반적인 의미에서 볼 때, 바르멘신학선언문이나 카이로스 문서(Kairos Dokument)의 저자들이 신앙고백서의 위상(status confessionis)에 힘입어 가졌던 그런 영감이 두 문서에

---

262) Kairos Dokument, 4.3.
263) Kairos Dokument, 5.3.

공히 반영된 것은 사실이지만,**264)** 카이로스와 바르멘신학선언문 사이의 일치는 깊은 차원에서 이루어지지 않는다.

휴버(W. Huber)는 두 문서를 서로 비교하였다. 그에 따르면, 이 두 문서의 기원이 정치적 벼랑 끝에서 형성된 상황적인 신앙고백이라는 데서 일치한다. 그러나 양자 사이에는 깊은 차이가 있다. 카이로스는 보다 더 특정한 정치적인 상황에 기울어졌으며, 정치적인 권력을 정죄하고, 교회와 임의적인 관계를 설정하였다. 반면에 바르멘신학선언문은 보다 더 강하게 그리스도를 주로서 받아들이고 강조한다. 그는 또한 카이로스 문서(Kairos Dokument)가 바르멘신학선언문 만큼 교회의 역사 속에서 오랫동안 살아남을 것인지는 열린 문제라고 생각하였다.**265)**

5.5. 카이로스 문서(Kairos Dokument)의 가치

긍정적인 의미에서 카이로스 문서는 남아공화국 그리스도인 단체로 하여금 사회정치적인 일에 대한 관행적인 침묵을 깨트리고 행동할 수 있도록 한 면에서 공헌하였다. 무엇보다도 이것은 다수의 흑인이 참여한 복음주의교회와 오순절교회의 경우에 해당할 것이다. 그들은 더 이상 카이로스 문서와

---

264) N. Horn, From Barmen to Belhar and Kairos, in: C. Villa-Vicencio(ed.), On reading Karl Barth in South Africa, (Grand Rapids: Eerdmans, 1988), 119.
265) W. Huber, The Barmen Declaration and the Kairos Document. On the relations between confession and politics, JTSA 6 (48-60) 1991, 49, 57-60.

관련한 논의의 빛에서 점화된 정치적인 문제로부터 거리를 두고 방관하지 않게 되었다.

1988년에 이쪽 계열로부터 두 문서가 출판되었는데, "남아 공화국 복음주의자의 증언"(The Evangelical Witness in South Africa) 과 "오늘을 살아가는 오순절주의자의 증언"(The Relevant Pentecostal Witness)이 바로 그것이다. 두 문서는 전통적인 비정치적인 입장을 취했던 것에 대하여 예리한 비판을 제기하였으며, 압제당하는 자들에 대한 진정한 공감이 없는 보수주의자들의 현상유지를 지지하는 현실에 대하여 비판하였다.[266] 이런 증언의 출현은 이런 교회 단체들 내의 중요한 진보로서 파악되어야 한다.

6. Geloof en Protes(신앙과 항거)

지금까지 우리가 기술해왔던 경향과는 낯선 대조를 보이는 문서가, 교회와 사회(Kerk en Samelewing)가 출판된 이후인 1987년 네덜란드개혁교회(NGK)의 헌신된 지체들에게서 나온 신앙과 항거(Geloof en Protes)이다.

비록 이 항거가 총회의 여러 중요한 결정과 또한 지역교회

---

[266] J. Lapoorta, Evangelicalism and Apartheid, in: G. Loots(ed.), Listening to South African Voices, (Port Elizabeth: UPE, 1990), 61, 69.

의 교회 상황과 관련하여 총회가 내린 결정의 규범적인 성격에 반대하는 것과 관련된 것이기는 하지만, 전반적은 경향은 분명히 네덜란드개혁교회(NGK)의 아파르트헤이트와 이에 관련된 법과 그 집행에 대한 변화된 입장을 반대하는데 있었다.

이것은 1974년 형성된 문서인 "인종, 백성, 민족 - 성경적인 빛에서 본 민족문제"(Ras, Volk en Nasie-Volkereverhoudinge in die lig van die Skrif)라는 문서에 반영된 네덜란드개혁교회(NGK)의 초기관점의 강력한 방어와 집중을 의도한 것이다.

6.1. 일반계시(algemene openbaring)의 역할

방금 언급한 문서는 일반계시의 개념을 개체의 분리된 지도력과 깊숙하게 연결하여 활용하였다.

이 문서는 일반계시를 하나님의 뜻을 알려줄 수 있는 성경과 나란히 있는 계시의 두 번째 원천으로서 활용하였다.[267] 성경을 보완하는 창조로부터 하나님의 뜻의 다양성이 드러난다. 이런 출발점에 근거하여 분리되어 있는 백성의 자존성을 정당화하는 것은 하나님의 계명에 속한 일이라는 합리화가 일어났고, 분리된 개체의 지도력을 통하여 개발된 정책과 개체적인 교회의 지도력을 통하여 교회를 분리되어 있는 백성단위로 몰아가려는 정책이 뒤따랐다.

---

267) Geloof en Protes, 1.1; 1.2; 2.8; 2.11; 4.14; 10.1.

6.2. 신앙과 항거(Geloof en Protes)에 대한 비판

신앙과 항거(Geloof en Protes)로 인하여 교회가 직면하게 된 명백한 문제는 교회의 본질을 오해하고 교회의 통일성과 성도의 교제와 관련된 성경적인 계명을 약화시키고 영화(靈化)시켰다는 것이다. 성경적인 계명들이 창조로부터 도출된 원리들에 종속되었다. 의와 이웃사랑과 약한 자들에 대한 배려와 같은 성경적인 메시지는 타협되어버렸다.

이 모든 것을 진지하게 만든 것은 신앙과 항거(Geloof en Protes)의 저자들에게 아파르트헤이트는 그리스도인들 사이에서 의견의 차이를 가능하게 하는 현실 정치의 모델이 아니라, 신앙의 일이었다는 사실이다. 이 문서는 네덜란드개혁교회(NGK)의 천만이라는 헌신된 지체들의 양심을 보여주는 문서가 되어버렸다.[268] 신앙과 항거(Geloof en Protes)는 네덜란드개혁교회(NGK)가 전혀 경험하지 않았던 일을 하고 말았다.

이 문서는 네덜란드신앙고백서에서 전형적으로 사용되었던 "우리는 믿습니다…우리는 거절합니다"라는 용어를 사용함으로써 신앙고백적인 언어 사용의 형식을 가지고 있다는 사실이 드러난다. 성경의 절대적인 권위가 아파르트헤이트라는 정치적인 모델과 연결된다. 결과적으로 아파르트헤이트는 신적인 계명으로서 고백되는 것이다.

---

268) 비교를 위하여, Geloof en Protes, iv-v를 보라.

이 문서의 저자들에게는 아파르트헤이트가 신앙고백의 위상(status confessionis)이 되고, 정확히 벨하신앙고백서를 형성했던 네덜란드개혁파선교교회(NGSK)의 경우와는 반대되는 개념으로 사용된 것이다. 이것이 신앙과 항거(Geloof en Protes)에서는 보다 확실한 개념이 되고, 독특한 성격을 드러내게 된다. 이것은 지난 10여 년 동안의 신앙고백서를 작성하려는 진지한 열망으로부터 나온 여러 다른 신앙고백문서들과는 다른 것이다. 그러나 신앙고백서의 경향은 압제에 대한 항거가 아니라, 사회윤리적인 문제, 특히 인종 문제와 관련한 자유롭고 현대적인 사고에 대한 항거라는 점에서 차이가 발견된다.

신앙과 항거에 대한 답변(Antwoord op Geloof en Protes)에서 네덜란드개혁교회(NGK)는 신앙과 항거(Geloof en Protes)의 저자들이 아파르트헤이트를 신앙과 관련된 일로 파악했던 그 방식을 본질상 거절했다. 또한 이 문서가 성경에 호소한 것과 이 문서에 반영된 교회의 본질에 대한 잘못된 관점과 교회와 국가 사이의 잘못된 관계 및 다른 문제들을 전면적으로 재검토하였다.

이와 관련하여 나온 평가 가운데 가장 중요한 측면은 신앙과 항거(Geloof en Protes)에서 취한 일반계시의 관점에 놓인다. 교회는 일반계시가 성경과 나란히 있는 계시의 보완적인 원천이 아니라는 사실을 개혁교회의 신학에 따라 정당하게 비판하고 책망하였다. 바빙크에 호소함으로써, 일반계시의 내용이 성경 안으로 취하여졌으며(in die Skrif opgeneem is), 이로부터 창조로부터 우리가 알게 되는 것보다 훨씬 더 잘 알 수 있다는 사실을 강조하였다. 일반계시가 바르게 알려지고 또한 이해될 수 있는 것은 성경이라는 안경을 통해서 가능하다는 것이 사실이다. 그러므로 일반계시는 성경의 명백한 계명들을 상대화하거나 혹은 보완할 수 있는 것으로 제시되어서는 안 된다.**269)**

6.3. 신학적인 회심

네덜란드개혁교회(NGK)와 신앙과 항거(Geloof en Protes)의 저자들 사이의 차이의 고통스러운 성격은 후자의 입장이 네덜란드개혁교회(NGK)가 초기에 취했던 입장을 다소간 신중하게 방어하려는데 있다. 이 사실은 네덜란드개혁교회(NGK)가 고기를 자르듯 부드럽게 신앙과 항거(Geloof en Protes)를 거절하였으며, 이로써 신앙과 항거(Geloof en Protes)에서 방어한 잘못된 신학적인 입장에 대한 죄책감을 스스로 의식하고 있다는 것을 의미한다. 그러나 이로써 네덜란드개혁교회(NGK)가 초기의 관점과 오늘의 관점 사이에 신학적인 회심이 없지 않았다는 사실을 더욱 분명하게 증언하는 것이다. 이 사실은 결실 없는 대화가 계속되던 과정에서 중요한 순간을 만들었다.

---

269) Antwoord op Geloof en Protes, 15-18.

7. 시대 속의 말씀

교회는 자신이 살고 있는 세계로부터 단절되어서는 안 된다. 교회는 역사 안으로 들어가야 하며, 성경의 빛 가운데서 새로운 상황에 직면하고 견뎌내야 한다. 그러므로 교회는 세계 위에 서거나 혹은 밖에 섬으로써 도피적이 되거나 혹은 소외된 입장에 서서는 안 된다. 교회 자체는 세계와 시대에 참여해야 하며, 시대적인 흐름에서 발견되는 도덕적이고 문화적인 변화와 움직임과 관계하여야 한다.

말씀은 교회를 통하여 시간의 흐름 속에서 이해되고 전달되어야 하며, 적어도 이 시대를 향하여 시대적인 예언을 선포할 수 있어야 한다. 그러나 성경의 독자로서 교회가 그가 살고 있는 시대를 관통하면서 영향력을 미친다는 것이 또한 어려운 일이다.

7.1. 교회가 처한 위험

위험은 항상 교회가 시대와 동일시될 수 있다는 데서 발견된다. 따라서 각각의 시대적 관점을 성경에서 발견하고 경건을 따라 진단하는 것이 필요하다. 자유에로 초대하는 진리인 복음의 빛에서 볼 때, 교회가 시대에 대항하여 섬으로써 객체가 되는 자리에 떨어지도록 방치할 수는 없다.

그러나 역으로 교회가 앞선 시대의 문화적 관점과 입장에 확고하게 붙잡혀서 성경의 진리와 함께 넘어지는 것도 매우 큰 위험이라는 사실을 지적하고 싶다. 또한 성경의 빛을 오늘의 상황에 맞추는 것도 있어서는 안 될 일이다.

신속하게 진행되는 세속화, 기술화되어 가는 삶, 세계정치의 변화와 같은 새로운 상황이 세계의 도처에서 일어나고 있다는 사실은 참되고 선하며 정의롭고 다정다감한 것을 증언해야 할 필요성을 일깨워준다. 교회는 이 변화하는 세상에서 모든 세대의 교회가 고백해왔던 신앙고백과의 긴밀한 결속을 유지해야 할 뿐만 아니라, 또한 새로운 시대적 상황에서 성경에 계시된 하나님의 말씀을 정확하게 들어야 한다. 교회는 과거에 말했던 것을 증언해야 할 뿐만 아니라, 성령의 인도에 온전하게 순종하면서 현실이 되고 있는 새로운 시대를 분별하여 하나님의 자유에로 초대하는 진리를 두려움 없이 증언할 수 있어야 한다. 문화와 역사에서의 모든 변화는 전향적으로 취하거나 혹은 전적으로 무시해서도 안 된다. 모든 발전은 성경의 빛에서 판단되어야 하며, 하나님의 말씀의 방편이 지시하는 것을 증언하도록 해야 한다.

7.2. 교회를 향한 성령의 인도가 약속되어 있음

실제적인 신앙고백 안에서 교회는 하나님의 성령의 인도가 오늘날에도 또한 여전히 세계 안에서 역사한다는 사실을 고려하고 있으며, 역사적인 사건이나 재난이나 진보를 통하여 인간 현실의 제한된 측면을 뒤로 하고 신앙고백의 말씀에로 나아갈 수 있으며, 또한 더 나아가서 초기의 신앙고백서가 했던 것처럼, 보다 선한 것을 분별하며, 악의 깊은 측면을 폭로하여 구원을 순전하게 형성할 수 있다. 이와 관련하여 성령의 인도하심이 교회에 약속되어 있다(요 16:13).

교회와 세상이 하나님의 말씀의 자유에로 초대하는 진리를 간직하고 이 약속을 견뎌야 한다. 이 진리는 다양한 측면을 갖고 의미의 풍성함을 드러낸다. 교회 그 자신이 이 말씀으로부터 살 때마다, 각각의 새로운 상황 속에서 그리스도와의 교제 가운데 있는 교회를 향하여 선포되는 하나님의 말씀을 통하여, 세상에 대하여 자유하게 된다. 이렇게 될 때 종국적으로 각 나라와 상황에 살고 있는 교회의 모든 성도들은 그리스도의 사랑의 넓이와 길이와 높이와 깊이가 어떠한 줄을 파악하고 건강하게 될 것이다(엡 3:18-19).

참고문헌

Adam, A. Lehrbuch der Dogmengeschichte II, (Gutersloh: Gutersloher Verlagshaus, 1972)
Augustijn, C. Kerk en Belijdenis, (Kampen: Kok, 1969)
Bakhuizen van den Brink, J. N. De Nederlandse Belijdnisgeschriften, (Amsterdam: Bolland, 1976)
Balke, W. Calvijn en de doperse radikalen, (Amsterdam: Bolland, 1977)
Bangs, C. Arminius. A Study on the Dutch Reformation, (Grand Rapids: Asbury/Zondervan, 1985)
Barr, O. S. From the Apostle's Faith to the Apostle's Creed, (Oxford: Oxford University Press, 1964)
Barth, K. Die christliche Lehre nach dem Heidelberger Katechismus, (Zolikon/Zurich: Evangelische Verlag, 1948)
Bavinck, H. Gereformeerde Dogmatiek I, (Kampen: Kok, 1928)
Bavinck, H. Gereformeerde Dogmatiek II, (Kampen: Kok, 1928)
Bavinck, H. Gereformeerde Dogmatiek III, (Kampen: Kok, 1929)
Bavinck, H. Modernisme en Orthodoxie, (Kampen: Kok, 1911)
Berkelbach van der Sprenkel, S. F. H. J. Het Gebed, (Nijkerk: Callenbach, 1948)
Berkhof, H. De Kerk, in: Protestantse Verkenningen na Vaticanum II. ('s Gravenhage: Boekencentrum, 1967)
Berkhof, H. Geschiedenis der kerk, (Nijkerk: Callenbach, 1941)
Berkouwer, G. C. Conflict met Rome, (Kampen: Kok, 1949)
Berkouwer, G. C. De algemene Openbaring, (Kampen: Kok, 1951)
Berkouwer, G. C. De mens het beeld Gods, (Kampen: Kok, 1957)

Berkouwer, G. C. De sacramenten, (Kampen: Kok, 1954)
Berkouwer, G. C. De Verkiezing Gods, (Kampen: Kok, 1955)
Berkouwer, G. C. Een halve eeuw theologie, (Kampen: Kok, 1974)
Berkouwer, G. C. Geloof en Rechtvaardiging, (Kampen: Kok, 1949)
Berkouwer, G. C. Geloof en Volharding (Kampen: Kok, 1949)
Berkouwer, G. C. Vraagen rondom de belijdenis, GTT 63 (1-41) 1963
Bieler, A. La pensee economique et sociale de Calvin, (Geneve: Georg &Cie, 1961)
Bieler, A. The Social humanism of Calvin, (Richmond/Virginia, John Knox, 1964)
Biesterveld, P. Schets van de Symboliek, (Kampen: Kok, 1912)
Bijl, C. Leren geloven. Een toelichting op de Nederlandse Geloofsbelijdenis, (Barneveld: De Vuurbaak, 1986)
Bosch, D. J. Church Perspective on the Future of South Africa, in: Albert/Chikane: The Road to Rustenburg, (Cape Town: Struik, 1991)
Bouwsma, W. J. John Calvin. A Sixteenth Century Portrait, (Oxford: Oxford University Press, 1988)
Bromiley(ed.), G. W. Zwingli and Bullinger, (Philadelphia: The Westminster Press, 1953)
Brown, R. M. The Spirit of Protestantism, (New York: Oxford University Press, 1961)
Brunner, F. D. A Theology of the Holy Spirit, (Grand Rapids: Eerdmans, 1970)
Burgsmuller, A./Weth, R. Die Barmer Theologische Erklarung, (Neukirche: Neukirchner Verlag, 1983)
Burgsmuller, A./Weth, R. Votum des Theologische Ausschusses der EKD der Union. Zum politischen Auftrag der Gemeinde, (Barmen II; Gutersloh: Gerd Mohn, 1974)
Busch, E. Church and Politics in the Reformed Tradition, in: D.

McKim(ed.), Major Themes in the Reformed Tradition, (Grand Rapids: Eerdmans, 1992)

Busser, F. Die Dedeutung des Gesetzes, in: Handbuch zum Heidelberger Katechismus, (hrsg. L. Coenen; Neukirchen: Neukirchener Verlag, 1963)

Calvijn, J. Institusie I-IV

Cloete, G. D./Smit, D. J. 'n Oomblik van Waarheid, (Kaapstad: Tafelberg, 1984)

Coenen, L. Gottes Bund und Erwahlung, in: Handbuch zum Heidelberger Katechismus (hrsg. L. Coenen; Neukirchen: Neukirchener Verlag, 1963)

Coenen, L. Gottes Wort und Heiliger Geist, in: Handbuch zum Heidelberger Katechismus, (hrsg. L. Coenen; Neukirchen: Neukirchener Verlag, 1963b)

Dankbaar, W. F. "Humanisme en Hervorming," in: Hervormers en Humanisten, (Amsterdam: Bolland, 1978)

De Boer, J. De verzegeling met die Heilige Geest volgens de opvatting van de Nadere Reformatie, (Rotterdam: Bronder-Offset, 1968)

De Gruchy, J. W. The Church Struggle in South Africa (Cape Town: David Philip, 1979)

De Gruchy, J. W. Barmen: Symbol of contemporary Liberation? in: JTSA 6(59-71)1984

De Gruchy, J. W./Villa-Vicencio, J. Apartheid is a Heresy, (Cape Town: David Philip, 1983)

De Jong, N./Van der Slik, J. Separation of Church and State. The Myth revisited, (Ontario: Paideia, 1985)

De Klerk, P. J. S. Gereformmerde Simboliek, (Pretoria: Van Schaik, 1954)

De Kroon, M. De eer van God en het heil van de mens, (Roermond: Romen en Zoons, 1968)

Den Boer, C. De Uitverkiezing, in: De Religie van het Belijden, (Kampen: Kok, 1973)

De Villiers, D. E. Kritiek uit die ekumene, in: Die N. G. Kerk en apartheid, (red., J. Kinghorn; Johannesburg: Macmillan, 1986)

Doekes, L. Credo. Handboek voor de gereformeerde Symboliek, (Amsterdam: Ton Bolland, 1975)

Ebeling, G. Luther. An Introduction to his thought, (Fontana Library, Philadelphia: Fortress Press, 1975)

Engelbrecht, B. J. 'n Vergelyking tussen die teologie van die Nederlandse Geloofsbelydenis en die Heidelbergse Katechismus, HTS(54/3) 1989˙

Exalto, K. De enige troost. Inleiding tot de heidelbergse catechismus, (Kampen: Kok, 연대미상)

Fahlbusch, E. Kirchenkunde der Gegenwart, (Stuttgart, Berlin: Kohllammer, 1979)

Faulenbach, H. Weg und Ziel der Erkenntnis Christi, (Neukirchen: Neukirchener Verlag, 1973)

Feenstra, G. J. De Dordste leerregels, (Kampen: Kok, 1968)

Fijn van Draat, W. "Artikel 18 en 19," in: Altijd bereid tot verantwoording, (red. Th. Delleman; Alten: De Graafschap, 1966)

Goeters, J. F. G. Entstehung und Freuhgeshichte des Katechismus, in: Handbuch zum Herdelberger Katechismus (hrsg. L. Coenen), (Neukirchen: Neukirchener Verlag, 1963)

Gooszen, M. A. De Heidelbergsche Catechismus, (Leiden, 1890)

Graafland, C. Gereformeerden op zoek naar God, (Kampen: De Groot Goudriaan, 1990)

Graafland, C. Gereformeerden op zoek naar God, (Kampen: Kok, 1990)

Graafland, C. Van Calvijn tot Barth. Oorsprong en ontwikkeling van de leer der verkiezing in het Gereformeerd Protestantisme, ('s-Gravenhage: Boekencentrum, 1987)

Guggisberg, H. R. Sozinianer, RGG, VI, (1962)

Gunning, J. H. Van Calvijn tot Rousseau, (Rotterdam: Otto Petri, 1881)

Hahn, A. en Hahn, G. L. Bibliothek der Symbole und Glaubensregeln der Alten Kirche, (Hildesheim, 1962)

Haitjema, Th. L. De richtingen in de Nederlandse Hervormde Kerk, (Wageningen: Veenman & Zonen, 1953)

Haitjema, Th. L. Hoog-kerkelijk Protestantisme, (Wageningen: Veenman en Zonen, 1923)

Handelinge van die Algemene Sinode, Ned. Geref. Kerk. N. G. Sendingpers, (Bloefontein, 1990)

Hartvelt, G. P. "Ijle balans," Gereformeerde Theologische Tijdschriften(1978, 43v)

Hartvelt, G. P. Inleiding, in: Alles in Hem. Nieuwe Commentaar Heidelbergse Catechismus, (red. Th. Delleman; Aalten: De Graafschap, 1966)

Hartvelt, G. P. Symboliek, (Kampen: Kok, 1991)

Hartvelt, G. P. Verum Corpus, (Delft: Meinema, 1960)

Hebly, J. A. De Confessio Cubana, in: Wereld en Zending, 1983)

Hesselink, I. J. On being Reformed, (Ann Arbor: Servant Publications, 1983)

Hoenderdaal, G. J. The Debate about Arminianism outside the Netherlands, in: Leiden University in the 17th Centuray, (ed. Th. H. Lunsingh Scheurleer en G. H. M. Posthumus Meyes; Leiden: Brill, 1975)

Hofmeyr, J. W./Van Niekerk, E. "Die Nederlandse Geloofsbelydenis: Konteks en teks," in: H. L. Bosman et al, Die Nederlandse Geloofsbelydenis, (Ontstaan, Skrifgebruik en Gebruik: UNISA, 1987)

Hollweg, W. Neue Untersuchungen zur Geschichte und Lehre des Heidelberger Katechismus, (Neukirchen: Neukirchener Verlag,

1961)

Hollweg, W. Neue Untersuchungen zur Geschichte und Lehre des Heidelberger Katechismus. Zweite Folg, (Neukirchen: Neukirchener Verlag, 1968)

Hommes, N. J. De Oude Katholieke Kerk, in: Geschiedenis van de Kerk I, (Kampen: Kok, 1963)

Horn, N. From Barmen to Belhar and Kairos, in: C. Villa-Vicencio(ed.), On reading Karl Barth in South Africa, (Grand Rapids: Eerdmans, 1988)

Huber, W. Folgen christlicher Freiheit, (Neukirchen: Neukirchener Verlag, 1985)

Huber, W. The Barmen Declaration and the Kairos Document. On the relations between confession and politics, JTSA 6 (48-60) 1991

Jacobs, P. Theologie reformierter Bekenntnisschriften in Grundzugen, (Neukirchen: Neukircehner Verlag, 1959)

Jonker, W. D. Aandag vir die Kerk, (Potchefstroom: Die Evangelis, 연대 미상)

Jonker, W. D. "Catholicity, Unity and Truth," in: Catholicity and Secession (ed.) P. Schrotenboer, (Kampen: Kok, 1992)

Jonker, W. D. Die Gees van Christus, (Pretoria: N. G. Kerk Boekhandel, 1981)

Jonker, W. D. Die Kerklik-teologiese implikaties van die Kairos-dokument, in: Perspektiewe op Kairos, (red. Hofmeyr, Du Toit, Froneman; Kaapstad: Lux Verbi, 1987)

Jonker, W. D. Die pluriformiteitsleer van Abraham Kuyper, In die Skriflig September(12-23)1989

Jonker, W. D. Kritiese verwantskap? Opmerkings oor die verhouding van die pneumatologie van Calvyn tot die van die Anabaptisme, in: D. W. De Villiers en E. Brown, Calvyn Aktueel? (Kaapstad: N. G. Kerk-Uitgawers, 1982)

Jonker, W. D. Mistieke Liggaam en Kerk in die nuwe Rooms-Katolieke teologie, (Kampen: Kok, 1955)

Jonker, W. D. Spiritualiteit en Godsverduistering, NGTT XXXIII (170-178) 1992

Jonker, W. D. Uit vrye guns alleen, (Pretoria: N. G. Kerk-Boekhandel, 1988)

Kelly, J. N. D. Early Christian Doctrines, (San Francisco: Harper and Row, 1978)

Kendall, R. T. Calvin and English Calvinism to 1649, (Oxford: Oxford University Press, 1979)

Klappert, B. Promissio und Bund, (Gottingen: VDH&R, 1976)

Koopmans, J. Het oudkerkelijk dogma in de Reformatie, bepaaldelijk bij Calvijn. (Wageningen: Veenman en Zonen, 1938)

Kreck, W. Grundfragen christlicher Ethik, (Munchen: Kaiser, 1975)

Kuyper, A. Encyclopaedie der Heilige Godgeleerheid III, (Kampen: Kok, 1909)

Kuyper, A. E Voto Dordraceno II, (Amsterdam: Wormser, 1893)

Kuyper, A. Souvereiniteit in eigen kring, (Kampen: Kok, 1930)

Lang, A. Der Heidelberger Katechismus und vier verwandte Katechismen, (Darmstadt: Wiss. Buchgesellschaft, 1967)

Lang, A. Der Heidelberger Katechismus und vier verwandte Katechismen III-CIV, (Darmsradt: Wiss. Buchgesellschaft, 1967)

Lapoorta, J. Evangelicalism and Apartheid, in: G. Loots(ed.), Listening to South African Voices, (Port Elizabeth: UPE, 1990)

Leith, J. H. "The Ethos of the Reformed Tradition," in: Donald K. McKim(ed.), Major Themes in the Reformed Tradition, (Grand Rapids: Eerdmans, 1992)

Little, D. "Reformed faith and religious liberty," in: D. McKim (ed.), Major Themes in the Reformed Tradition, (Grand Rapids: Eerdmans, 1992)

Locher, G. W. Das vornehmste Stuck der dankbarkeit, in: Handbuch zum Heidelberger Katechismus, (hrsg. L. Coenen, Neukirchen: Neukirchener verlag, 1963)

Lohse, E. Epochen der Dogmengeschichte, (Stuttgart: Kreuz, 1963)

Marcel, P. Ch. Die Lehre von der Kirche und den Sakramenten, in: Handbuch zum Heidelberger Katechismus (hrsg. L. Coenen; Neukirchen: Neukirchener Verlag, 1963)

McGrath, A. Reformation Thought, (Oxford: Blackwell, 1988)

McGrath, A. Reformation Thought, (Oxford: Blackwell, 1998)

McKim, D. Theoological Turningpoints, (Atlanta: John Knox, 1988)

Meyendorff, J. The Nicene Creed, (Grand Rapids: Eerdmans, 1991)

Meyer H./Vischer, L. Growth in Agreement, (WCC: Geneve, 1984)

Miller, P. The New England Mind. The Seventeenth Century, (Boston: Beacon Press, 1954)

Miskotte, K. H. De Blijde Wetenschap, (Nijkerk: Callenbach, 1947)

Nauta, D. De Gereformeerde Kerken in het Na-Reformatorische Tijdperk, in: Geschiedenis van de Kerk 6, (Kampen: Kok, 1964)

Nauta, D. Die Verbreitung des Katechismus. Ubersetzung in andere Sprechen, Moderne Bearbeitungen, in: Handbuch zum Heidelberger Katecismus, (hrsg, L. Coenen; Neukirchen: Neukirchener Verlag, 1963)

Nauta, D. De Verbindende krachr van de belijdenisschriften, (Kampen: Kok, 1969)

Neuser, W. H. Die reformatorische Wende bei Zwingli, (Neukirchen: Neukirchener Verlag, 1977)

Neuser, W. Dogma und Bekenntnis in der Reformation: Von Zwingli und Calvin bis zur Synode von Westminster, in: Handbuch der Dogmen und Theologiegeschichte II, (hrsg. Carl Andresen; Gottingen: VH&R, 1980)

Niesel, W. Das Evangekium und die Kirchen, (Neukirchen:

Neukirchenner Verlag, 1960)

Nijenhuis, W. Calvinus Oecumenicus, ('s-Gravenhage: Martinus Nijhoff, 1959)

Nolan, A. God in South Africa, (Cape Town: David Philp, 1988)

Noordmans, O. Beginselen van kerkorde, in: Verz. Werken v, (Kampen: Kok, 1984)

Noordmans, O. Herschepping, in: Verzamelde Werken III, (Kampen: Kok, 1979)

Noordmans, O. Het koninkrijk der hemelen, in: Verz. Werken II, (Kampen: Kok, 1979)

Noordmans, O. Het Koninkrijk der hemelen, in: Verz. Werken II, (Nijkerk: Callenbach, 1979)

Noordmans, O Het koninkrijk der hemelen, (Nijkerk: Callenbach, 1949)

Noordmans, O. Liturgie, in: Verz. Werken VI, (Kampen: Kok, 1986)

Obermann, H. O. Die Juden in Luthers Sicht, in: H. Kremers(hrsg.), Die Juden und Martin Luther. Martin Luther und die Juden, (Neukirchen-Vluyn: Neukirchener Verlag, 1985)

Oberholzer, J. P. "Die Heidelbergse Katechismus in sy eerste jare," HTS(45/3)1989

Onasch, K. Einfuhrung in die Konfessionskunde der orthodoxen Kirchen, (Berlin, De Gruyter, 1962)

Oorthuys, G. De Sacramenten. Toelichting op de Zondagen XXIII tot XXXIII van de Heidelbergsen Catechismus, (Nijkerk: Callenbach, 1948)

Ott, L. Grundriss der Dogmatik. Negende druk, (Freiburg: Herder, 1978)

Polman, A. D. R. Cavijn en Luther, in: Vier redevoeringen over Calvijn, (Kampen: Kok, 1959)

Polman, A. D. R. Onze Nederlandse Geloofsbelydenis I, (Franeker: Wever, 연대미상)

Polman, A. D. R. Onze Nederlandse Geloofsbelijdenis II, (Franeker:

Wever, 연대미상)

Polman, A. D. R. Onze Nederlandse Goloofsbelijdenis IV, (Franeker: Wever, 연대미상)

Rasker, A. J. De Nederlandse Hervormde Kerk vanaf 1795, (Kampen: Kok, 1974)

Richardson, A. Creeds on the Making, (London: SCM Press, 1979)

Rohls, J. Theologie reformierter Bekenntnischriften, (Gottingen: Vandenhoeck, 1987)

Rossouw, H. W. Klaarheid en interpretasie, (Amsterdam: Van Campen, 1963)

Rothuizen, G. Th. Artikel 36, in: Altijd bereid tot verantwoording. Kort commentaar op de Nederlandse Geloofsbelijdenis, (Aalten: De Graafschap, 연대미상)

Runia, K. I believe in God, (London: Tyndale, 1963)

Schlink, E. Theologie der luthrischen Bekenntnisschriften, (Munchen: Kaiser, 1948)

Schuurman, L. Contextueel Belijden, in: Wereld en Zending (1983)

Sirks, G. J. Arminius' pleidooi voor de vrede der kerk, (Lochem: De Tijdstroom, 1960)

Steenkamp, J. J. Ursinus, die opsteller van die Heidelbergse Katechismus, Olevianus en die Heidelbergse teologie HTS (45/3) 1989

Steubing (hrsg.), H. Bekenntnisse der Kirche, (Wuppertal: Brockhaus, 1970)

Tukker, W. L. Geloof en verwachting, (Kampen: De Groot Goudriaan, 1978)

Tyacke, N. Anti-Calvinists. The Rise of English Arminianism c 1590-1640, (Oxford: Clarendon Press, 1987)

Van den Berg, J. De wetsprediking in historische perspectief, in: De thora in de thora, NCHC 4, (Alten: De Graafschap, 연대미상)

Van den Berg, J. Dordt in de weegschaal. Kritische reakties op de synode van Dorrecht(1618-1619), (Leiden: Rijksuniversiteit, 1988)

Van der Linde, S. De Leer van den Heiligen Geest bij Calvijn, (Wageningen: Veenman en Zonen, 1943)

Van der Linde, S. "Karakter en bedoeling van de Nederlandse Geloofsbelijdenis, belicht uit de geschidnis van haar ontstaan," in: Opgang en Voortgang der Reformatie, (Amsterdam: Ton Bolland, 1976)

Van der Linde, S. Twee gestalten van het Rijk, in: Woord en Werkelijkheid, (Nijkerk: Callenbach, 1973)

Van Driel, De Kerk, (Kampen: De Groot Goudriaans, 1990)

Van Itterzon, G. P. De Reformatie, in: Geschiedenis van de kerk V, (Kampen: Kok, 1964)

Van Niekerk, D. L. Geloof as cognitio en fiducia by Calvyn en die nareformatoriese ontwikkeling. Diss., Universiteit van Suid Afrika, 1991

Van Rooyen, J. H. P. Kerk en Staat, (Groningen: VRB, 1964)

Van Ruler, A. A. Das Leben und Werk Calvins, in: Calvinstudien, (Neukirchen: Neukirchener Verlag, 1959)

Van Ruler, A. A. Das Leben und Werk Calvins, in: Calvinstudien 1959, (Neukirchen: Neukirchener, 1960)

Van Ruler, A. A. Plaats en functie der belijdenis in de kerk, in: Visie en Vaart, (Amsterdam: Holland, 1947)

Van Ruler, A. A. Politiek is een heilige zaak, in: Theologisch Werk IV, (Nijkerk: Callenbach, 1972)

Van Ruler, A. A. Ultra-gereformeerd en vrijzinnig, in: Theologisch Werk III, (Nijkerk: Callenbach, 1971)

Van 't Spijker, W. "De Kerk bij Calvijn: Theocratie," in: Van 't Spijker, Balke, Exalto, Van Driel, De Kerk, (Kampen: De Groot Goudriaans, 1990)

Van Wyk, W. B. Die Versoening in die Rakouer Katechismus, (Kampen: Kok, 1958)

Veen, W. Colaboratie en Onderwerping, (Gorinchem: Narratio, 1991)

Verkuyl, J. De kern van het christelijk geloof, (Kampen: Kok, 1992)

Vischer(ed.), L. Reformed Witness Today, (Bern: Evangelische Arbeitsstelle Oekumene, 1982)

Vischer(hrsg.), L. Reformiertes Zeugnis Heute, (Neukirchen: Neukirchener Verlag, 1988)

Volger, W. De leer der Nederlamdsche Hervormde Kerk, (Franeker: Wever, 1946)

Volger, W. Om de vrijheid van de kerk, (Kampen: Kok, 1954)

Volten, H. Rondom het belijben der kerk, (Kampen: Kok, 1962)

von Harnack, A. History of Dogma, VI en VII, (New York: Dover, 1961)

von Harnack, A. History of Dogma I, (New York: Dover, 1961)

Vos, G. De Verbondsleer in de Gereformeerde Theologie, (Grand Rapids: Eerdmans, 1891)

Walker, W. A History of the Christian Church, (Edinburgh: T&T Clark, 1963)

Weber, O. Die Einheit der Kirche bei Calvin, in: J. Moltmann (hrsg.), Calvinstudien, (Neukirchen: Neukirchener Verlag, 1959)

Wendel, F. Calvin. The Origins and Development of His Thought, (London: collins, 1976)

Wernle, P. Zwingli. Der Evangelische Glaube II, (Tubingen: Mohr Paul Siebeck, 1919)

Woelderink, J. G. De uitverkiesing, (Delft: Van Keulen, 1951)

Wolterstorff, N. Until Justice and Peace Embrace, (Grand Rapids: Eerdmans, 1983)